哈佛经商课

BUSINESS CLASS OF HARVARD

厉娜◎编著

中国城市出版社
·北京·

图书在版编目（CIP）数据

哈佛经商课 / 厉娜编著. —北京：中国城市出版社，2012.9

ISBN 978-7-5074-2634-2

Ⅰ.①哈… Ⅱ.①厉… Ⅲ.①商业经营 Ⅳ.①F715

中国版本图书馆 CIP 数据核字（2012）第 192825 号

责任编辑 宋 凯（booktastc@163.com）
装帧设计 美信书装设计
责任技术编辑 张建军
出版发行 中国城市出版社
地 址 北京市西城区广安门南街甲 30 号 （邮编 100053）
网 址 www.citypress.cn
发行部电话 （010）63454857 63289949
发行部传真 （010）63421417 63400635
总编室电话 （010）68171928
总编室信箱 citypress@sina.com
经 销 新华书店
印 刷 北京集惠印刷有限责任公司
字 数 240 千字 印张 17
开 本 710×1000（毫米） 1/16
版 次 2012 年 10 月第 1 版
印 次 2012 年 10 月第 1 次印刷
定 价 28.00 元

前言

哈佛经商课

如果说哈佛大学是全美所有大学中当之无愧的王冠，那么，哈佛商学院便是王冠上那颗最璀璨、绚烂的明珠。哈佛大学的经历与成就无疑是辉煌的，而在这些成就中，大部分应归属于哈佛商学院。

建立于1908年的哈佛商学院是美国最著名的培养企业人才的高等学府，美国人一向称之为“商人、主管、职业经理人的西点军校”。许多大企业家与政治家都在这里学习过。在全球500强中，1/5的高级管理人员来自于哈佛商学院。哈佛工商管理硕士学位更是早已成为了权位与金钱的象征，为许多的年轻人所渴求。

为了对学生的各种技能进行培养，哈佛商学院一共设置了多达12门的必修课与多门的选修课。可以说，那些哈佛学子在走出校门后之所以能够在商场上打拼出自己的一片天空，有大半是因为自己在学校中便已经积累下了大量的管理理论与全方位的知识技能。

我们之所以编写这本《哈佛经商课》，便是为了让更多渴望在商界中一展身手的人们可以从中获得哈佛商学院课程中那些最精髓的知识，为自己在商场打拼积攒一些知识与技能。

本书一共分为三大篇，分别从个人提升、运作经营与管理控制三大方面入手，并分为12个小方面，对一个优秀的商人应该具备的能力、素质与专业技能进行了尽量完善的阐述。

书中对身为一个优秀的管理者最应该拥有的个人能力进行了详细的评说，现代观念的必要性、个人语言对于企业所产生的影响、在人际中扩展自己的生意都指明了一点：企业管理者对于整个企业的运作有着不言而喻的重要性。其中，如何利用自身的各种技能加大对企业运作的影响力，是本篇的重点阐述。

在运作经营篇里，主要通过对企业运作与经营过程中的战略方向选择、市场营销渠道、决策形成的过程与如何对企业进行评价等四大方面进行理论加案例的阐述，指出了管理者在企业的运营过程中最应该注意哪些问题，最应该将注意力集中在哪些方面。

在管理控制篇中，我们主要着手于五大方面：财务管理、内部的协调、上下级的管理与沟通、如何进行人力资源的利用、做优秀的总经理。这五大主题不仅可以有效地帮助企业管理者更好地判断出企业的运作情况，更能让管理者看到在利用最少资源的前提之下，如何实现最优秀的资源运作。

在基于哈佛商学院的经典案例与理论的前提下，《哈佛经商课》对于企业管理与发展过程中的决策理念与技巧进行了详细的阐述。同时，对于怎样才可以进行更明智的决策，给出了针砭入理的见解。每一方面的撰写，都将主题与重点进行了明确，从而使人们可以更好地看到，哈佛的商业理念到底是如何运作的。

基于哈佛商学院在商界内不容置疑的影响力，再结合其权威性、创新性、应变性与前瞻性，我们期望通过这本《哈佛经商课》，来达到对那些渴望成功的商界人士产生具有现实指导意义的目的。

期望本书的出版，对那些希望学习商业管理、正从事商业活动的人员与渴望投身商界的读者，都可以产生积极的作用。

目录

哈佛经商课

前言……001

上篇　个人提升篇

Class 1　更新自我观念，才能看到商机……002

1. 谋略决定人生　/002
2. 科学决策才能引领潮流　/006
3. 将必胜信念建立于危机感、紧迫感上　/010
4. 拥有信息，才能拥有未来　/013
5. 危机考验全面素质　/017
6. 让时效发挥到最大程度　/021

Class 2　掌握语言技巧，让听说更完美……025

1. 表达方式决定接受程度　/025
2. 把握好情绪，再展开铺述　/029
3. 倾听并不是竖起耳朵就可以　/033
4. 处处都行得通的尊重问题　/036
5. 全力避免言语上的失误　/040
6. 如何让谈判达到最佳效果　/044

Class 3 重视人际交往，塑造强大人脉 048
1. 成功依赖人脉，人脉推动成功 / 048
2. 看准目标，让交往人群精化 / 052
3. 用对方法，便能拥有最可靠的人脉 / 055
4. 妥善处理人际冲突 / 059
5. 变现人脉，增加人脉可利用价值 / 062

中篇 运作经营篇

Class 4 选对战略方向，平稳创新前进 068
1. 战略选择决定企业前途 / 068
2. 可怕的零和竞争 / 072
3. 差异性战略下提升企业执行力 / 076
4. 作战整体化的重要性 / 080
5. 在创新中追求深化战略定位 / 084
6. 实现战略控制，让行为与目标更配称 / 087

Class 5 做好市场营销，赢得市场份额 092
1. 做产品，首先进行市场环境分析 / 092
2. 让整合营销带企业走入新竞争时代 / 096
3. 市场定位：针对顾客展开焦点战略 / 100
4. 正确的定价帮助打响价格大战 / 104
5. 品牌价值最大化让企业走得更远 / 108
6. 从动机营销到任务营销 / 112

Class 6 了解决策过程，理智进行分析 117
1. 从创新角度进行全面决策 /117
2. 让组织决策体现最优化 /121
3. 在多元与专一发展之间做好抉择 /125
4. 走出经验，进行独立决策 /128
5. 让库存跟随市场销售变动 /131

Class 7 做好企业评价，更好参与竞争 136
1. 让发展目标更系统化的方法 /136
2. 找出竞争弱势，培养核心竞争力 /140
3. 保证信息安全，做好信息评价 /144
4. 绩效评估帮助促进团队发展 /148
5. 找好方法，对运营效益进行衡量 /151

下篇 管理控制篇

Class 8 通过财务管理，良好运作资金 158
1. 做好财务管理目标的明确工作 /158
2. 先看成本，才能计算利润 /162
3. 资本经营中恰当负债 /166
4. 协同效应在并购中的使用 /169
5. 从报表中看到危险与利益 /173

Class 9 搞好内部协调，建立企业文化 177
1. 有责任，才能建立强大团队 /177
2. 企业文化意义在于何处 /181

3. 让组织告别复杂，走向简洁 / 184
4. 协调关系：既是对手，又是同事 / 188
5. 引导建立自我管理型团队 / 192
6. 利用授权促进员工积极性 / 195

Class 10 恰当管理沟通，发挥公平平等 199
1. 让冲突得到合理的发泄 / 199
2. 所有的失误皆源于沟通不畅 / 203
3. 掌握沟通方法，远离困难谈话 / 206
4. 听取下属的声音与意见 / 210
5. 恰当指正，正确引导 / 214
6. 会而有议、议而有决才是成功的会议 / 217

Class 11 调动人力资源，实现以人为本 221
1. 人力管理应以组织需要为前提 / 221
2. 用人所长，方能发挥资源最大化 / 224
3. 卓越用人，从人才选用入手 / 228
4. 绩效——人才管理的最薄弱环节 / 232
5. 如何管理人才流失 / 235
6. 让员工看到成长希望 / 239

Class 12 做优秀总经理，发挥强大影响 243
1. 现代总经理的定位 / 243
2. 拥有高创造力的人才能领导企业 / 247
3. 让冒险精神引领成功 / 251
4. 让软硬权力为你营造管理氛围 / 254
5. 提升自我情商领导力 / 258

哈佛经商课

上篇

个人提升篇

Class 1

更新自我观念，才能看到商机

在哈佛商业课中，及时接受各种现代观念，让自己从中感受到商界信息的变幻，并及时地获取最有利于自我发展的那些理念，是学子们必须要学会的个人技能。这一技能不仅让他们得以了解到世界上最有可能创造价值的机会，更能让他们在日后真正踏入商场后，拥有更多的成功机会。

1 谋略决定人生

【哈佛商魂】：目标给予的动力

就算是在做最不起眼的事情，我也会一直想着自己的长期目标，这样，枯燥的生活就有了新意，而困难的工作也将因此而拥有克服的动力。

——贝尔电话公司前总裁费尔

【哈佛商规】：拥有谋略，方能明确目标

个人管理其实有很多地方都与企业管理相通，比如，每一个企业都要有自己的愿景与使命，每一个人都要问自己这样的问题：我的人生目标是什么？再比如，企业管理过程中，需要进行战略定位，将有限的资源进一步分

配到合适的位置上；个人管理也需要有谋略思维，怎样才能将有限的时间投入到不同的对象中去。可以说，一个拥有着谋略思维的人往往更容易达成目标、获得人生中的荣耀。

【哈佛商战】：费尔的四大谋略成就公司与自我

在担任美国贝尔电话公司总裁一职长达20年的时间里，费尔创造出了一个世界上规模最大的民营企业。在多年前，电话系统属于政府经营项目，然而，只有贝尔公司经营的北美洲不是由政府经营的，而贝尔公司能获得这样的成果，其主要原因在于：

- 由于电话公司必须要对社会大众的服务要求进行预测，所以，费尔在公司中提出了“以服务为中心”的经营口号。他在整个企业中号召，将服务成果视为管理人员的责任，从而使整个高层管理者将职责转移到了组织与资源调整、提供最佳服务上，让自己获得了最恰当的收益。

- 费尔认为，电讯事业属于全国性经营，不能以传统的“自由企业”进行自由经营，而是应将有效的“公众管制”作为基本目标。“公众管制”一方面使公众的利益得到了保证，另一方面，又使贝尔公司的经营更加兴旺。

- 费尔主导成立了贝尔研究所，如今，该研究所成为了企业界最成功的科研机构之一。在费尔看来，一个企业若没有竞争力，便无法获得有效的成长，而电讯工业中，技术是保持自我活力的关键。

- 在19世纪20年代，费尔提出想法，许多企业之所以会被政府并购，多半是由于自我无法获得深入发展所需要的资金。为了确保贝尔可以一直民营，费尔开创了一个大众资金市场，发行了美国电话电报公司普通股份，这一普通股份被中产阶级视为主要投资对象，在保证顾客赢利的同时，也使公司获得了大量的资金。

费尔的谋略不仅让贝尔电话公司在长时间的激烈竞争中依然保持着蓬勃发展的趋势，同时也使费尔成为了世界上少有的出色管理者之一。虽然许多人都已清晰地明了个人谋略管理有着怎样的重要性，但是，如今大多数人依然没有拥有自己的谋略思维。哈佛商学院教授克里斯滕森指出，就算是在哈佛商学院这样全球顶级的学府中，每年他们从世界上招收的最优秀的900名学生里面，依然有许多人并没有认真地对生活的意义与未来发展进行过清晰的考虑。一个没有对个人谋略进行过认真思考的人可能依然可以赢得事业上的成功，但是，我们很难说，他们能够获得完整的成功人生。

【哈佛经验】：培养谋略思维，促进竞争取胜

之所以要培养谋略思维，是源于谋略思维的特殊功能：

1. 对事物发展起到优化作用

所有的事物在发展的过程中总是会具备多种的可能性，它有可能会发展成这样，也可能会发展成那样，但最终只会有一种可能变成现实，而这种现实的实现，需要看客观环境与主体能动性的发展。谋略思维的作用之一便是在各种可能中进行择优化选择，即在综合考虑了各种因素、条件之后，确立起一种既符合客观事物本性、又对自我最为有利的策略，并排除其他策略，从而在最大程度上达到自我目的。

2. 对事物的发展进行调节

大至国家、小至个人，都不期望自己的内部、内心处于不稳定状态下，更不希望内部各个要素与其他外界事物之间处于矛盾、对立的状态。但是矛盾时时存在，此时，各主体想要达到相对平衡与稳定，便需要谋略思维进行的调节。调节功能即寻找矛盾双方的连接点与共同接受区域，令双方达到稳定状态，令失衡走向平衡，同时创造出新的平衡。

3. 对事物的进程进行控制

谋略思维的控制功能是指个人对于思维对象采取某种方式，以达到良好制约，是个人利用事物间普遍联系、相互制约以及事物间发展进行巧妙、智慧的控制，使思维客体受到影响，并朝着有利于自我的方向发展的过程。这种控制并非通过强制手段来实现，而是通过制造舆论、影响心理、利用规范与设置假象等方式来进行。

谋略思维的基本功能总是会在实际运用的过程中相互起作用，而且个人是否具有丰富的知识与经验，是否具备强有力的思维能力，是否具有较强的应变与观察能力，直接决定了谋略思维的成败条件。一方面，现代社会早已被强烈的挑战与竞争意识和无法预测的未来色彩所充斥，想要在这种比赛与竞争中赢得胜利，个人便必须要保持雄厚的实力、机智的谋略与有效的战术。竞争会促进个人谋略思维的大发展，而具备了谋略思维的个人与组织又必然会凭借着自我实力在竞争中赢得胜利。另一方面，想要拥有谋略思维，个人便必须要具备以下几方面的条件。

1. 思维主体性

指个人应该具备自主性与主观能动性，可以对自己的自主选择进行维护与遵从。主体性往往会随着实践活动的增多与发展而获得不断地加强，理论上进行主体性的强调，往往表面为实际生活中对实践的自觉，即不断地强调与训练自我主体性，使自我可以自觉地参与到实践活动中去。每一个人、特别是处于管理岗位上的人都应对自我主体性进行加强与培养，使自己对工作、职业的尽职尽责表现得明显起来，这对于我们解决工作中所遇到的矛盾、调动他人工作积极性、调解人际矛盾、在对外活动中维护本组织利益具有莫大的帮助。

2. 思维独立性

个人谋略思维的独立性，是在各种场合下，个人都应具有不受外界与他人干扰、独立作出判断的能力。在进行问题的思考与具体采取行动措施时，我们往往会受到竞争对手、自我心理变化的影响，而思维的主体需要将这些不利的因素暂时地抛开，让自己既不受他人诱导，又不为环境所左右，从而做出正确的选择。

一味强调独立性，只会使独立性走向僵化发展，思维独立性的成功培养要求个人拥有思维应变性。应变性指个人在遇到了某些预料之外的情况发生时，做到随机应变。应变性对于个人极为重要，它是有条件的应变，是在分析客观情况基础上的应变。个人是否具备应变性是个人能否获得思维独立性的关键所在。

3. 思维自控性

指个人可以对自我情绪、好恶与事情的发展进程进行良好的自觉控制。若无法做到这一点，个人便无法对事情做出正确的判断，从而使谋略思维发挥出正确的作用受到负面的影响。

以上是个人应该具备的谋略思维特征，这三种特征相互交织、相互渗透，在共同作用之下，使个人谋略思维在实践活动中发挥出巨大的作用。

2 科学决策才能引领潮流

【哈佛商魂】：决策重视落实与执行

决策并非追求完美的方案，而是追求方案是否能够得到切实可靠的落实与执行。

——哈佛商学院教授罗莎贝斯·莫斯·坎特

【哈佛商规】：管理即决策

哈佛商学院一直在传递给学生们这样的信息：管理就是决策，决策是管理的核心。它对于组织决策者的能力要求是快速反应、快速决策、快速判断、快速行动与快速修正。决策能力是管理者为了维持组织生存必须要具备的最起码素质。可以说，做出科学的决策是一个管理者个人综合素质的具体体现，更是他的主要工作。而管理者决策水平的高低更是对企业的成败产生着巨大的影响：美国兰德公司曾经对此做出过估计，世界上因经营不善而倒闭的大企业中，有高达 85% 是因为管理者做出了错误的决策而导致的。

【哈佛商战】：从低端迈入高档的精工舍

瑞士钟表一向在钟表行业中独占鳌头，但是这一现象曾经被同样是钟表生产企业的日本精工舍打败。在“二战”后，精工舍并非世界顶尖钟表生产企业，而且素有“精工不精”之称，但是，当时的精工舍却将超越“钟表王国”瑞士当成了自己的目标，而想要超越瑞士，日本钟表便必须要独辟蹊径。

在1960年于罗马举行的奥运会上，所有用于比赛计时的“欧米茄”几乎全部是机械钟表，但是石英钟表却只有寥寥几部。

此时，精工舍的工程师认定，发展石英钟表是使日本钟表业腾飞的关键。很快，精工舍研制出了高性能、平均日差仅为0.2秒的951Ⅱ型石英计时器，而且这一计时器要比普通意义上的瑞士石英表轻了许多。

在1963年1月份，精工舍向奥委会申请：期望为东京奥运会提供跑表、大钟等精密计时设备，而951Ⅱ型石英计时器的杰出表现使奥委会心动不已，于是，在1963年5月份，奥委会作出答复：请精工全面协助。

在1964年，精工舍所生产的钟表一举夺得了由瑞士名表“欧米茄”霸占了长达17次之多的奥运会计时权，这使瑞士人大为吃惊，他们终于意识到，自己遇到了一个强而有力的竞争对手。

1970年，精工舍的石英电子表顺利研制成功；1974年，其旗下生产的液晶显示石英电子表投放市场。一步步的前进，使瑞士钟表原本的王牌地位被一点点剥夺。随后，精工舍人继续向着抢占高档手表的目标进发，并于1980年，顺利将瑞士“珍妮·拉萨尔”公司收购，而“精工·拉萨尔”手表的诞生，标志着精工舍顺利跻身世界一流名表企业，成为了世界高档钟表企业中不容忽略的一员。

所有的企业与管理者都拥有最美好的理想，理想的树立永远是相对容易的，但关键在于个人如何去树立这种理想：在所有的选择中，列出自己最佳的选择，找出最容易制胜的渠道，是使目标实现的最佳渠道。可以说，做到了以上几点，便会使决策成为艺术与科学的双重结合，更是个人理想与企业目标顺利达成的关键。

【哈佛经验】：科学理性的决策需要四步骤

哈佛管理决策中指出，管理者的基本职责概括起来无非是两个方面：做正确的事，正确地做事。不管是做正确的事，还是正确地做事，都需要管理者拥有理性、稳定而科学的思维方法与习惯，而不是毫无定性地朝令夕改。一般而言，科学而理性的决策需要靠以下几个方面才能正确地建立：

1. 对问题进行界定

对问题进行正确的界定往往是决策是否科学、是否理性的前提，一旦偏离了正确的界定，决策便有可能走向错误的方向。对问题的界定并非几句简单的话语描述便可以，对问题进行定义，是为了对范围进行设定、将细节理清，以方便管理者更清晰地对复杂的状况进行评估与分类，同时赋予问题新的秩序。在进行问题界定时，管理者需要对以下几个问题进行思考：

- 发生了什么问题？
- 问题是什么时候发生的？如何发生的？造成了怎样的影响？
- 为什么会发生这样的问题？是什么样的原因引发了这些问题？抑或是这些问题的爆发只是一些特定人群的借口？
- 这些问题是否可以分割成小问题？将问题切割成小问题即管理学中的“剥洋葱法”，它可以让我们在诸多的小细节中，借助于各种分析方法，对问题进行逐个的排查，原因便很容易水落石出，从而更清楚地看到问题的真实面目。

对问题进行界定、理清需要花费大量的时间，在决策的过程中，很可能因为新资料的发现而拥有了不一样的看法，因此问题定义是一个持续而漫长的过程中，在经过了不断地调整与重新的解释之后，我们才能获得一次比一次更完整、更清楚的看法。

2. 决策前期做好准备

决策准备需要从三个方面进行：

- 进行有意义的资讯搜集：在进行资料的搜集之前，你必须要评估，自己有哪些资讯是了解的，有哪些是不知道、不清楚的，唯有如此，才能确定自己到底需要什么样的资料。另外，你需要依据资讯与决策目标间的关联性与相对重要性，来进一步判断到底哪些资讯是自己必需的，哪些是可以忽略的。

● 对问题的限定条件进行明确：你需要明确列出该决策需要实现的所有目标，并要对目标进行优先排序与取舍。同时，你还要牢记决策需要实现的限定条件，这样，一旦现实情况发生了巨大的变化，你还可以马上着手去寻找新的解决办法。

● 摆正决策心态：当你有任何不良情绪时，你应该提醒自己暂时不要做决策，以避免因为作出不良决策而后悔。在作决策时，你需要保持心静、心正，同时还要追求心平与心安。决策者首先要明白自己的立场与原则，唯有如此，才能做到坚定不移，唯有坚定不移，才能静心而不妄动；唯有心平，才能做到心安，唯有心安，才能使偏见不再、使思虑周全；也唯有思虑周全，才能做出合理而科学的决策结果。

3. 将所有可能的方案一一列出

在这一阶段中，你不应抱怨自己想不出好的解决想法：想不出来实际上是因为考虑得过多，所以认为什么都不行；但事实上，若你能放下对后续可行性的考虑，可能会获得更多好的创意与想法。你应该将所有的可行的方案都列出来，并使用"如果……会……"的句式来思考问题。当你将所有的可能性都使用这一问句进行了考虑时，你会发现，每一个问句都是一个方案的雏形。

另外，你不应考虑"什么样的决策才能被接受"，因为它会让你丢掉重点，忘记原本的决策目标与方向，而改为向着迎合"被接受"的目标前进。正确的做法是，自己先做出正确的决策，然后再考虑大家能够接受的决策，之后折中，做出正确的决策。

4. 对方案进行评估

对方案估计的重点在于"四性"：即对所有的方案从可能性、或然性、可行性、风险性四个方面来进行分析与判断，并进行综合的评价。

你应该考虑，每一种方案各自的优势与劣势在何处？有可能造成的正反结果是什么？这些方案是否与你前期设定的目标有所不同？你应该考虑之前所搜集到的客观资料，并以此作为凭证，同时评估自己是否拥有足够的资源来进行此方案的实施。

除了对方案进行理性的思考外，你还应考虑个人的主观感受。你可以问自己：“若我做出了这一决策，最好的结果是什么？最坏的结果是什么？”之后，再仔细考虑，是否有什么方法可以改进那些令自己感觉不良的方案细节。

3 将必胜信念建立于危机感、紧迫感上

【哈佛商魂】：危机激发最大潜力

21 世纪，没有危机感便是最大的危机。

——哈佛商学院教授理查德·帕斯卡尔

【哈佛商规】：让危机与胜利信念并存

不管时代前进到何种时代，小至个人、组织或行业，大至国家、民族，想要达到振兴与强盛，便必须要自觉地投身于竞争与对抗的洪流中去。仅仅是站在竞争与对抗的洪流岸边不断地观望，而不去全面地参与到竞争中去，只会让自己失去进取之心，进而在没有竞争的环境下失去危机感与紧迫感。不参与到具体的对抗与竞争中，只会让自己与组织被整个社会所孤立，进而与之失去联系与交往，并和原本有可能属于自己的机会与机遇失之交臂，最终让自己失去发展的动力与奋发向前的信心。积极地参与到生活的竞争与对抗中，是你获得更大胜利与个人前进的关键。

【哈佛商战】：有危机，才有胜利

在哈佛商学院的课堂上，韩国企业三星是一个深受学者们重视的高科技企业：一个出身于弹丸之国的企业，在几十年间，迅速地发展成为了世界上首屈一指的电子消费产品企业。而这样的成功，是与其首席执行官兼副董事长尹钟龙自始至终所怀有的高度危机感与胜利欲望紧密相连。

在三星上下员工看来，任何一个被忽视的细节都有灾难潜伏，而每一次的成功都有可能使骄傲自满不断加大，从而使失败的可能性不断膨胀。

三星公司几乎没有哪个星期不推出一项在某一领域中称为“世界最佳”或者“世界第一”的产品，如今，三星公司每年在美国注册的专利数量早已超过了世界一流的高科技公司英特尔集团。

三星电子现在早已是世界领先的平面液晶显示器、彩电电视机生产商、存储芯片生产商，如今正在与摩托罗拉公司争夺世界上最大的手机生产商这一交椅。自 1997 年，尹钟龙重组三星以来，该公司的品牌资产价值增长速度在全球电子科技公司中名列前茅。

但是对于尹钟龙而言，三星时时处于危机之中，他总是警告旗下的雇员：三星正处于危机与机遇并存的时刻：“我们现在站在一个或是在世界上名列前茅、或是一败涂地的十字路口上。”他不断地发出危机警告：对手不断出现，正处于重整旗鼓阶段的索尼公司，蓬勃发展的中国新电子企业，它们都很有可能结束三星在行业中的暂时领先地位。如何使企业确保控制数字整合时代的核心技术，是三星日后能否获得蓬勃发展的关键所在。

尹钟龙的这种危机感让三星时时保持着必胜决心与警惕感，他一有机会便会去提醒大家，这些危机可能存在于任何时间段，甚至有可能在三星的鼎盛时期，将三星电子推入深渊。正如他所强调的那样：“若你不想失去，那么你便必须要做到这样的举动：可能你深爱着自己的妻子，但是你依然要告诉她，你每天都深爱着她。”

哈佛商学院对那些未来将要迎接世界上最激烈竞争的学子们进行教育

时，一直反复强调这样的观念：企业家决不应仅仅是一名谋略家，更要是一位有危机感的冒险家。在凡事变化迅速的现代社会中，你很难去依靠一个永恒不变的原理、一个万能的处事良方去处理所有的问题。你是否懂得让自己树立起危机感与紧迫感，是你能否时时做到灵活应变、从多种方案中找出最佳方案、以便获得最佳管理结果的关键所在。

【哈佛经验】：培养夺胜信念与危机意识共同成长

哈佛商学院教授理查德·帕斯卡尔在自己的一篇文章中指出，必胜信念与竞争获胜之间的关系就如同种子与果实之间的关系一样，信心是成功的支柱，而竞争则是通往成功的阶梯。现代企业对于管理者的工作绩效要求日益增强，这种“一切依据于管理层”的决策趋向使主管阶层必须要比下属具有更多更快获得新情报的渠道，同时更要展现出创造性、知性与感性的方向。所以，在平日里，主管阶层便要抱有危机意识，对个人能力进行不断的提升，同时学会抱有追求必胜的目标，来激发出自我内心的潜能。

他指出，想要做到以上要求，个人便必须要首先做到以下几点：

1. 对外界形势拥有大致的了解

一个优秀的管理者不仅要对个人整体组织的动向拥有充分的了解，同时还要对当下的贸易大环境、经济政治发展趋势、经济大环境与消费者目标变化、技术革新与组织在整体业界中所处的位置进行大致的了解，唯有做了大概的了解，才能在日后进行决策时，使个人有能力透过局势决定最有利于企业发展的市场策略，或者对策略方向进行更积极、更准确的修正。

2. 对组织内部环境拥有一定的掌握度

身为管理者，不仅要着眼于外部大环境的变化，更要对内部小环境拥有一定的了解，组织内的人际关系、团队精神的营造、后进员工的具体培养与指导、对下属能力的有效激发、工作环境是否积极等问题，都是管理者必须要了解的内容。这样的了解，可以使管理者培养与及早发现内部事务的异常，从而使问题在萌芽之初，便可以得到解决。而这种发现问题的能力，要比解决问题的能力来得更加重要。

3. 抱着积极进取的观念

管理最忌讳的便是那种“只做与自己所学有关的工作”的固执态度，好的管理者要拥有以下特质：要求自己精于各种事务，对自己的自我开发能力进行训练与培养，同时让自己拥有开创、革新等一系列的优秀品质，同时以成为受下属拥护、信赖的主管为目标。

4. 勇于迎接挑战，使个人更乐于学习

管理者应随时拥有打破现状的挑战精神，积极地引入创新的观念、技术与知识，同时时时做好打破旧有条例、框架的心理准备。同时还应积极地了解企业中各个不同部门之间的运作与管理方式，同时从中学习到有利于自我成长的做法与经验。

5. 让权变更加灵活

你需要时时谨记于心的是：虽然死守原则、不懂通权达变的教条主义会让你在管理的过程中失误连连，造成不必要的损失。但是，所有的“权变”都应在一定原则与基础上进行灵活的运用，并给予更具有创造性的发挥，若是毫无原则性地“变化”，同样也会令组织承担高度的风险，从而让权变成为“滥变”。

4 拥有信息，才能拥有未来

【哈佛商魂】：信息改变未来

正式组织作为一个协作的系统，应具有三个特点：协作的意愿、共同的目标与信息联系，在未来，信息联系的重要性将日益凸显。

——现代管理理论之父斯特·巴纳德

【哈佛商规】：让信息引导管理能力

现代社会生活节奏日益加快，我们正在全面进入信息时代。由于当代科学技术的发展，信息的传播速度也日益增快，有人统计，人类全部的科技知识总量中高达80%的部分都产生于21世纪。信息在现代社会发展中的作用日益重要，以及其现代社会进入“信息社会”的新形势，要求各个层次的管理都要有信息观念与相应的信息整合能力，唯有如此，才能在科学研究、社会生活每时每刻都出现并吸收、利用大量的新的情报信息。

【哈佛商战】：ZARA，从信息开始制胜

ZARA是位于西班牙境内的快速时尚领先品牌，这一品牌在哈佛MBA的研究课程上曾经不止一次的出现过，而其最吸引人的地方，除了其别致的经营模式以外，还有其出色的设计理念与信息捕捉能力。

与一般服装企业所强调的原创性设计与开发相比，ZARA的开发模式基本是通过模仿来实现的。ZARA通过对市场上早已存在的众多资源进行直接的整合，实现了对时尚信息更准确把握、更快速开发相应产品、更节省产品导入时尚周期、形成更多更优质产品组合、降低产品开发风险的最佳效果。

在时尚信息的整合方面，ZARA主要通过以下方式来完成：

一些高档品牌有提前6个月进行时尚信息发布的习惯，他们的产品发布地点总是会选择在米兰、巴黎、纽约、东京、伦敦等世界著名时尚中心，而ZARA的设计师逢场必至。他们坐在T台旁观众中，从这些顶级设计师与顶级品牌的设计中获得新的灵感。

ZARA在全球各地都分布有极具有时尚嗅觉的买手，这些买手主要负责购买所在区域中各个高档品牌或者竞争对手当季最为流行的产品，并在购买后将样品迅速集中，汇寄给总部，以供设计师团队进行“逆向工程”。

ZARA在全球的各大城市都有在街头进行时尚灵感搜索的酷猎手“Cool Hunter”（“酷猎手”），他们往往会在交易会、餐厅、酒吧、街头艺人、舞厅、

大街行人、影视明星、大学校园等地方频繁出现，同时获得在这些地方出现的流行元素与服装细节。这些潜在的设计理念被送往公司总部，在那里，有多达400多名设计师与生产经理每天都会在一起进行工作讨论，决定到底哪一种款式最适合顾客。

ZARA全球各专卖店进一步通过信息系统返回库存信息与销售信息，以供设计师们在进行服装设计时进行完善与参考。另外，各个专卖店还会在销售过程中将顾客的反馈意见或者他们对于花色、面料与款式的一些想法、建议进行汇合，以供总部进行参考。

以上信息在被反馈回总部后，会有专业的服装设计团队根据不同的类别（现在主要分为女装、男装与童装）进行分类，同时对现有款式、风格进行改版性设计，再加入一部分独有的西班牙风情元素，进行新产品主题系列的组合与设计。

其实，不仅是在ZARA中，其他一些企业与行业中，也早已出现了重视信息、收集信息、全面利用信息来推动企业发展的景象，而这些有关信息的有力措施，使这些先知先觉的企业获得了迅猛的发展。由此可见，良好的信息收集系统早已成为了社会、经济、科技活动必需的“血管”，而大量的情报信息则成为了整个社会赖以生存与进步的“血液”，这便要求现代管理者从各个角度去正确地认识信息的战略地位与作用，同时，以恰当的方式，最敏捷地掌握信息、最有效地对信息进行利用，从而使自我决策过程变得更加迅速、更加正确，使自我创造出最大的业绩。

【哈佛经验】：有效收集信息，迎接信息浪潮

作为一个开拓型的管理者，个人的信息系统必须要保持触角广泛、信息灵敏、判断准确，同时还要拥有灵活的应变能力。日本对情报能力素来重视，他们将其比喻为“鸵鸟的腿”，必须要一步一步、脚踏实地地前进，将情报意识比作“山鹰的腿”，在天空翱翔，瞬间进入一个新的世界，产生一种新的思想。管理者在对待信息时，便需要拥有这两种意识，让自己具有驾驭信

息的能力，迎接第三次信息浪潮的到来。

想要做到对信息的良好收集，个人需要从以下方面进行着手，培养自我驾驭信息的能力：

1. 把握信息收集原则

在进行信息收集时，必须要把握信息的真实性、可靠性，同时要紧跟时代要求，对一些最新的、有价值的事实和他人对这种事实的理性看法进行收集，以对自我形成良好的监督能力。

2. 做好信息收集目的

不分主次、漫无目的地收集不仅会让你所收集的资料陷入无用武之地，而且还会使你的工作量加大，所以，在进行信息的收集前，你应该先考虑以下几个问题：

- 你需要得到何种资料？
- 哪些资料是必须要得到、哪些是可以暂时忽略的？
- 哪些地方最有可能拥有这些目标资料？

3. 对资料进行系统的整理

在进行资料整理时，你需要按以下方法来进行：

- 尽量细心，从资料中发现不同寻常的事物；
- 对一些陌生、有价值的信息进行亲身的体验，免得被一些过时的二手资料所蒙蔽；
- 对资料进行追溯既往，唯有研究资料的出现背景，才能了解资料的价值，才能想出最有效的利用方法；
- 闭门造车必将失败，若苦思之后毫无结果，你应将资料放入更大的空间中思考，看看其他人、其他行业的做事方法；
- 当你感觉思维混乱时，最好拿出纸、笔来，写下关键词或者画一些图形，并借助这些有形的图文思考，来用自己的想法启发自己。当然，你也可以使用电脑或卡片进行处理。

4. 最大限度上合理调配时间与人才、经费

收集资料最简单的方法是向有关人士请教，而到图书馆、网络、书店查阅资料也是属于可以立即行动的方式。当然，若你所在的组织能够投入大笔的财力与人力，在各地进行实地信息收集的话，也不失为一种好的方法，但是这种方法需要个人能力与团队需要的良好结合才能实施。

5. 信息收集要以“满足需求”为中心

所有的信息收集都应以满足你的需求为中心，不必考虑其他人的立场，只需要自己方便使用，这是最好的信息整理方法。在最初收集信息时，应力求过程简化，同时以完成自我信息收集目的为出发点，以严谨、认真的态度来对待，信息收集更要讲求“轻重缓急”，因为没有完成目的意识，收集的信息便不具备任何的意义。

5 危机考验全面素质

【哈佛商魂】：经验没有捷径可言

现在，我们已经走过了100码中的35码，可能下一个35码会更容易一些。但我们必须要了解，虽然我们可能已经达到了进行策略性管理的水平，但是我们还有很长的路需要走下去。经验之路是毫无捷径可言的。

——克里斯托夫·霍格

【哈佛商规】：置之死地方可后生

顺境中是无法对个人应对危机的能力进行全方位考验的，唯有危机到来时，才是全面考验个人素质的最佳时刻。那些出色的企业管理者往往能够在绝境之中迸发出巨大的能量，这种求生的本能让他们得以实现“置之死地而后生”。

【哈佛商战】:“刀斧手”的胜利

克里斯托弗·霍格是一个拥有着出众经营能力的人，他在1988年出任了英国考陶尔德公司的董事长，当时，整个英国纺织业都处于萎缩状态中。他兴高采烈地走马上任后，却发现自己拾起的是无人收拾的一片烂摊子。

当时，考陶尔德公司已经由原来的年赢利15亿英镑，跌落至年损失1.14亿英镑的困境中。当霍格接管公司，公司的账面上早已一片干净——他甚至查不到固定资产的影子。

为了扭转局面，霍格对公司的具体经营情况进行了全方位的调查，并对公司的底子进行了彻底的翻查。他将所有的资料进行了详细地整理，并从中意识到，财务与人力资源是造成公司巨大损失的关键所在，整顿势在必行。

为了实现公司开支节缩，霍格进行了财务调整，他大刀阔斧地解雇了多达2万名雇员，使公司的总人数减少了1/4，与此同时，将位于北威尔士的两家工厂进行了关闭处理。

在这两家工厂关闭后，霍格的改革终于受到了严重阻碍：当时任首相的玛格丽特·撒切尔夫人意识到国内的失业率一直在上升时，由霍格关闭的两家工厂工人进行了大规模的示威游行活动。随后，撒切尔夫人给霍格写了一封措辞极为严厉的信件。

不久之后，霍格被传讯到下议院威尔士委员会上作证，并遭遇了改革质疑。当个人管理能力受到了大量的指责与攻击，并被追问上任以来的赢利与成本数目时，霍格毫不客气地进行了反击：“先生们，不要指望我可以在三分钟内向你们解释清楚！”

随后，他举出了种种的实例，证明自己所做的一切都是为了挽救考陶尔德，而且，公司在解雇员工的过程中，不仅以最小的支出实现了目的，同时还创下了考陶尔德以最少人力创造出最多生产效益的记录。

霍格所提供的事实令当时的政界与商业界不得不相信，这位英国工业界最卓越的“刀斧手”不仅实现了根据考陶尔德的实际经营情况量体裁衣，而且还使公司在不稳定的工业环境下所创造出最大利益。

突发事件与危机往往会使领导环境中的一些因素产生巨大的改变，从而令管理工作受到负面影响，这使管理者在进行决策时的不确定性大大增加。同时，由于危机对于组织有着突发的破坏性与其爆发的无序性，往往对管理者的领导能力与领导艺术形成全方位的考验。在此次处理经营不善的经营危机与质疑危机上，霍格以出色的表现，为自己赢得了赞誉与名声。

【哈佛经验】：危机爆发时的处理方法与艺术

再杰出的管理者也不会期望自己的身边有棘手的危机出现。但是身为企业管理者，又必须要学会在危机爆发时面对客观事实。要知道，任何形式的感情用事与侥幸心理，都有可能令危机成为企业沦落之渊。

在哈佛商业实战训练课中，一再强调的是对危机的处理方式与艺术。从危机爆发的一般过程来看，在危机爆发时，管理者最应该注意掌握以下几种方法与艺术。

1. 当机立断，使危机蔓延得到控制

在危机面前，迅速地做出反应，并对局势进行及时的控制，是管理者必须要学会的技能，否则极有可能使危机的范围进一步扩大，甚至有可能失去对全局的控制。

在这种情况下，管理者不能再如正常情况下一样，按普通程序进行决策性论断与各种策略的优化与选择，而是在最大遵循制度的情况下，进行快速地反应、果断地行动。特别是在危机以突发事件的形态下发生时，管理者更应遵循这样的准则。

危机爆发后，控制事态，使其不扩大、不升级、不蔓延，是进行危机处理的关键所在与首战。想要达到这一目的，管理者可采用：

● 心理控制法

不管是哪一类的危机，都会令企业内部的人员心理受到极大的冲击与压力，令大部分人处于强烈的冲动、恐惧或者焦躁等其他负面情绪中。所以，

管理者应该首先对自己的情绪进行控制，学会以冷静对待狂热，达到以“静”制“动”的目的。管理者的镇静会令组织内部人员的心理压力大大减轻，并可以在管理者的引导之下逐渐地恢复理智，同时使危机处理得以顺利进行。

事实上，美国总统罗斯福在进行“珍珠港事件”的应对时，便以此策略影响了大部分的美国人，使全国上下达到了齐心合力的团结。

● 组织控制法

在危机爆发后，管理者除了保持自身的冷静之外，还可以运用组织控制法——在组织内部迅速进行观点的统一，令大多数的人都可以获得清醒的认识，使自己的阵脚得以稳住，在全局贯彻以大局为重的要素，避免危机进一步扩大化。

1969 年，美国一架侦察机在朝鲜被击落，尼克松便采用了迅速对组织成员进行利弊分析之后，才当机立断做出了比反击更为冷静的决策。

2. 针对要害，达到治标治本作用

在处理危机的过程中，迅速找出导致事件爆发的最直接原因，对其进行相应的治理，以期达到“立竿见影”的效果。首先便是要治“标”，在治理了外在现象的基础上，再谋求治理根本原因的方法。案例中，霍格所采用的方法便是此种。

3. 敢于以非常规方式进行冒险

危机往往瞬息万变，管理者需要进行强制性的统一指挥，以达到最大化的力量凝聚。在危机情况下，对突发事件进行灵活性地处理，不排除冒险地由管理者获得集中使用资源的权力，并依据最有可能产生作用的决策进行意见的采纳，是使危机控制在一定范围内的关键。日本松下电器创始人松下幸之助早年在公司起步时期，便曾经以免费赠送“一万个干电池”的方法，为公司创下了巨大的利益。

4. 以最可靠的方式循序渐进地解决

处理危机时，有冒险精神固然好，但这种冒险也需要建立在最稳妥的基础上，以使事态的发展得以更有效的控制。由于信息量有限，情况多变，管理者应该尽量回避那些可能引发不必要波动的方案，并克服自己急于求成的心志，以使危机可以在表象得到控制的基础上，得到根本性的解决。在百事可乐公司发生过的“针头事件”便是此法的最佳佐证。

6 让时效发挥到最大程度

【哈佛商魂】：时效意味着高效率

劳动时效是指在执行同样作业的时候，其效率优于竞争对手。

——哈佛管理学院教授麦克·波特

【哈佛商规】：别让时间忽视造就工作效率低下

管理者的工作同其他工作一样，需要考虑效率与效益问题，这就要求管理者个人树立起时效观念，高度重视活动方案的时间性与效率性。很可能你在总结自我管理工作时，常常会发现，自己对于时间的忽视是造成工作效率低下的一个重要原因，因此，若人们想要改进自己的时间管理方法，首先便必须要采取一系列的措施来使自我行为得到改进。唯有认识到这一点，才能产生一些改善自我处境的良好步骤。

【哈佛商战】：从细节开始管理时间

麦克·波特在对自己的学生进行时效管理的教育时，曾经提到过这样一个案例：

曾任美国西太平洋航空公司的经理拉斯蒂·哈里斯发现，自己是导致时间浪费、效率低下的重要原因。从实践中，他认识到了时效的重要性，并通过提升时效性，使自己的生活获得了卓有成效的改变：

自己同秘书的关系变得十分融洽，工作也开始更有成效；

自从制定了闭门谢客的制度，他处理公务的时间也多了起来；

修订与完善了公司的开门办公政策，使各个部门在固定时间内接待下层人员的访问，令时间利用效率得到了有效的提升；

通过对会议时间的有效控制，使会议效率得到了有效的提升，公司会议明显减少。

在上述变化中，拉斯蒂认为他与秘书关系的改善是最重要的：秘书的聪明与有能力，使得自己的工作更有时效，同时也使自己的工作时间得以更科学地安排，使其有能力去遵守自己所制定的闭门政策，令自己得以从那些鸡毛蒜皮的小事中走出来，拥有了更多的时间去工作。

也正是因为拉斯蒂·哈里斯自己讲究了管理的时效性，使自我时间中的每一分钟发挥出了最大的作用，才使时间浪费与外界干扰得以完全避免，并进一步推动了企业的快速发展。

可以说，效率本身就是单位时间的利用价值。人的生命更是有限时间的积累。以人的一生来计算，若以 80 岁高龄来计算的话，一生共有约 70 万个小时，而其中能供个人有充沛精力去工作的时间仅有 40 年，约 1.5 万个工作日，即 35 万个小时，除去睡眠与休息的时间，大约只剩余了 20 万个小时。个人生命的有效价值便在这些有限的时间里发挥作用。提升这段时间里的工作效率，便等于是在延长个人的寿命。相对于独立的员工而言，管理者是否能够管理好这些时间，显然并非完全取决于个人，反之，他受到了客观环境的严重制约。如何面对这些客观环境去整理出最有利于个人生存与发展的时间，是有关管理者与组织发展的关键所在。

【哈佛经验】：六大方法有效提升时效

对于管理者而言，自身能够坐上某个位置、拥有某些权力，本身就说明了其在本专业的优秀性，也正是因为如此，个人往往会因为时效观念的偏差与对本身优势的迷恋，使其难以成为合格的管理者。“管理者像员工，员工像管理者”的现象在多半组织中都有出现，而那种事事明察秋毫的精明更是会使管理者精于细节，而忽略了全局与企业文化，令时效低下。

“真正优秀的管理是通过他人达成目标的工作”，以下是哈佛商学院最提倡的六种提升管理时效的方法，你可以在管理的过程中尝试一下：

1. 第克泰特法

即“专用时间”，哈佛经济学家通过观察后发现，那些对世界经济进行着长期操纵的犹太企业家们习惯于将上班后的一个小时定为自己的“第克泰特时间”，在这段时间里，他们谢绝会客，并将重要的信息一一亲自回复。他们之所以注意“第克泰特时间”，是因为在日益激烈的现代竞争中，他们习惯于以“马上解决”当成自己工作时的座右铭。而在那些能力卓越的犹太管理者的办公桌上，你根本看不到“未决文件”。

2. 二八分割法

“二八定律”是指现代经济中的一种常规法则：企业有80%的收益来自于20%的客户，而管理者应该将自己的精力放在那些最见成效的地方。美国著名企业家威廉·穆尔曾经对这一定律进行过深入的研究，并依据这一法则，将自己那些最不活跃的客户分配给下属销售人员，而自己则将精力放于那些最有期望的客户身上，在不久之后，他的销售业绩便直线上升，并最终依靠这一法则，成为了凯利穆尔油漆公司的主席。

3. 限制电话法

在管理工作中，电话作为现代沟通渠道日益重要，但它同时也是一把双刃剑，既会浪费自己的时间，又会将原有的工作、思路打断。用一个小时去集中精力做事，要比花两个小时，而被打断一二十分钟的效率更高。

在工作中，你防止电话干扰的方法有以下几种：

- 分析一下那些拨打给你的电话，并减少那些根本没有必要的电话；
- 选择其他的回话办法；
- 在接电话时，以诚恳的语气避免闲谈；
- 让他人清楚地知道，什么时候可以打电话找你。

4. 授权借时法

即管理者根据职能原理，将一定的权力授予下属，并令其在一定的权限内，可以更自主地处理工作，主动完成任务，从而让自己从事务堆中解脱出来，去集中精力考虑更重要的事情，解决更紧要的问题。案例中拉斯蒂·哈里斯利用秘书来保障个人闭门制度的进行，便属于授权借时法。

5. 时间隔离法

你可以在每天的工作时间内，保持一个小时或者更久一些的隔离时间，在这个时间内，除了你认可的人，不管什么事情，都不能将电话接给你。不过，这样的办法有些冒险，它的具体实施需要你有极大的勇气，因为毕竟没有人能够保证，在这段你“与世隔绝”的时间里，没有天大的事情发生。不过，这种方法可以使你的时间利用效率极大地提高。

6. 会议节时法

做管理难免会需要开会，想要节省会议时间，你需要采取的措施有以下几点：

- 会前做好准备，不开主题不明确、无意义、无目的会议；
- 解决实际问题，不开传声筒式“本本会”；
- 权衡轻重，把握重点，不开“扯皮会”；
- 发挥民主氛围，集思广益，不开“包办会”；
- 讲究实效，不开毫无意义的“空谈会”；
- 不召集与议题无关的人员开会。

Class 2

掌握语言技巧，让听说更完美

中国教育学家孔子曾说："言不顺，则事不成。"是否懂得运用更完美的语言技巧为自己赢得更多的发展机会，对于哈佛学子而言，是在大学期间必须要学会的一种技能。这种技能在他们真正走入社会后，为他们在商业谈判、公司管理方面都带来了巨大的好处，令他们受益颇多。

1 表达方式决定接受程度

【哈佛商魂】：表达能力是未来发展的关键

你在哈佛要学习的绝不仅仅是某些知识，哈佛教给你的是一种综合素质，它包括反应能力、参与能力，当然更重要的是表达能力：你能不能明确地表达自己的思想，是你能否获得更大发展的关键。

——美国第 43 任总统乔治·沃克·布什

【哈佛商规】：管理需要建立于良好的自我表达能力上

在具体的工作中，很可能你需要做许多繁杂而细致的工作，比如下达工作指令，接待客户来访，参与社交活动，发表演讲，或者与员工进行个别交谈，而这些无一例外都需要你拥有一定的语言表达能力。作为管理者，培养与锻炼自我表达能力是使个人业务素质得到提升的重要方面，你必须要拥有准确而清楚表达自我意愿的自信，同时确信自己的表达可以被组织中的每一个人理解、贯彻。

【哈佛商战】：杰出演讲技巧让年轻领袖更具辉煌

很可能你会认为，奥巴马之所以可以超越众多优秀的候选人，顺利坐上美国总统的宝座，与其背后强大的政治团队无法分离，事实上，除了以上这一原因以外，他杰出的演讲才能也是重要的一条。追溯到2004年，当时的奥巴马还是一位名不见经传的伊利诺斯州参议员，他以诗一般的语言，表达了自我对国家、对政治的渴望，他言语中那些振奋人心的力量迅速地传达到了在场的每一个人心中，令人对其过耳难忘。

从那以后到现在为止，奥巴马已经创作发表了上万场的演讲，而这些演讲之所以会屡次获得赞扬，是因为他的话语中总是凸显出别致的表达方式：他永远将观众当成拥有能力、智慧的成年人来对待；他永远以直率而自然的方式将那些复杂、难懂的观念传达给观众。

在当选总统以前，奥巴马曾经从事过律师、大学教授等职业，同时，他还是一位成功的作家，曾经出版过两部非常畅销的回忆录，也正是这些在早年的工作经历中锻炼出来的技能，使其得以成为了一名成功的演说家。

身为律师，奥巴马非常明白，在辩论中让听众听到令人信服的有力证据有多么重要；身为教授，他总是非常明白，怎样才能将复杂的事物以清晰易懂的方式让他人理解；同时，曾经当过作家的经历也使他对语言拥有着杰出的组合能力，使它们变得更易于打动听众。

如今，奥巴马依然在各种大大小小的场合中发表着演说，他的演说既可以令人捧腹，同时也可以令人潸然泪下，不管在何种场合下，他的演讲总是透露出人性的光辉、领袖的大气，而他的思想与杰出的文笔在短暂的演讲过程中交相辉映，令人对这位年轻的领袖肃然起敬。

身在竞争如此激烈的社会中，我们需要做的绝不仅仅是提升个人专业能力，同时还要注重进行个人沟通、交流等表达能力的提升，可以说，表达能力在管理过程中总是会凸显出格外的重要性，它不仅可以让你更从容地部署本系统、本部门的工作，将有关组织未来走向的决策做得更加科学、更加准确与完整，同时，更能有条不紊地展开工作，使任务完成，从而使效益得到有效的提升，使组织业绩获得直接的进展。

【哈佛经验】：运用正确的表达方式，引导顺畅沟通

我们总是可以发现，那些强有力的管理者总是拥有着出色的表达能力，而他们的恰当表达总是会产生恰当而持久的影响力，这种影响力不仅仅来源于他们在本专业上的能力突出，同时更来源于他们个人所具有的个人意见表达与交流方式。在他们的对话中，他们往往会表现出以下特点：

1. 全程掌握对话方向

在人际沟通中，双向或多向的交流很容易走入两种错误中：或是过于就事论事，而忘记了大目的；或是会把握最终的大目的，却忘记了考虑对方的看法与意见。这两种方式都会导致对话方向出现偏差，令谈话出现冲突，使个人谈话不能控制局势。

所以，在进行自我意见表达时，也应该保持交流，使自己听到对方的声音，同时也要学会运用语言来实现个人动机，同时在他人提出质疑、指责时，用语言为自己的行为作出恰当的辩解。

2. 学会识别表达过程中的非安全信号

在管理者发表个人意见时，若下属或他人不接受，往往会表现出两种暴力：语言暴力与沉默暴力。前者是个人认为自己对某件事情的看法便是正确的，并将自己的看法、言论强加给他人，令他人失去表达观点的权利，如利用语言攻击他人、对他人行为贴标签等行为；后者则是听者在面对管理者的讲话时，以逃避、掩饰的态度来对待，这种反抗的行为往往被称为“沉默暴力”。两种暴力虽然来源于对话双方，但是同样都是非安全信号，而且

语言暴力往往会引发沉默暴力，并皆会导致管理者的表达与双方的沟通陷入困境中。

3. 寻找谈话双方共同点

想要解决上述问题，你需要注意的是寻找出新的共同点，而这种共同点的寻找方法需要严格按以下三个步骤来进行：

- 以情动人，并注意控制自己的语调、情绪，以避免引发他人的误会；
- 以理服人，在相互尊重的基础上，使自己做到理解他人、站在他人的立场上想问题；
- 以法待人，在进行管理沟通时，你需要记住，权力与制度不是你说服他人的根本方法，而是一种外在的辅助，唯有情感先行，才能做到让制度与自己的权力受到他人的尊重。

4. 按步骤阐明事实

若交流的过程中出现了误解，便一定要关注事实，对事实关注越久，个人的情绪便会越稳定，表达也会更准确，交流也会更顺畅。在进行具体的事实阐明时，你需要按以下步骤来进行：

- 先赢得对方，保持平静的态度，以问话开始，让对方说出事实；
- 通过："发生了什么事？请从头开始说"式的询问，让问题回到过去，从事实来进行现实问题的认定；
- 对事实了解后进行平静的复述，误会重生时，对事实陈述越详尽，言语中的攻击性便会越弱；
- 通过间接、隐晦式的影射话语来证明一些事实，使陈述与事实更加接近；
- 举恰当的例子来证明眼前的问题，同时依次获得他人的认同，这种方式要比直接式的陈述与就事论事更有效。

2 把握好情绪，再展开铺述

【哈佛商魂】：有效掌控情绪是管理的基础

准确地感知他人的情绪，同时对自己的情绪进行有效控制，是管理的基础，更是高情商的突出表现。

——美国著名心理学家丹尼尔·戈尔曼

【哈佛商规】：别让情绪化毁了你的管理

在沟通过程中，管理者最不应犯下的错误是：对自己所听到的话语做出情绪化的反应。若有人所阐述的内容与事实不符甚至无中生有时，你很可能会让自己情绪激动，同时开始盘算你需要说出什么，才能证明对方是完全错误的。接下来，对方可能会修正自己的说法，或者为自己的话语提供相应的证据，但你根本不可能听下去——你正忙于构思自己应该如何回答。很可能，你会贸然插进去，甚至会非常情绪化地将谈话打断，同时开始争辩，但事实上，这样的做法只会让你无法听完信息中剩余的部分，同时让你与谈话者完全对立起来。

【哈佛商战】：先处理心情，再处理事情

2005 年，中国职场上发生的一件事情通过网络引发了哈佛商学院的注意：原甲骨文大中华区总裁陆纯初在当年 4 月 7 日晚回到办公室中取东西，到达门口之后，才发现自己没有带钥匙。此时，他的私人秘书瑞贝卡已经下班离开了公司。在联系对方未果后，陆纯初大怒。

数小时后，陆依然为此事耿耿于怀，于是，在凌晨 1 点 13 分时，通过内部电子邮件系统向瑞贝卡发了一封措辞严厉且语气极为生硬“谴责信”。信中，陆纯初用英文写道：“我曾经告诉过你，在想事情、做事情时，不要

那么想当然，结果今天晚上，你便将我锁在了门外，我要拿的东西还在办公室中，而问题就在于你自以为是地认为，我随身携带了办公室钥匙。从现在起，你要向你服务的每一位经理都确认无事之后，才能够离开办公室，明白吗？”在发这封邮件时，陆同时将此信传给了公司中的其他几名高管。

面对总裁的指责，瑞贝卡两天之后在邮件中给出了回复，该信件中文译文如下：

第一，我锁门的事情是完全正确的，我是为了保证安全：在北京并非没有丢过东西，而一旦丢了东西，我无法担负起这样的责任。

第二，你钥匙忘记了带，还要说别人不对。造成这件事的主要原因都是你自己，不要把自己的错误转移到别人的身上。

第三，你无权干涉和控制我的私人时间，我一天就8小时工作时间，请你记住中午和晚上下班的时间都是我的私人时间。

第四，从到EMC的第一天到现在为止，我工作尽职尽责，也加过很多次的班，我也没有任何怨言，但是如果你们要求我加班是为了工作以外的事情，我无法做到。

第五，虽然我们是上下级的关系，也请你注重一下你说话的语气，这是做人最基本的礼貌问题。

第六，我要在这里强调一下，我并没有猜想或者假定什么，因为我没有这个时间也没有这个必要。

瑞贝卡在回信的同时，还将此信抄送给了EMC公司中的所有人。

随后，事情的发展迅速地超过了两人的想象：该信件在几天内通过互联网传送给了好几千人，全中国的外企圈子都知道了。而在邮件被转发后不久，两位当事人便面临了双输局面：陆纯初离开了EMC，而瑞贝卡也不得不辞职。

感情用事下的管理往往会导致失误，不管是何种情绪——爱、恨、怕、猜忌——都会使自我对事实的评估产生阻碍作用。通常情况下，管理者是处于强势地位上的人物，不管是对下属还是对待其他人，批评、斥责或愤怒都表明自我已经被负面情绪所控制。在这种情况下，管理者所说出来的话、所做的事情不会对事情的发展与组织的进步产生任何建设性的作用，而是只会起到破坏性作用。因此，作为管理者，首先要进行的就是对自我情绪进行体察与有效管理。

【哈佛经验】：主宰你的情绪，否则它们会主宰你

一个管理者是否真正成熟，就要看他在应对非顺境情况时的态度，成熟的管理者在进行挫折、压力与失望的应对时，都会有自己的一套方法，特别是在进行沟通的过程中，他们更不会让自己的情绪随着外界环境与他人言语的变化而有所变动。想要成为成熟的管理者，你便需要在沟通中注意以下几点：

1. 学会理性地思考

思考是对于个人所处情境的冷静、有组织的知觉，所谓的理性思考是指个人能够以客观事实为基础，进行逻辑、客观、理性的思考方式。在 1975 年，著名管理学家莫尔茨比提出了五大理性思考标准，他认为，若个人可以遵循以下三项，便属于理性思考：

- 它以事实为根据；
- 它可以使你的生活得到保护；
- 它能令你更快速达到目标；
- 它可以让你与人保持良好关系，防止大冲突的出现；
- 它可以防止情绪困扰产生

2. 保持完全的积极态度

当期望与他人获得双方关系上的改善时，大部分人会习惯性地发问：“他应该为此做出什么？”而这种思维定式反映了人普遍存在的一种错误观点。改善关系需要由双方共同努力。所以，在沟通时，管理者应该从自身入手，只要是能够达成双赢的事情，你应当不考虑对方是否照做，而是果断地自己先去实行。

保持正面而积极的思考，你需要从以下方面入手：

● 保持理解：即使双方存在误会，我也应尽力理解他们；

● 相互沟通：即使对方不愿意倾听我的意见，在有关他们的问题上，我也应对他们的意见进行事先的咨询之后再作决定；

● 保持自我可信度：发现对方在耍花招后，不会轻信他们，也不会欺骗他们；

● 非强制性影响力：若对方威胁，不低头，也不以硬碰硬，而是以理服人；

● 相互接受：即使对方拒绝，也应接纳对方，认为对方值得自己关注，并关心他们，向他们学习。

3. 让理智与情感保持在平衡状态下

过多的情感会使个人判断力受到影响，而过于冷淡的态度则会使个人理解力与积极性被削弱。想要让理智与情感达到平衡，你需要从以下方面做起：

● 意识到情绪的存在，并在日常生活中培养起自己对情绪的感觉与把握；

● 从管理自己的反应开始，锻炼管住自我言语与行为，可采取稍微休息一下、从一数到十、请教咨询等方式来进行理性决策。

4. 承认并想象有可能在谈话中出现的情绪，专注于冲突本身

否定情绪的存在并不等于它们不存在，相反，只会让情绪变得更加难以改变，你必须要事先想象有可能在谈话中出现的情绪，同时试着保持冷静的态度，管理好自己好斗的天性，同时让自己专注于冲突本身。做到专注于冲突本身并不简单：

● 你需要有意识地将注意力集中于正在发生的那些事情上；

● 对问题进行界定、解析，让自己始终着眼于问题；

● 不要因为情绪上的波动而对问题产生分心，做到心中有数，始终保持对问题的关注。

5. 试图去理解对方

造成理解困难的障碍有很多，主要归结起来有以下三点：

● 没有意识到自我意识的局限性；

- 畏惧自己犯错误；
- 不知道如何去更妥善地了解对方；

想要将以上障碍顺利解决，你可以尝试从以下方面着手：

- 首先对对方关注的焦点、利益、价值观进行深入的询问与了解；
- 避免先入为主的观点；
- 以坦诚自信来建立起双方的沟通；
- 让自己每天找出一些时间去了解此事、此人。

3 倾听并不是竖起耳朵就可以

【哈佛商魂】：愿意倾听是管理的基础

我所做的，不过是将这位经理什么都不说的习惯进行了改变，同时告诉了他，有人愿意对他的问题进行倾听——显然，这是他的上级不愿意花费时间去做的事情。

——万豪国际酒店集团董事长小马里奥特

【哈佛商规】：恶性管理多源于不良倾听

许多管理者不愿意将自己摆在倾听者的位置上，在面对下属的意见时，他们往往会将这种不情愿表达得极为明显。但事实上，在很大程度上，管理问题便是沟通问题，据管理学家统计，高达80%以上的管理问题实际上源于沟通不畅。一个不懂得倾听的管理者自然无法与他人进行顺畅的沟通，从而使管理的效果受到了极大的影响。

【哈佛商战】：万豪国际酒店中的倾听法则

万豪国际酒店集团的现任董事长兼CEO是小马里奥特，这个具有出色管理才能的男人乐于进行走动式管理，平日里，在处理完相应的事务之后，他总是以四处巡视旗下的酒店为自己的最大乐趣。

在某次巡视酒店时，他注意到许多顾客对于餐厅女服务员的评分都较低。之后，他将酒店经理找来，询问具体原因。此时，经理回答说不知道，但是其肢体语言却处处透露着不安。小马里奥特并没有放弃，而是接着问出了女招待的待遇水平比市场标准低许多的事实。他有些吃惊：员工待遇低导致酒店的服务质量下降，使酒店品牌受到影响，为什么从来没有人给自己提起过这件事情呢？经理说，加薪与否需要层层审查，并要在方案递交总公司后再决定，而他并不想提出这样的要求。

对话不过30秒钟，小马里奥特却发现了三个极为严重的问题：第一，总公司管得过多；第二，公司高层对利润的重视超过了对顾客满意度的重视；第三，餐厅经理不敢向上级提出加薪要求，说明他的上级是一个非常糟糕的倾听者。随后，小马里奥特立即着手将这三个问题一一解决。

有管理学家认为，这是一个如何去更好做决策的完美事例，但是小马里奥特认为，除了决策之外，这更是一个有关倾听的案例。他说："最后我所做的，不过是将这位经理什么都不说的习惯进行了改变，同时告诉了他，有人愿意对他的问题进行倾听——显然，这是他的上级不愿意花费时间去做的事情。"

如今，善于倾听的小马里奥特不仅自己专注于倾听，同时也培养起了整个万豪集团的倾听意识，这一集团现如今已经进入了最具有"高瞻远瞩"能力的全球大企业中，与IBM、通用电气、迪斯尼、花旗银行、索尼等公司站在了一起。

倾听并不代表你非要认可对方的言语，倾听只是表示你对对方抱以尊重的态度，每一个人都有表达自我想法的权利，每一个管理者都希望他人可以认真地倾听自己的讲话，同样，他人也希望自己的声音可以被上级听到。更进一步来讲，仅仅倾听部分的词句并非倾听的全部，将他人想要说什么真真正正地理解，这才是倾听的关键。

【哈佛经验】：用心倾听，而不仅仅是“听见”

对所有的管理者而言，想要真正有效的倾听并非一件简单的事情。当你站在管理者的位置上时，他人的话语、特别是员工的话语中，若出现了一些欲言又止的话语，便意味着事情还有更深层次的潜在含义。管理者必须要认清对方的“弦外音”，才能使倾听变得有效，才能更好地将那些潜伏的问题解决掉。

倾听并非仅仅树立起耳朵便可以，与“听见”有所不同的是，倾听反映出了管理者在面对下属、客户、同级的具体态度。若某个管理者认为自己坐在下属面前便是在倾听的话，那么他的观点无疑是错误的，因为倾听不仅仅需要你用耳朵去听，更要用心去体会、去理解倾诉者的想法与看法。

1. 要理解下属想要表达什么样的意思

在倾听时，管理者首先要明白，对方想要表达的是什么意思，是对公司的建议还是对某个人的意见，抑或是对自我遭遇的不平。

由于每个人的性格都有所不同，在表达自我观点时，不同的员工也往往会采取不尽相同的方式。比如，在表达一些敏感问题时，性格较内向的人往往会更加隐晦。这就需要管理者在平日里多与对方接触，多了解一下对方的看法与动态，这些看似不经意的举动对于理解他人的意图有着极大的帮助。

2. 学会站在对方的立场上去倾听

由于立场不同，他人在谈论自己的想法时，很可能会有一些看法、观点与管理者的观点、公司的利益相违背，此时，你不应急于与对方进行争论，而是应该更加认真地对他的这些看法是如何得来的进行认真的分析，是否其他人也存在类似的看法？为了对这些情况进行更好的了解，管理者应该设身处地地站在对方的角度上，为对方着想，这样做很可能会帮助你发现一些之前你没有注意到的问题。

3. 听完之后再发表具体的意见

在对方倾诉完之后，你不应轻易地发表自己的看法，很可能眼下的你并没有完全理解下属的谈话，在这种情况下，若你妄下结论的话，势必会使对方的情绪受到影响，严重者甚至会对你产生不满。同时，在发表自我看法与意见时，你应该非常谨慎。特别是在涉及一些具体的敏感事件时，你更应保持冷静的态度，埋怨、牢骚一类的话语决不可以出自管理者的口中。因为不管你对面坐的是谁，身为管理者的你的议论都代表了公司的观点，你必须要学会对自己的每一句话负责。

4. 做好记录，同时兑现自我承诺

在倾听对方的叙述时，你最好做一些记录，这样做一方面可以表现出你对他的谈话非常重视，另一方面，也可以帮助你将一些重要的问题记录下来，以备不时之需。在自己作出承诺之时，你最好也进行记录。做出了承诺，你应及时兑现，若暂时无法兑现，则应向员工讲明你缘何无法兑现，同时告诉对方，你将以怎样的措施替代自己之前的承诺。

4 处处都行得通的尊重问题

【哈佛商魂】：尊重引领胜利

IBM的首要宗旨是尊重人、信任人，只有尊重与信任员工，才能充分地发挥出员工的聪明才智，才能令他们竭尽全力为公司服务，才能使公司在激烈的竞争中不断地获得胜利。

——IBM CEO 小托马斯·沃森

【哈佛商规】：顺利的管理与沟通始于尊重

所有的管理者都拥有组织赋予的强大权力，这是一种属于强制性的力量，令人不得不信服。但是，你将会以怎样的态度去对待他人，则关系到管理者是否能够真正树立威信的根本问题。我们常说，在人格上，所有的人都是平等的，每一个人都有自己的思想、情感与追求，都渴望得到他人的尊重，而且，若自我尊重未能得到满足，个人也往往会以不尊重的态度来对待那些轻视自己的人。由此可知，想要顺利管理、顺利沟通，你便首先需要尊重他人。

【哈佛商战】：蓝色巨人里的“行为准则”

IBM一直对此非常骄傲：自公司创始人老托马斯·沃森时代开始，尊重便是企业文化的精髓。

IBM在20世纪初期便已经走在了男女平等的路上，在美国企业史上，老沃森是首个大批量雇用女工的科技企业。他尊重员工，同时，让员工在服从“家长”的原则下自由地成长，更重要的是，老沃森一直允许自己的员工不时地发一下“娇儿辣女”的小脾气，这种看似纵容的态度实际上源于尊重，而这种尊重也使IBM迅速地发展成了业界领袖。

此后多年，这种尊重员工的思想理念在IBM长达百年的发展史上从来没有间断过。在1914年，IBM首次聘用残疾员工；1934年，IBM正式雇用女员工；1935年，老沃森宣布员工不分男女、同工同酬，美国《民权法》中有同样规定，却晚了IBM 30年才出现；1943年，IBM出现了第一位女性副总裁；1943年，IBM雇用了第一位黑人销售。

如今，IBM依然在遵循着这一原则：它是世界上对残疾人、同性恋最关心、招之为工作人员最多的全球性大企业。在IBM高层看来：不管他们在私下的喜好如何，身体状况怎样，他们都是拥有正常工作需求的员工。

老沃森的伟大之处就在于，他是美国首个将这种“尊重员工”的文化率先实施并成功植入IBM体内的企业家。在1914年，老托马斯·沃森设立了“行为准则”，他期望自己可以借此准则来获得更多的客户与人才，同时也期望自己的个人价值观可以从中完整地透露出来。他将这些价值观写出来，作为公司的基石，所有在IBM工作的人，都确切地明白公司要求的是什么：

必须要尊重个人。

必须尽可能将最好的服务提供给顾客。

必须追求优异的工作业绩。

1953年，小托马斯·沃森在接管IBM公司总裁后想要在美国南部诸州设立厂房，却被要求签署有关种族问题的文件。于是，他提笔写下如今依然著名的《第4号政策信》，同时将其刊登在报纸，信中明确指出："是否要这些就业机会是你们的事情，但是在IBM中，绝对不允许任何基于种族、肤色或信仰的歧视。"

尊重员工给IBM带来了无法估量的回报，在全世界范围内，有无数不同肤色、不同信仰、不同种族的精英在为IBM贡献着自己的智慧与心血。这些员工因为身在IBM而自豪，他们不仅尽忠职守，而且乐于奉献。也正是在这样的文化基础上，IBM才得以拥有持续不断的创新动力，创造出无数的IT奇迹。

自尊之心，人皆有之。在心理学家马斯洛看来，自尊心理源于自我意识，在基本生活需求得到满足以后，个人便会有自爱、自我尊重的心理，与此同时，还会期望受到他人或者社会的尊重。通常，这一规律往往会表现为：被人尊重则悦、被人贬低则悲：当人的自尊心理得到了满足时，个人便会获得成功的情绪体验，同时产生乐观、兴奋与欢愉等正面积极心情，对管理者也会产生好感，同时乐于接近，在具体的工作或交流中，也会体现出善解人意、努力向上的情绪；而一旦不被人尊重，个人便会产生愤怒、不满与失落等负面情绪，进而与管理者疏远，同时影响到具体的工作与沟通。想要让沟通进行得更为有力，管理者便必须要学会尊重他人。

【哈佛经验】：让尊重从细微处开始体现

如何在工作、管理过程中体现出尊重他人？若你一时间还不知该从何处下手的话，那么，你不妨从以下几个方面人手进行全方位的改进：

1. 尊重员工

想要做到真正的尊重员工，你需要：

- 尊重员工的人格

任何人都有被尊重的需求，每一个员工都具有独立的人格，在员工出现工作失误时，不对其进行当众训斥，而是主动地承担责任；当员工对自己产生意见时，不要嫉恨，而是应注意感化，以营造出融洽的上下级关系。管理者不能因为个人在工作中对下属具有领导与服从的关系，便使员工的人格受到损害。

● 不对员工颐指气使

员工不是保姆，管理者不应将“员工”的概念放大，将其与保姆等同，更不能事事都让员工来做，或是对员工随意使唤、吆喝。否则，员工很可能会因此而感觉自己受到了侮辱，从而对企业管理者产生抵触情绪。

● 对员工的意见进行尊重

在工作中，领导者应正确对待员工的意见，瑕瑜互见时，应对其正确部分进行肯定；当员工向自己提意见时，管理者应做到正视问题、正确对待，切不可挟嫌报复，更不可粗暴地以声治罪。

● 对待所有员工一视同仁

有部分中国管理者习惯将个人感情与管理相连，并认为这样的做法可以进一步激励员工，但事实上，这种与员工有远近亲疏之分的做法只能让员工感觉不公。不要被个人感情或是其他的关系所左右，更不要当面将员工的工作进行比较，同时在分配任务与利益时做到远近亲疏分配平均，不带个人喜好公平地评价员工、为员工着想，才能使员工感受到被理解、被尊重。

2. 尊重每一个人

尊重是发展友谊与信任的关键环节，除了要尊重自己的下属员工，管理者也要对公司外与自己公司相关或不相关的人保持尊重。尊重便意味着平等，意味着将对方看成是同样拥有责任感、成熟的个人。当与他人的观点产生分歧时，不是一味地指责他人或是单纯的迁就、简单地给予同意，而是努力理解对方，与对方分担责任，主动进行思维角度的转化，同时在交流中表现出建设性，保留不同意见、允许差异的存在，这些都是对他人进行尊重的具体表现。

3. 尊重自我

想要让尊重在自己的生活中得以畅行，管理者首先要做到的便是尊重自己，这便是我们所说的“自尊”。尊重自己是尊重他人、尊重社会的起点与基础，一个不懂得自尊的人很难去尊重他人。想要做到尊重自己，管理者便需要从以下方面做起：

● 诚恳地认识到自己的优点与缺点，接纳自己、愉悦自己，同时改正不足，在工作、生活中善待自己。

● 发展自我能力，如今的社会是一个不断发展与变革的社会，每一个管理者都应培养自我自主意识，形成自我发展内驱力，唯有能力支撑，个人的权威才能真正地树立。

5 全力避免言语上的失误

【哈佛商魂】：语言失误导致误解产生

若某件事情有可能被误解，那么，它真的会被误解。

——美国著名百货公司总裁 Goody's 百货公司总裁默谢德

【哈佛商规】：压力增大导致语言失误增多

现代管理者的工作环境普遍存在高压力、紧张度增加的情形，这使得许多管理者在参与到紧急或突然沟通过程中时，没有时间去认真地思考自己的沟通内容。这便使原本就存在的压力顿时成倍增长：情形越是不确定，个人便越会有压力，员工、客户便越有可能无法对你所说的各种信息进行正确的处理。在大量的压力之下，很可能管理人员也无法充分地将自己的想法表达出来，这种情况将会使管理者出现语言失误，使事态进一步复杂化。

【哈佛商战】：语言失误引发巨大损失

某位副总裁来到了默谢德·科尔曼那里，请缨要带头领导公司近期推出的一个新项目，默谢德则认为，这位副总裁理应获得更好的待遇，于是便让对方负责为自己位于加利福尼亚州的营销公司福利欧·Z获得新的竞争情报。他认为，自己派给了这位副总裁一个相当能够发挥其个人实力的任务，但是，在他提出让该主管负责此项目后不到一个月的时间里，这位副总裁却毅然辞职了，这使他陷入了困惑之中。

到底双方的沟通出现了什么样的事情？当默谢德静静坐下来，思考当时沟通的情形时，他却发现，自己很可能犯下了一个大错误：当他向对方提出了任职建议时，他说的是一回事，而他的下属听到的却完全是另一件截然不同的事情，默谢德告诉对方，这次的任职将会是一个个人发展的大好时机，但是却没有明确地指出，该任职到底会为此员工带来怎样的福利。

而在副总裁在看，默谢德口中的“发展的大好时机”唯一可能的含义就是重新获得大量的下属与更响亮的头衔，在几天之后，当他发现自己哪样也无法得到时，他不仅认为自己受到了轻视，而且为自己误信人言而懊悔，这样的情绪使他根本无法再继续工作下去，并一气之下以辞职了事。

此事的发生让默谢德再次回想起两年前公司发生的恶性事件：那一次，公司的销售量出现了成倍增长，但人员组成也有些过于臃肿。最高管理层认为，公司成长过快，并决定会在日后进行裁员。但是当时职员听到的只有“裁员”一词，而高层管理者也没有将完整的意思传达给下属员工，即目前公司依然处于赢利状态下，根本不可能进行裁员，结果，整个公司陷入了一片恐慌之中，生产力也出现了急剧的下降。最后，最高管理层不得不紧急召开了一系列的会议，以使形势稳定下来。

这一次，颇有能力的副总裁因为自己的语言失误而黯然离职，更让默谢德感觉到了自我沟通上存在的失误，他开始重新审视自我沟通方式，同时，力求让自我言语更加严谨，并期望以这样的方式来减少沟通失误的出现。

此类沟通失误是经营活动中常有的事情，而这样的事情往往会让组织陷入无端的矛盾与恐慌之中，导致经营效率与员工士气下降。在默谢德的例子中，它使有价值的员工离职，在其他情况上，言语上的失误很可能会导致更多的问题：从意思混乱、情感伤害，到使管理者的领导能力受到损害。而这些问题往往会需要花费巨大的努力与许多的时间，才能得到彻底的扭转。

【哈佛经验】：减少沟通失误，让语言表达准确

在面对同样的事情时，不同的人很可能会因为立场的不同、考虑角度的不同而产生不同的反应，即便是站在同一立场的人，所持有的观点也很可能会不尽相同，所以，掌握这一“个别差异”的事实，同时，全力避免个人言语上的失误，是每一个管理者在谈话、沟通或是谈判过程中必须要注意的事情。

1. 考虑自我立场

不管在何种情况下，管理者在交流过程中都应先观察，看自我是否拥有绝对的优势，抑或是占据了劣势，个人必须要从不同的角度对有关沟通的事实与内容进行了解。正确地分析自我所拥有的实力与条件，在沟通时，便会拥有完全的主动权，并注意随时掌握沟通过程中对方的微妙变化，同时进行谈话策略的调整，以适时地施展出自我的原定谈话技巧。

2. 先将对方的实力、要求“高估”一下

管理者总是会在沟通过程中过高或过低估计对方的实力，这种错误在沟通前、沟通中都有可能发生，而且往往会导致不当的判断。因此，当你摸不清对方的虚实时，你宁可高估对方的实力，也不应低估，低估对方往往会让自己在面对对方的突然要求、才能时陷入手足无措的困境中。

3. 让对方适度地了解你的实力

在沟通中，管理者若是将自己摆得过低，便很可能会让对方产生轻视之意，从而让自己陷入不利的立场中，同时，也很容易让对方对自己产生误解。让对方适度地了解你所掌握的信息、条件与对他的了解，对方便会有所忌惮，并以更加慎重的态度来面对与你的交流。

4. 稳住阵脚

管理者有些时候需要去面对一些并不讲理的顾客、下属、竞争对手，这些人总是会表现出过分嚣张、看似理直气壮的一面，或是提出一些不切实际的无理要求，在面对此类人时，管理者不可将姿态与对方摆得同样高，更不能因此而口出恶言，以避免沟通无法继续进行；在这种情况下，委婉的说明与温和的态度是让对方的“过度自信”无用武之地的最好方法。

5. 沟通过程中，全面了解对方的思考模式

事实上，在沟通进行前，管理者便应该尝试各种方法去了解对方的自我评价、他人对其的评价。事前的资料收集，再加上在实际接触过程中观察所得，对于判断一个人的具体实力而言，已经足够了。管理者需要注意的是，在沟通过程中，你不应一味地对对方进行表面的附和，否则会让对方认为“你已经同意了我的看法”的误解，而这种一味的退让，只会让自己在沟通过程中处于更加不利的处境下。唯一的方法是提出有力的事实，让对方能够意识到，你对其并非一无所知。

6. 让对方了解你的沟通内容

所有的沟通都是基于双向交流基础上才得以建立的，双方必须要在对彼此有所了解的基础上才能进行。在沟通时，你要是无法让对方明白你主要沟通的是什么，那么，就算你的能力再强、资料再丰富，也是徒费口舌而已。当你发现对方一味地沉默时，你便应该反省，自己是不是并没有将沟通的主题阐述清楚，同时采用不同的叙述方法，以更加平易、更加直接的说法将自己的意见表达出来，或者直接停止谈判，寻找新的策略。

7. 不要轻信道听途说

不管你在沟通之前听到了什么样的流言，当这些流言未经证实之前，你都不应受其误导，更不能背离事实，许多谣言在乍听之下都仿佛真有其事一般，但事实上，流言不值得信任，若是轻信此类语言的话，只会让自己的信誉一落千丈，让对方认为你其实是毫无判断力的庸者而已。

6 如何让谈判达到最佳效果

【哈佛商魂】：成功的谈判需要技巧

怎样才能尽可能地争取自我利益最大化，而又能令对方甘于接受我们的条件？谈判与沟通不同，它既是战斗，又是合作。管理者在谈判过程中，想要分析情势、利用信息，对企业目前与长远的利益进行正确的处理，是需要一定方法与技巧才能达成的。

——哈佛谈判专家迪帕克·马哈拉

【哈佛商规】：谈判是一种说服力

所谓谈判，更像是一种力量，这是一种为了达到自我目的，运用某种方式、方法来说服对方，令谈判朝着有利于自己的方向进行的力量，这便是谈判“力”，而如何说服对方，则是其中的关键所在。在谈判过程中，当你提出条件时，对方必然会有所反应，若反应对己不利的话，谈判便可能因此而破裂。所以，怎样将对方的反应引导至你所期望的方向，便成了谈判过程中最重要的事。

【哈佛商战】：威胁让格纳公司谈判破裂

美国著名电子机械制造商格纳公司向台湾中小企业三友公司提议，双方联手进行半导体的研究。三友公司规模很小，但是这家仅有200名员工的企业却在这项专业领域中开发出了全世界最先进的技术。为了得到这项技术，格纳公司便向对方提出了技术合作的要求。

虽然格纳公司的高级主管向三友公司董事长描述了这项研究有可能带来的美好发展前景，但是三友公司的董事长却是一个考虑周详的人物，他担心技术合作会使自己技术开发的独立精神削弱，造成对格纳公司的依赖性，同时更担心，若将来技术达到了量产阶段，势必会由资金雄厚的格纳公司来操纵整个局势。而这样的技术合作对自己是否真的有必要，三友董事长并不明白。

在谈判了半年多的时间后，彼此对对方的总公司进行了互访，此时的三友董事长并未完全下定主意，而格纳公司的副总裁在这个关键时刻又犯下了致命性的错误。格纳公司的副总裁是美国一所常青藤联盟学校的优秀人才，他对于谈判迟迟未获进展而深感烦躁：“事实上，本公司拥有着足够的实力，将三友公司一举买下！”

在决定性的会议上说出这样带有威胁意味的话语实在不够高明：三友公司董事长一手创建起了这家公司，公司自成立以来，发明了数百种产品，他不仅对此深以为傲，更具有着浓厚的感情。在听到这样的话语后，他断然拒绝了对方的合作请求：“很遗憾，我决定不再与贵公司进行相关的合作。”

以金钱利诱没有达到目的，便想要采用威胁性的手段，却不幸导致了反效果，这是谈判过程中经常会出现的错误模式。在现代谈判实战中，若一味主张展开强硬的谈判，很容易让对方心中留下芥蒂而导致谈判失败。退一步来讲，即使强硬谈判成功，也往往会导致偏见、心结与误解。如何在保持眼前利益的同时，使双方认知与合作维持在更重要的稳定性范围内，让双方都拥有明确的安全感，是每一个管理者都应关注的谈判方向。

【哈佛经验】：运用客观标准，获得最佳谈判效果

所有成功的谈判都是建立在公平、公正的标准之上，获得双方满意的结果的。客观标准是哈佛谈判专家迪帕克·马哈拉所提出的主张，该主张的好处在于，它将双方的主观意志力上的较量转变成了双方愿意共同努力解决问题的途径。变“对方愿不愿意”为“问题应该如何解决”，使谈判过程中各种方法上的竞争成为彼此间充满诚意的沟通。马哈拉教授指出，想要更有效地运用客观标准，管理者便需要注意以下几个方面：

1. 对可作为协议基础的客观标准进行发掘

一般而言，这种标准往往呈现为多样化，如市场价格、合作先例、科学判断、专业标准、效率、成本、道德标准、互惠原则等。双方发掘的客观标准越多，便越有可能从中选择好的标准，同时帮助达成公平的协议。

2. 客观标准的选择至少在理论上应让双方都感觉到合适

谈判过程中，强硬的一方往往会更有条件去提出合作标准，而这种标准应该让双方都感觉到合适，同时也要独立于双方的意志力之后，不可威胁对方，更不可认为“这一标准只对我适用，他人却不可享受同样待遇”，否则只会使人感觉到不公平。

3. 双方共同努力，寻找客观标准

不管是在何种领域的谈判中，双方都应该互相了解客观市场的需求与现状，同时，在此基础上，了解彼此的需要，当一方阐明了立场，定了价格之后，另一方应以诚恳的态度来询问对方的定价标准。若对方提出了具体可行的标准，你便能够按照他的标准去提出自己的看法，借以将他说服，这种情况往往很难让对方抗拒，从而获得最佳谈判效果。

4. 谈判过程中，始终保持冷静态度

谈判的实际情况并不会简单明了，很多时候，它往往会呈现出复杂、多变的局面，你的对手很可能只会从自己的利益出发，提出某种标准，甚至进而将它发展成不可让步性的原则性立场。此时，你不应愤怒，而是应保持冷静。一方面，客观标准本身就有着多元化的原则，你并不一定非要采纳它，而其他的更为公平的标准也极有可能存在。你应通过具体的比较，来与对方商讨，以共同决定取舍。另一方面，若几个客观标准都必不可少的话，你可以考虑，是否能够采纳折中的方式来打破僵局，之后，将它们具体地折算成能够相加的分值。若以上皆不可行的话，你也可以邀请双方都认可的第三者，将所有的标准交给他，由他进行公平的裁决。

5. 面对压力，不要屈从

你应该明白，威胁、摆老资格、以人格担保或是贿赂、拒绝让步都属于谈判过程中的压力。坚持客观原则标准，便意味着自我决不能屈从于压力，不管对方的变化如何，你都应保持一致的回答：请说明理由，将双方都认可的标准指出来。除非对方真的坚持不让步，否则，只要双方还有机会共同坐在谈判桌前，你便能取得优势。此时，你的力量并不仅仅在于自我坚强的意志，同时还在于合理、公平的态度与问题得到解决的良好期望。

Class 3

重视人际交往，塑造强大人脉

每一个都会面临人际关系问题，即使在孤岛上生活的鲁宾逊·克鲁索也要学会与自己的仆人“星期五”打交道。对于商界人士而言，个人是否拥有足够的人际交往能力，是否懂得为自己塑造出强大的人脉，是个人日后在商业领域能否获得大发展的关键所在。

1 成功依赖人脉，人脉推动成功

【哈佛商魂】：人际关系引导成功

成功的第一要素是搞好人际关系。

——美国总统罗斯福

【哈佛商规】：成功在于你认识谁

美国好莱坞中流行着这样一句话：“一个人是否能够成功，并不在于你知道什么，而是在于你认识谁。”对于管理者而言，人脉是个人通往成功与财富的入门票：只有自身做到处处八面玲珑、时时游刃有余，才能够为自我成功开拓出更加宽广的道路，而没有了交际能力，便难免会处处碰壁——这一事实向我们证明了这样一个铁律：一切事物都是人际关系的产物。

【哈佛商战】：马英九的哈佛关系

马英九于1981年7月份毕业于哈佛大学法学院，并获得博士学位，这段求学经历使马英九得以与哈佛精英进行广泛的交往，同时累积到今天，在有意无意间成为了马英九政治生涯中的独特资本。

- 马英九在哈佛就读的前后期“同学与师长”中，有不少人在各国政府中担任或现任高级官员，也有不少在美国企业界中位居要职。虽然这层关系并不如外人想当然中的那么亲密，但是却同样让马英九有机会以“同为哈佛学子”的名义结交下更多的有力关系。
- 在哈佛求学时前后期的台湾同学与学成后所参与的台湾地区“哈佛同学会”，是马英九在台湾从政过程中一股非常重要的助推力。在该股力量中，从20世纪70年代的任台湾“教育部次长”的李模、80年代任“海基会”秘书长的陈长文，直到90年代的李念祖与目前崔涌，这些散布于各个行业中的精英，都是马英九的强有力支持者。
- 哈佛大学是一块具有“品牌效应”的金字招牌，因为是哈佛出身，马英九自然而然地成为了在全球精英组织的“哈佛联结”活动中的活跃分子。在各种交往中，哈佛校友的身份，也成了他自然而有效的敲门砖之一。
- 对于马英九的从政生涯，哈佛关系也有着另一层的意义：对于第三世界中那些出身于哈佛的政治人物，哈佛大学——特别是法学院与肯尼迪政府学院——对他们有着天然的亲切感，并一直不遗余力地在世界各地进行政治经营的“哈佛关系”开发。这两个学院从未间断过邀请世界各地的政治明星、下台政府领导人与反对党领袖到哈佛进行短期讲学、研究或者进学，同时授予他们不同的头衔与名誉，这便是典型的“哈佛关系”，而这种自然的校友关系延伸出的影响力在世界各地都可以用“无远弗届”来形容。

美国总统罗斯福曾言：“成功的第一要素是搞好人际关系。”小至个人工作，大到组织战略，都需要我们去创造机遇、发现机会，才有可能会获得成功。

在这一过程中，努力与机会同样重要，但是若我们拥有了良好人际关系的话，成功的几率便会更大。在这个“人脉即财脉”的社会中，一旦建立起了个人强大的人际关系网络，你便会获得极大的助力，并达到事半功倍的效果。

【哈佛经验】：人脉网络建设助你从管理者晋升为领导者

你期望从一名管理者转变为一名领导者吗？当然！但是，你很可能没有意识到，从一名管理人员顺利地转型成为一名领导者，建立起人际网络——这个可以为自己的发展提供支持、反馈、观点与资源、信息的人际关系网络——将会是极大的挑战。管理者之所以能够获得进一步的发展，往往是因为个人具有极强的专业能力。但是，想要解决全局性的战略问题，需要的不仅仅是人际关系，而且还要有分析能力。与目前以及潜在的利益相关人士打交道，并非不务“正业”，而是个人工作中最核心的内容。哈佛学者进行研究后发现，对于管理者而言，以下三种人际关系网络的构建对于个人而言拥有非凡的重要意义：

1. 业务型人际网络

所有的管理人员都需要与那些能够帮助自己做好工作的人建立起良好的关系，建立起这种人际网络的目的，是为了确保个人可以完成眼前的任务。这种网络关系是由于工作性质与组织结构所决定的，所以，业务人际网络经常会在组织内部组建。不过，由于该网络成员的范围非常有限，所以，此类网络除了可以帮助管理者将手头的工作完成之后，对个人并没有太大的帮助。

2. 个人型人际网络

一旦意识到自己在工作中对于内部关系过度依赖的话，管理人员便会开始在组织外部寻求一些与自己具有相同思想的个人，同时还会通过参与到专业协会、俱乐部、校友联谊会等兴趣团队的形式，来建立起个人型的人际网络。个人型人际网络能够为个人发展提供安全的空间。但是，令人遗憾的是，目前，许多管理者并没有意识到，只有将这些人际联系与组织战略、个人发展目标结合起来，才能够帮助自我顺利地完成从管理者到领导者的角色转变。

3. 战略型人际网络

从管理者转变为领导者，管理人员必须要学会使用全局眼光去考虑战略问题。对于那些期望成为领导者的管理人员而言，战略型人际网络可以提供一系列的关系与信息来源,是实现个人目标与组织目标的力量源泉。事实上，是否拥有一个有效的战略型人际网络，是一个优秀领导者与普通管理人员之间的根本性区别。

当然，若你期望将自己的人际网络进一步组合，建立起有效的战略人际网络，你便需要从以下方面着手进行改变：

①改变成见

只有管理者个人认同建立人际网络的意义之后，个人才有可能在上面倾注足够的时间与精力，并去实现预期中的结果。而消除这一误解的最好方法就是为自己在现实生活中寻找一个明确的榜样。很有可能，原来你会对某一做法抱有极深的成见，但是，当你所尊敬的人采取了这一做法时，你的态度也极有可能会随之改变。

②从业务外部着手

与本组织以外的高级管理者进行接触，管理人员需要找一个合理的理由，此时，我们可以尝试着将自己的个人兴趣与专业技能进一步向着战略层面转移。通过个人兴趣或者专业的技能来进行与相关人士的结交。当然，还有一些管理者会利用自己的专业兴趣与技能进一步筹建起内部、外部联系。

③进行时间的二次分配

成功的人脉网络建设需要个人花费大量的时间，为此，管理者需要学会授权，唯有如此，个人才会有足够的时间与精力来从事人际交往。令人叹息的是，许多刚刚上任的管理者往往无法看到致力于人际网络建设为自己所带来的良好收益，他们在人际网络建设上花费的时间越少，个人也会越不擅长此道，而这样的局面一旦形成恶性循环，无疑将会对个人的发展产生巨大的阻碍作用。

④经常进行人际网络的使用

许多管理者将良好的人际网络等同于认识大量的人。然而，认识仅仅是开始，优秀的人际网络建设者的做法常常是这样的：不管是否需要，他们都会从自我人脉网络中寻求帮助，同时也会对那些需要帮助的人给予帮助，因为他们非常清楚，只有对人脉网络进行经常性的使用，人脉网络才有可能存在与发展。

⑤坚持到底

建设人脉网络，毅力要远比技巧更加重要。当发现初期的投入无法立即为自己带来预期中的效果时，许多人往往会武断地认定自己不具备经营人际网络的天赋。但人脉经营能力并非与生俱来，更不一定需要合群而外向的性格。它实际上是一种技能，需要你进行不断的练习才能达成。

2 看准目标，让交往人群精化

【哈佛商魂】：向着精英化人际发展

"你可能做不到与国王一起散步，但是，你可以让自己的交往人群靠着精英化发展。而这种发展，正是你日后能否获得更从容成长空间的关键。"

——哈佛大学教授琳达·希尔

【哈佛商规】：繁杂人脉让你无力脱身

琳达·希尔教授在进行研究中发现，虽然多半管理者都期望自己有所建树，但只有少数人能功成名就，更多的人则半途而废，无法充分地发挥自我才能。琳达教授认为，除了一些外在的原因之外，最关键的原因在于，这些人没有在人脉关系上进行精简化，而是单纯地将自己局限于无用而繁杂的人际关系中，久久无法脱身，使自我原本就有限的时间与精力被大大浪费。

【哈佛商战】：与国王一起散步的欧洲贵族

在自己教授的课程上，琳达教授曾经不止一次提起过这样一个案例：德国罗斯柴尔德银行。这是一家由罗斯柴尔德家族创办、经营的企业，在《世界十大银行家》一书中曾经如此评价该家族的巨大影响力："发生在罗斯柴尔德家族中的任何一件小事，都有可能对德国乃至于整个欧洲的金融界产生巨大的影响。"

罗斯柴尔德家族是这个世界上拥有着古老历史的金融家族之一，在19世纪的欧洲，这一名字几乎成为了财富与金钱的代称，他们依靠战争起家，并借机控制了许多国家的货币、金融债券的发行权。同时还从事着证券交易与保险业务，在之后，更是将其触角延伸至钢铁、石油与煤炭等能源行业。在鼎盛时期，罗斯柴尔德家族翻云覆雨的能力就连某些欧洲国王也甘拜下风。

最初，罗斯柴尔德家族事业的开创者梅耶·罗斯柴尔只不过是一个小小的古董商，在努力许久却不见事业有所起色之后，他开始周游当时德国的各个公国，并非常幸运地与当时的拥有德国王位继承权的威廉王子顺利结识。威廉王子对古玩情有独钟，罗斯柴尔德便将多年珍藏的宝物全权赠予王子。作为回报，王子允许他在自己的领地中出售商品，同时认定他为"王室指定供应商"。他的财富与人脉齐头并进，在不久之后，便成为了威廉王子的宫廷银行家，同时，还借此机会，认识了许多德国的政要。随后，罗斯柴尔德为整个家族留下训诫："你们要力求与国王一起散步！"

老罗斯柴尔德的五个儿子一直秉承着这一家族传统，甚至比自己的父亲做得更加出色。他们个个都是王室政要的座上宾，与上流社会有着其密切的关系：尼桑长期与英国官场中人交往；詹姆士则与法国王室有着密切的联系，对法国政治风向把握准；萨洛蒙则是奥匈帝国所有王室贵胄私人金融业务的代理人；在意大利金融界，卡尔是头号人物，而阿姆谢尔更是无数显赫头衔齐集一身：普鲁士国王商务顾问、巴伐利亚领事、奥地利男爵等。

在总结罗斯柴尔德家族的成功时，琳达教授总是会以一句话结尾："你可能做不到与国王一起散步，但是，你可以让自己的交往人群靠着精英化发展。而这种发展，正是你日后能否获得更从容成长空间的关键。”

许多成功的商界人士都非常明白人脉资源对于自我事业成功的重要性，就如同管理学中“二八理论”所讲的那样：通常情况下20%的顾客为企业带来80%的收入，20%的骨干在创造着80%的财富，而20%的人脉决定着你80%的人生走向。这一理论指出了现代社会中的一个客观事实：那些能够对事物命运与本质产生关键作用的是少数。由此可见，对自我人脉进行精简化对于管理者的个人事业发展将会产生无与伦比的重要性。

【哈佛经验】：从现有资源入手，建立精英人脉

越是优质的人脉越是难以挖掘，对于管理者而言，很可能那些能够对你的前途与命运产生重大影响、起决定作用的，只有那么几个重要人物，所以，你不能、且不可能平均地使用我们所有的时间、精力与资源去平均地对待自己所遇到的每一个人，而是必须对那些可能影响我们前途与命运的20%的精英人群进行筛选与甄别，这是科学经营人脉资源的原则，更是让自我人脉变成事业成功助推器的关键。当然，若你期望更高效、更准确地找到那些能够对自我战略目标产生帮助作用的人群，你需要从以下方面入手进行考虑：

1. 找准方法对已有人脉进行有效整理

● 利用排除法，知道哪些人是对你帮助最少、你所不需要的

对于那些出现在你生活中的人，你可以以自我阅历积累的判断力去思考：他是否真的拥有这样的背景与能力？他的性格决定了他有怎样的发展方向？他的发展方向与能力是否能够对你有所帮助？

● 利用回忆法，对与此人相关的人、事物等线索进行搜索与回忆

在你打算与某人进行深入交往之前，你可以利用回忆法，对与此人相关的一切信息进行回忆，或是通过交谈，去发现、挖掘两人间的共识或是共同经历，发现这些过程是一件非常有意义的事情，至少，它们可以让你明白，你是否在与对你有帮助的人进行恰当的交往。

2. 锁定那些你最需要结识的人的名单，并对名额进行逐步的缩小与精简

只有不断地认识那些可以改变或者帮助你的人，你才能够构建出真正意义上有价值的脉圈。大多数的管理者出于工作上的需要，都会拥有一定的人脉名单，而在这些人脉名单中进行清理与选择，是建立有效人脉交际圈子的关键所在。对你而言，你最应该学会的是如何与那些重要、关键的人物进行结交，而不是将自己的精力浪费在对自我战略目标毫无用处的那些人身上。

3. 不断挖掘旧友人脉圈子

在整合期，你会发现，自己的核心人脉往往是由以前最能够靠得住的同事、同学等构成，他们对你的做事风格十分了解，并对你的工作情况有着足够的认识。最重要的是，他们与你有着相似的教育、工作背景，或者他们自身的人脉圈子使他们能够为你的发展提供经验与帮助。

4. 甄别性地保存资料

现如今，大多数人习惯于用名片来介绍自己，以至于有些管理者手中拥有数量庞大的名片。你是将这些名片简单地进行存放，还是依据不同类型的人进行相应的整理与排序？那些拥有着明确人脉目标的管理者总是习惯于在收到名片之后根据其所从事的行业、对自我发展的重要程度进行归类，同时注明与之相识的时间、地点与对方的相关资料。这种保存名片的方法看似复杂，但实际上却是极有效的人脉整合方法：它可以让你更快速地找到最需要的人际关系，同时还能让你对自我人脉网络有一个清晰的认识。

3 用对方法，便能拥有最可靠的人脉

【哈佛商魂】：让结识告别一味的功利性

我的成功并没有什么特别的地方，除了自身做出的努力以外，我认为自己一直都是在结识有助于自我企业发展的人士，并从他们的话中听取建议，获得进步。而他们愿意与我结识，正是因为我的交往与他们

并不存在功利性，而是顺应了当时的需要而已。

——FreeBit 创始人石田宏树

【哈佛商规】：人脉塑造是一种过程

想要在人脉交往中获得好的结果，我们不仅要注重于结果本身，更需要让自己关注于获取这些结果所使用的具体方法。所有的管理者都应拷问自我这样的问题：什么才是良好的人际关系？怎样做才能有助于个人建立起这样的关系？在人际交往中，交往双方都是对这一过程进行经营的主角，都能够在一定范围内发挥作用，使彼此关系受到影响，因此，我们不仅需要考虑如何才能在人际交往中建立起良好的人际关系，更要考虑，使用怎样的方法，才能让自己获得可靠而稳定的人际关系。

【哈佛商战】：从建议中获得成长的石田宏树

在 31 岁时，石田宏树创办了被称为以“下一代因特网技术”为核心的企业 FreeBit，并获得了巨大的成功。在谈及自己的创业生涯时，他特别指出一点，就是他发觉自己一直都是在结识有助于自我企业发展的人士，并从他们的话里听取建议，获得进步，“而他们愿意与我结识，正是因为我的交往与他们并不存在功利性，而是顺应了当时的需要而已。”

在他高中时代，他与 Sony 创办者盛田昭夫相遇，盛田昭夫当时给他的忠告是希望他的人生围绕“创业”和“通信”两个方向展开。之后，石田宏树为了学到“通信”的精髓，选择了庆应义塾大学，并在那里结识了日本“因特网之父”村井纯教授，村井纯教授非常喜欢这个勤奋好学的学生，亲自传授解业，传输给他最先进的因特网思维。

毕业后，石田宏树致力于普及因特网的创业，期间，他结识了日本著名的记者木村太郎。当时的因特网还是拨号连接的低速因特网时代，作为新闻资讯前沿的资深记者，木村太郎告诉石田宏树：“因特网在不久的将来将成为广播媒介。”石田宏树由此得到启发，并付诸实施，实现了日本首个全时段的因特网广播。

之后，在1999年世界最大的电脑展览会COMDEX上，石田宏树与当时的Sony会长出井伸之先生相遇，并听取了他的三大预言："因特网将变为宽带；广播将成为个人定制；客户终端CE取代电脑的因特网时代将要到来。"

至此，石田宏树才最终确定了FreeBit公司的创业方向，并逐步推陈出新，紧跟时代潮流。目前，FreeBit已经推出世界上首个将手机转换成网络服务器的应用服务平台，其应用范围早已超过了日本，在全球，特别是在美国成为了热门话题。

石田宏树从人脉中得到的是建议，同时，他更运用自我能力，对这些建议作出了正确的判断，而这些基于成功者基础上的判断让他获得了人生的成功。管理者需要意识到的是，在庞大的人脉网络中建立起良好的关系之所以困难，是因为我们很容易让实际利益本身影响到我们获得这些利益的方式：我们要么会让短期利益占据上风，却令双方的长期关系受到影响，要么将实质性的分歧与解决分歧的方式相混淆——比如，要求对方做出让步，或者自己做出让步，作为改善、增进彼此关系的最好方法。但事实上，想要建立起良好的关系，首先要将实质性的问题与解决问题的方式本身进行区别对待，然后再逐渐地应对。唯有如此，才能让自己在不破坏彼此关系的前提下，成功地达成自我目标。

【哈佛经验】：将关系目标与实质结果区分开

即使有人将相处过程与实质结果分开进行考虑，依然会有放弃一面、保全另一方面的倾向。你很可能会误认为：只要我与对方的分歧越少，便越能与之建立起良好的关系。但事实上，若管理者出现了这样的想法，反而会导致同样错误的两种行为策略：一是执意要求他人同意自我观点，以促成双方的良好关系；二是在实质问题上向对方妥协，以此来改善双方关系。这两种将交往方法与实质问题混淆的做法，只会使双方关系解决新问题的能力被不断削弱。所以，在进行人际交往时，管理者应该注意以下几个方面的问题：

1. 养成良好的认知习惯

良好的人际关系的建立离不开人际认知，哈佛教授往往会告诫学子们：虽然第一印象、先入为主等心理认知偏差有可能加速人际关系的建立，但同时它们也有碍于建立起良好的人际关系。所以，平日里管理者需要了解一些此类心理效应，并在人脉交往中对其进行有效的应用，以让自己在人际认知过程中保持冷静、客观地对认知对象进行审视，唯有如此，才能正确地去评价一个人。

2. 不要使双方关系依赖于意见是否一致上

在与交际对象发生矛盾，很可能会有一方要求另一方让步，而此时的说辞往往是这样的："不要小题大做了，不值得让这样的小问题破坏我们的友谊，听我的绝对没有错。"可是，不管彼此的要求多么正当合理，迫使一方做出让步来达成一致的做法，对双方在将来处理更大的分歧上毫无好处，而且，这样的做法很可能会导致双方提出更多的单方面要求，而不是在共同合作的基础上解决问题。

3. 以换位思考来解决矛盾

想要建立起良好的人际关系，我们便必须要明确这样的事实：改善关系应该由双方来共同努力，而不是一方努力。在与人进行交往的过程中，若你试图影响对方的决定，你应该首先问问自己：你期望对方做出怎样的决策，然后再考虑自己应该采用什么样的行动来影响对方，使对方向自我决策方向靠拢。在建立与他人的关系时，假如我们可以更好地掌握自己的行为，而不是他人的行为，我们便应该自问，我们应该为对方做些什么，才能使彼此的关系得到改善。

4. 不试图去换取好的关系

许多人认为，他们可以要求（并取得）实质性的让步来作为实现"良好"关系的条件，而另一些人则相信，他们可以通过实质性的让步来"换取"良好的关系。但在当前问题上的让步，对于建立起未来解决问题的良好机制根本毫无帮助。在进行人脉交往时，我们必须要注意这样的前提：良好的关系不能买卖。因此，为了拥有良好的关系而让自己做出实质性的让步，只能适得其反。

让步虽然有可能会避免争执，但同时也失去了解决问题的机会，因此也就谈不上掌握达成共识的技巧。因此，在进行人脉关系的拓展时，我们不仅要解决眼前的问题，更要具有长远的眼光，看到眼前的交往对于将来所产生的影响，唯有如此，才能逐步地建立起彼此间的良好关系。

4 妥善处理人际冲突

【哈佛商魂】：人才值得付出

在他能够控制的范围内，你一定要让他做到最好，但是，当事情超出了他的控制能力，造成了失误时，你应该首先考虑他是否是个人才，是否值得你为他的错误承担损失。

——日本松下集团创始人松下幸之助

【哈佛商规】：缓解冲突，方能避免“积是成非”

由于人与人之间往往会在认识、行为、态度与自我价值观上产生分歧，所以，在进行人际交往时经常会出现各种各样的冲突。对于管理者而言，当引发了一些小型的人际冲突时，你便需要拿出解决问题、缓解冲突的态度，对当下的事情进行处理，以避免“积是成非”或“积怨太深”。

【哈佛商战】：松下的高超人际妥协术

日本松下公司的创始人松下幸之助素以经营技术高超、管理方法先进著称于世，被誉为经营之神。

每天，松下幸之助无事时，最喜欢做的事情就是和员工一起聊天。在聊天的过程中，大部分员工都会对这个和蔼的创始人讲出自己的不满与牢骚。在倾听时，松下总是什么也不做，只是认真地听。在他的这个嗜好中，许多管理者发现，虽然松下听完员工的抱怨后，并未做出迅速的回复，但是说话者的愤怒与不满却大大被减轻了，他们如同受到了莫大的鼓励一般，重新投入到工作之中。

后藤清一是原三洋电机公司的董事长，后来，投奔到了松下公司。在担任厂长时，工厂不小心失火，造成了严重的损失。后藤清一非常惶恐，以为就算是不被革职，也会被降级。不料，在松下接到报告之后，只是对他说了四个字："好好干吧！"

松下这样做，并非在姑息下属的过错。在以往，就算是一件小事做不好，后藤清一也会遭到严厉的斥责，而这种作风正是松下处理冲突时的主要秘诀："在他能够控制的范围内，你一定要让他做到最好，但是，当事情超出了他的控制能力，造成了失误时，你应该首先考虑他是否是个人才，是否值得你为他的错误承担损失。"

身为管理者，你很可能曾经多次见过因为意见不同，双方争得面红耳赤、甚至于拍桌叫骂的激动场面；你也很可能因为不知道如何去面对、化解这种冲突，从而失去了自己最好的下属、人脉。虽然人际冲突对人际有着极大的影响，但是冲突在某种程度上也有着正面的意义：它提供了一个机会，令我们可以将自己的一些看法澄清，并对双方在关系中所扮演的角色进行讨论。一般而言，冲突可以帮助我们指出问题的症结所在，从而令我们有所改变，帮助我们更好地认识自己，使彼此有宣泄不良情绪的渠道。而能否达到这一正面积极的效果，关键在于我们如何去对待、去处理冲突。

【哈佛经验】：把握冲突四大阶段，引导冲突正确发展

在面对人际冲突时，不同的处理风格往往会使冲突向着不同的方向发展，而个体在处理冲突时的目的、方法与对待冲突时的价值观，决定了你将采取何种策略来面对冲突。在个体对待与处理冲突问题时，往往会采用五种

方式：回避、对抗、妥协、迎合与合作。在哈佛商学院的人脉管理课程中，学者们认为，人际冲突包括了以下四个阶段，我们虽然无法控制冲突的发生，却可以在不同的阶段中妥善地运用不同的处理方式，引导冲突朝着建设性的方向不断迈进。

1. 潜伏期

当你在内心感觉到将会有冲突发生、但冲突依然处于未曾爆发阶段时，其实你便已经进行了人际冲突的阶段中。在此阶段，你需要加强对冲突爆发迹象的侦测，并预知或控制冲突发展的方向与程度，使其向着更具有阶段性的冲突方向前进，进而使冲突的程度有所减缓，令大家可以以较平和、较理性的态度去解决问题。在潜伏期，你可以使用温和、坚定与诚恳的态度去处理事情，在谈话中，多使用“我”字开头，少使用“你”字开头。

2. 爆发期

在爆发时，不管是口头冲突还是肢体冲突，都会令双方受到一定的伤害。在此时，无效的冲突不如暂时不去处理，若可以设法控制自我的愤怒情绪，让自己冷静下来，便是对冲突的最好处理方式。学习着去接受一些暂时没有办法接受的事情，并不代表永远无法解决问题，而是证明我们需要一些时间去重新思考与对方的关系。

3. 扩散期

一旦人际冲突爆发，不要对它进行责备、否认或者阻断，而是应对其静观变化，同时，对有可能发生的再次冲突想出对策，很可能冲突双方都已经有了后悔之意，很可能后面还会有不断的余震。留出一些时间、空间，让彼此有一个缓冲，也许，当初你无法替对方保留颜面，但是现在却可以慢慢地将自己的诚意展示出来，看到对方的反应之后再另做打算。

4. 解决期

这一时期中既可能出现令双方皆极为满意的“双赢”结果，也可能包括“冷静的暂时搁置”，甚至有可能是以结束与对方的关系为终点的。所谓的“双赢”即冲突不再存在，双方都得到了自己期望中的利益，是最理想的结局。

但是，在许多冲突中，大部分人都很难放下身段，去寻求对双方都有利的解决之道。而“冷静的暂时搁置”则是指将问题暂时放在一边，待双方都能接受之后再去处理。不管结果如何，总之，这是一个做出抉择的最好时机，能够让事情暂时告一个段落或者有一个完整的句号。

除了注意人际冲突的四个阶段以外，身为管理者的你还应注意在处理人际时遵循以下几条原则：

● 对事不对人

在发生冲突时，你应该尽力将焦点集中于事件本身，对冲突爆发的原因与双方的对错进行客观的分析，以避免冲突进一步扩大化。

● 给自己的情绪降温，做出合理的让步

在人际冲突发生时，双方都处于应激状态下，很容易说出一些伤害彼此的话而造成无法挽回的结局，此时做出合理的让步不失为明智之举。

● 当时当地解决冲突

习惯性的逃避只会让小问题逐渐地积攒成大问题，增加再处理难度。在发生人际冲突时，管理者应尽量直面问题，坦诚相待，对问题进行立即处理，而不是暗自较劲，更没有必要去记仇。

5 变现人脉，增加人脉可利用价值

【哈佛商魂】：精英才能拥有更好人脉

人脉关系的作用便是它可以充当信息工具，让你获得更多的信息与发展途径；而你想要获得这种工具，前提便是让自己先成为精英。

——哈佛商学院院长尼廷·诺里亚

【哈佛商规】：利用人脉源于自我实力

在哈佛商学院中，教授往往会告诫学子们：如今你们已经迈入了真实的竞争中，多去认识那些掌握核心商业资源的精英，同时让自己加入这一精英群体，并对其中的资源进行良好的利用，将会对你的职业生涯产生莫大的推动作用。哈佛商学院院长尼廷·诺里亚的话则更能表现哈佛的主张："人脉关系的作用便是它可以充当信息工具，让你获得更多的信息与发展途径；而你想要获得这种工具，前提便是让自己先成为精英。"

【哈佛商战】：有贡献才能生存的哈佛学业小组

在哈佛，所有的课程都是针对相应的事例研究展开的，学生们必须要在上课之前阅读一件事例，然后对事例提出分析、解决的方法。若你在课堂上发言不积极的话，你的成绩很可能不达标，并因此而被退学。

为了可以获得更高的课前准备效率，同学们会自发地组成5人左右的学习小组，这是一个完全的竞争市场。组建学习小组时，年级里的全体学生（一般超过800人）会汇聚一堂，大体每100个人为一批，每人有30秒的时间去做自我介绍，此时，个人是否有能力给他人留下深刻印象，便成为了是否能进入优秀小组的标准。

在进入学习小组后，个人也要拼命做好时刻准备向所属小组贡献自我力量。同组中的人经常会讨论，在该组中大家是否都做出了同等的贡献，是否存在不劳而获的人。若大家认为存在不公平的话，那么，"摸鱼"的人便会受到群体的指责："他没有拿出自己的价值！""好吧，我们以后也不再和他合作！"并会被排挤出局。

而且，很多学习都会将小组看成一个命运同共体，在这个组织中，大家可以了解到那些与自己志趣相投、资质相同的人，而这些人往往是今后创业时的最佳伙伴。因此，每个人都会以苛刻的眼光对彼此进行观察："他有什么能力？""他隐藏着多少成功的可能性？"

在学习刚开始时，由于成绩还不明朗，因此，在进行组员选择时，大家都是通过实际性的讨论与商业性的谈话、闲谈来了解对方，以判断彼此之间是否存在互补的经历与技能，是否值得自己去交往。在这种情况下，个人的立场、独特性便显出了重要性。而那些能够明确体现自己对小组贡献很重要的人，总是可以获得更多的关注与重视。

我们处于一个讲究双赢、多赢的时代里，一个孤军奋战的英雄往往难以成就大业，只有通过强大的人脉平台，才能获得杰出的成就。因此，不断地为自己增加人脉，成为了大部分管理者都会积极去做的事情。但是，也许你并没思考过这样的问题：面对庞大的人际网络，谁才是真正能够帮助你的？能够让你利用的又是哪些人？无法将人脉关系变现，纵使你认识再多成就斐然者，也无济于事。

【哈佛经验】：变现人脉，从细微做起

很可能你在整理名片时会发现，成百上千的名片中，并没有多少人会成为你的朋友，你们在未来共事的机会也不多。虽然每一位管理者的情况都不尽相同，但是，相对于绝大多数的人而言，名片夹中有超过 80% 的人都是你不会再次去联系的。这种现实的存在很容易让我们明白这样一件现实：名片不是人脉，人脉更非财富。如何发展我们的人脉，同时将其进一步变成自我人生与事业财富呢？

1. 明确人脉定义

身为拥有战略目标的管理者，你必须要让自己明白这样几个问题：人脉并非朋友：你与某些朋友之间很可能并不存在利益关系，有些则是基于共同利益基础上才得以更深交往的，而人脉就是指那些拥有共同利益基础的朋友。

2. 让自己拥有被利用价值

人脉的本质是进行价值交换，即帮助对方的同时，也从对方那里寻求帮助。因此，人脉存在、发展的基础是彼此拥有相互利用的价值。所以，光认识多少人并没有用，关键在于，彼此存在多少被利用的价值。若你无法给他

人提供价值，或者你认识的人无法为你提供价值，那么，这种人脉的价值便很低。

建立起更高效人脉的前提，便是自身拥有多少被他人利用的“价值”，其次则是如何将自我价值通过人际关系网进一步扩大化。这种“被利用”并不可怕，使之朝着“双赢”方向发展的关键在于，双方在进行合作之前，是否明确了规则，是否对双方的责任、权利达成共识。若对方在利用你时，同时也能够让你得到自己想要的东西，实现自我价值目标，那么，这种被利用也是有着积极意义的。

3. 构建自我核心竞争力，成为有价值的人

想要建立有效人际关系网，便必须要对自我职业方向进行进一步的明确，同时围绕此方向进一步提升自我综合素质，构建起自己的核心竞争力，让自己成为有价值的人。若你无法为他人提供价值，而是整日去攀附他人，这种本末倒置的做法根本不可能建立起高效的人脉关系，因为在现实生活中，特别是在职场、商场中，利益与价值总是在决定着两人是否能够拥有进一步的交往空间。

4. 对自我交往人群进行评估

之前我们已经提到，“二八定律”在自我人脉中同样适用：人终其一生，大约会有200多个朋友，在这些朋友中，有80%对你毫无用处，只有20%的朋友会让你受到正面的积极影响，而其中又只有5%的朋友会对你进行帮助。想要管理好自己的人脉，关键在于将你那5%的朋友管理好。而管理人脉的首要原则就是对交往人群进行评估，给他们贴上明确的标签：哪些朋友是可以信任的？哪些是值得你去用心交往的？哪些是可以帮助你的？对自我人际关系网络进行评估，往往是管理好自我人脉的第一步。

5. 树立自我目标

你是否拥有自我目标，是你的人脉网络是否能够发挥价值的关键所在，没有目标的人总是会成为那些有目标的人的利用武器。那些有目标的人总是对自我与他人有着清晰的认识，而且也会为了自己的目标而不断地付出长久

的努力。所以，当你有了自己的目标之后，你就应进一步明确自己的职业发展方向，同时也会明了应该如何去提升自我综合素质，以便构建起自己的核心竞争力，成为一个有价值的人。当你拥有了“被利用价值”与人生目标之后，你的朋友也会逐渐开始分类，有些朋友会化为你的人脉，你们可以一起合作一些事情。

哈佛经商课

中篇

运作经营篇

Class 4

选对战略方向，平稳创新前进

在哈佛经商课中，对领导者有这样一种定义：领导的主要任务并非制定计划，而是对方向进行确定；领导者不需要组织与配备，只需要在战略选择的同时学会让员工如何协调一致，领导不是对问题进行解决与控制的那个人，而是懂得在方向中让员工看到希望的那个人。如何选择战略方向，怎样才能在平稳中获得前进，这才是领导者与管理者的核心任务。

1 战略选择决定企业前途

【哈佛商魂】：战略源于有效的思维方法

战略从来不是单一的原则，而是一种有效的思维方法，它能够将重大事情加以整理，按照轻重缓急的不同次序进行排列，再选择最有效的方针进行行动。

——哈佛商学院战略专家诺玛·奥古斯丁

【哈佛商规】：正式战略规划有助于企业成功

近年来，越来越多的量化研究证明了这样的事实：在多种领域中，特别是在销售、利润与市场占有率、股票收益率等方面，战略规划有助于企业获得良好的成绩。虽然企业的出色并非是因为树立了远大的战略规划而导致的直接结果，而是一个公司全部管理能力的产物。但是，一般而言，出色的管理者懂得如何制定规划体系，以使自己的需求可以更加适应整个集体的要求。一旦完成了这一步骤，就可以使整个管理过程进一步加强，从而获得更好的经营成果。

【哈佛商战】：戴尔：走标准化经营

靠着其创始人迈克尔·戴尔从最初在德州大学为他人组装计算机起家，时至今日，戴尔公司已经成为全球计算机销量名列前茅的国际大型公司之一。很显然，戴尔并不满足于此，在2002年，公司销售额达到350亿美元之后，戴尔决定将公司业务扩展到更多领域中：网络交换机、各类数码产品……都成为了公司运营的方向。

在2003年年初，公司的业务扩展步伐进一步加快，在继正式推出打印机产品之后，下半年戴尔更是走出了IT业，大步迈入了家电行业，生产戴尔电视机系列的产品。这一系列的动作实际上体现出了戴尔公司正在对自我运营方向方向进行新的调整。

戴尔公司曾经创造过一个PC产业的神话，缔造起了一个规模庞大的IT产业，而其全新的销售模式也让业界趋之若鹜。但是，当企业面临“再成长”问题时，迈克尔·戴尔却发现，PC产业已经日趋饱和，虽然眼下公司并不担忧发展问题，但是想要继续保持与提升企业的效率、效益并不容易。

在当时的IT市场中，存在着专有模式与标准化模式两种截然不同的业务模式，前者会对用户的选择受到极大的限制，令用户永远都购买该厂商的产品，而后者则为用户提供了高度的灵活性与兼容性，令用户可以更容易、更方便地对系统进行扩充系统。毫无疑问，专有模式能够获得更多的利润，但是标准模式却可以为用户提供最大化的价值，与未来PC产业的发展趋势相吻合。同时，标准化模式在为用户选择了性价比最好的产品与服务外，也迫使厂商进一步提升竞争力，降低成本，为客户带来最好的价值。

对两种模式进行审视之后，公司高层决定，在随后以标准化为生产核心，同时提供标准化的用户支持和供应商合作。这一战略发展与戴尔本身所拥有的良好资源相契合，使其能够利用既有条件来进行市场机会的充分挖掘。

如今，在戴尔所涉及的每一个领域中，都已经基本实现了标准化。成熟的技术加上高效的营销模式，使戴尔公司在实现了产品多元化的同时，也提供了多元化的产品功能与服务，从而对客户需求进行了更好地满足。

在风云变幻的现代市场上，企业的兴盛与衰落时时可以见到。造成这一情况的原因是多方面的，而导致企业衰亡的一大重要原因就是因为他们未能明确自我战略方向。战略执行是一个长期的过程，干扰因素与可变因素的过多，要求管理者除了要以客观、冷静的态度来进行组织的主观调整之外，还要根据外界变化对环境进行客观的分析。唯有根据环境与时代的变化，来确定自我战略选择，企业才能够常兴不衰。

【哈佛经验】：明确战略规划体系重要性，方可实施战略规划

管理者之所以无法进行有效的战略选择与调整，原因在于自我没有明确战略规划在企业的发展过程中所起到的重要作用。哈佛商学院战略专家诺曼·奥古斯丁认为：“战略从来不是单一的原则，而是一种有效的思维方法，它能够将重大事情加以整理，按照轻重缓急的不同次序进行排列，再选择最有效的方针进行行动。”他指出，当今世界上，大部分公司都在采用某种形式的系统战略规划体系，但是，有部分管理者并不明白战略规划体系的重要性，事实上，唯有清楚战略规划的作用，才能更好地实施战略。这种战略规划体系在企业的活动经营过程中所起到的主要作用如下所示：

1. 使高层管理者更好地履行自我职责

许多高层管理者都认同这样的看法：个人直觉并不足以决定个人决策具有足够的科学性，而科学、系统、获得众人认可的战略便成为了企业高层管理者展开经营管理活动的关键所在。对于某些设有类似于总裁职务的公司而

言，总裁成为了公司未来的主要设计者与首要规划者，而进行正确的战略规划与决策选择正是他们需要履行的义务。明确的企业战略规划，可以帮助此类领导者更好地做出决策选择，进行企业管理。

2. 对一些有关公司未来的重要问题进行指明、解答

对于管理者而言，正确而有效的战略规划是按照优先与紧迫的顺序提出并解答一些关键性的问题。如：公司的基本经营线路是什么？经营的目的与宗旨何在？公司长期目标、短期目标是什么？如何在两者间进行平衡？公司的主要市场在何处？主要竞争者是谁？公司所处环境如何，环境发生变化时，公司又当如何应对？

特别是对于一些大型跨国经营的公司而言，这些问题的解答难度正在逐渐加大，作为正确决策的基础，战略规划更凸现出了其重要性：既定的战略规划可以让公司在时间的变迁、环境的变幻之后，依然可以拥有明确的前进目标。同时，也使管理者在制定策略时拥有了可依据的框架与遵循的前提，而在遇到了方向性决策困难时，只需要参考战略规划，便可以做出更明确的决策。

3. 在确定目标的同时，将新的决策因素引入了企业

众所周知，认真地制定实现长期目标的具体计划，目标有可能会更快地变成现实，而战略规划中，总是会有此类的明确目标存在。正式战略规划使企业引入了一套新的决策因素与工具，在确定目标的同时，令组织体系变得更加明确，同时，还促使公司去寻找那些与自我战略目标更契合的管理者，以使企业可以尽快适应不同的管理风格；与此同时，当环境发生了不同的变化时，管理者也会更快捷、更准确地找到已变化的环境因素，使企业更新生产过程、调整人员分配，并更快地融入新的竞争中去。

4. 对不可知的未来进行模拟

战略规划的最大优点在于，它可以在人们的想象空间中对未来进行模拟。在模拟的过程中，若管理者发现结果很可能与想象有所差距，还可以重新再次开始。这种模拟可以激励、允许管理者不畏惧错误，并尽力去发现与

采纳不同的方案与想法，并有可能在过程中萌发出更多更适合企业发展的具体策略，从而令管理者成为更好的规划师。

5. 帮助企业采用系统的方法

在战略规划中，企业是一个由许多小系统组成的大系统，而这个大系统的良好运作信赖于小系统之间的畅通协作。对于每一个庞大而复杂的体系而言，每一个部分的最佳解决方法结合在一起，并不一定会让组织拥有最好的结果，而战略规划则为公司那些错综复杂的组成部分提供了相互协调的最佳机制，同时也避免了以整体为代价去对各个组成部分进行优化，同时也使管理者在进行战略规划的过程中，将精力集中于那些与公司生存有关重要作用的问题上去。

6. 对企业业绩进行衡量

战略规划中的管理标准具有量化、质化的双重特征，一份精心规划的战略方案，可以使组织中的各级管理者能从质与量两个不同的方面，对其手下员工的各项特质进行衡量，并能让管理者在向其上级汇报时，将汇报重点集中于高层管理者更关注的问题上，而不是转移到那些无关痛痒的小事上。这对于更高管理层制定决策而言，无疑是极有价值的因素。

2 可怕的零和竞争

【哈佛商魂】：对手的存在是种必然

竞争对手的存在的确可以增加整个产业的需求，而且，在此过程中，企业的销售额也会不断地得到增加。

——哈佛商学院教授迈克尔·波特

【哈佛商规】：恶性竞争导致零和结果

哈佛商业评论中曾言道，企业与企业间的竞争往往是一种追逐与超越的游戏，一旦竞争成为一种生存常态后，每一家企业都必须要尽力去追赶或超越对手，才有可能在市场上继续立足。在某些高度白热化的行业中，一旦价格杠杆失衡，企业之间往往会陷入恶意竞争的囚笼中，无法自救，并会错误地认为，只有将对手彻底击败，才能彰显自我、打破竞争僵局。而这种恶意竞争往往会导致可怕的零和结果。

【哈佛商战】：360与腾讯之战：无人胜利，只留叹息

中国国内两大软件巨头360与腾讯在2010年9月份爆发了一场激烈的争执：

由于各自业务发展出现多方面冲突，360与腾讯多年来一直处于“暗战”阶段，但在当年9月27日，360新推出一款仅针对QQ软件的、名为“360隐私保护器”的工具软件。这款软件指出：某些客户端软件会在后台对用户进行密集地扫描，同时悄悄地查看那些与自身功能毫无关联的文件，而“360隐私保护器”能够对客户端软件窥视用户计算隐私的行为进行实时的监测与曝光。

随后，360接着推出“扣扣保镖”，在进行QQ体检、对QQ盗号木马进行查杀等版块的基础上，新增加了可以对QQ强行静默扫描用户硬盘进行阻止的功能。随后，网民发现，在安装启动“扣扣保镖”后，QQ根本无法正常升级。大部分用户不得不关闭360安全卫士才可以运行QQ软件。

双方矛盾不断升级，在10月14日晚间，腾讯发布公告，称已向法院正式起诉360的不正当竞争，并要求奇虎与相关公司公开道歉，同时停止侵权、做出赔偿。针对腾讯的指责，360做出反击：“在QQ窥私事件被曝光后，腾讯向公众发布新闻，说360软件涉黄，同时使用技术手段，对360隐私保护器的下载地址进行了全面的封杀，期望以此来阻止网民进行下载，对此，360将会提出积极的反诉。”

事件进一步发展，在11月3日，腾讯宣布，用户必须在360与QQ之间做出“二选一”，并且全面禁止了在装有360的客户机器上进行QQ运作。

虽然在11月4日晚间，360单方面透露，在国家相关部门的协助下，QQ与360软件已实现了完全兼容，但腾讯却对这一信息进行了否定。

虽然此事最后在法律力量干涉的情况下得到了平息，但是双方的竞争早已成为了中国互联网发展过程中一个“双输”的典型案例。

零和竞争多指那些无法带来总量增加或者使整体行业无法进步的恶性竞争，此类竞争在近年来频繁出现的基本原因就是因为企业将战略方向定位为了打击对手，而不是求取在正当竞争中平等进步。这种执著于“此消彼长”的竞争方式往往会让参与竞争的双方都着眼于怎样出招才能将对方打倒，而不是如何努力才能达到双赢的局面。这种竞争的最终结果也如同案例中所说的那样：原本有可能“双赢”的局面，最终由于双方的固执进攻，变成了“双输”。

【哈佛经验】：远离零和竞争，树立正确竞争战略

从竞争到零和竞争，在运营过程中，管理者所需要考虑的往往不再是如何在更好地遵循市场要求的基础上去满足消费者的需求，而是将注意力集中于对手如何出招。这种注意力偏离的竞争战略使唤得市场竞争不再是一场基于实力基础上的生存挑战。有些企业为了能够通过捷径去获得更大的利益，不惜以恶意攻击竞争对手的方式来实现自我赢利。这种恶意的竞争方式对于整个社会、整个行业发展都是一种明显的零和效应：不仅每一方所得与所失的代数和为零，而且在这一过程中，恶意商业竞争所带来的负面效应，为后来企业所做出的错误示范影响，对于整个商业环境的良好运作都是巨大的伤害。

哈佛商学院的迈克尔·波特教授被称为“竞争战略之父”，是当今全球第一战略权威。他认为，想要从根本上拒绝零和竞争，端正企业的运营理念，使企业与企业间的零和竞争行为得到规范，便需要企业管理者树立起正确的竞争战略。迈克尔·波特认为，就目前而言，企业的竞争战略可以从以下几个方面入手：

1. 树立总体成本领先战略

想要让成本领先，便需要企业建立起高效规模的生产设施，在总结自我与归纳他人经验的基础上，尽一切全力去降低成本，把握成本与管理费用的控制，并在最大限度上将研究服务、推销、广告与开发上的各种成本费用进行降低。为了达到这些战略目标，便需要管理者在成本方面多下工夫，在注重不降低质量、服务与其他方面外，使企业的整体成本低于竞争对手。总体成本领先是一种非常诱人的竞争战略，一旦企业在竞争中赢得了成本上的先机，便会获得较高的边际利润，并有能力进行新设备、新设施的投资，从而使成本上的领先地位获得维护，而这种再投资恰恰是使低成本状态得以形成优势循环的先决条件。

2. 建立差别化战略

差别化战略是将企业或者产品所提供的服务进行差别化，使自我组织所推出的产品与全产业环境中的产品有所区别。差别化战略可以通过设计形象、独特的性能与技能、先进的顾客服务等方式来实现，而最理想的情况是，在多个方面，企业都能够提供差别化的特点。一旦差别化战略得以实施，企业便有机会参与到更大市场份额的争夺战中。当然，建立差别化战略的活动总是需要企业愿意支付更高的成本代价。

3. 树立专一化战略

专一化战略建立于现代工业的细分基础上，是指企业产品或服务主攻某一特殊的顾客群体、某一产品线的一个细分区域或地区市场。专一化战略的形式同样多种多样，它与低成本战略与差别化战略所主攻的全产业范围不同的是，专一化战略是为了满足小部分人的需求而建立的。而这一战略能够实现的前提思想是：公司业务专一化可以以更高的效率、更好的品质为某小区域的战略对象服务，从而使较广阔范围内的竞争对手无法超越。

4. 奉行共享价值原则

共享价值理念认为，企业的竞争力与整个产业链条的健康发展有着密不可分的关系，企业的成功依靠于产业链的繁荣，而产业链也并不仅仅是产品需求的来源，同时也提供了对企业发展有着重要作用的公共资产与有利的经营环境，而企业解决社会问题，未必能够增加成本，因为它可以通过新的技术、经营方法与管理方式来实现创新，从而使生产率提升、使自我市场占有率进一步提升。而共享价值的存在，也可以反过来，进一步促进产业链条的蓬勃发展。

3 差异性战略下提升企业执行力

【哈佛商魂】：差异化发展让企业告别跟风

领袖和跟风者的区别就在于创新，而这种创新反映在产品上，便是差异化发展。

——苹果公司创始人史蒂夫·乔布斯

【哈佛商规】：明确差异，促进执行力发展

想要令竞争战略促进企业的进一步发展，在很大程度上取决于组织领导者是否对战略要求有明确的了解。对于整个企业而言，管理者不仅仅是每个职能部门的指挥，更是制定战略的中心人物：你需要对企业的独特定位进行宣传与界定，同时进行不同的战略取舍，以使各项运营活动之间可以建立起配对的关系。更重要的是，想要在避免零和博弈恶果的前提下，使企业赢得更多的利润与市场份额，获得更多的客户认可，你便必须要在企业战略中强调差异发展的重要性，同时，指明差异发展的方向与渠道。在明确了差异性战略发展的基础之后，企业的执行力也将进一步提升。

【哈佛商战】：苹果：Think Different

在20世纪90年代，因为一连串的判断错误与内部组织出现问题，苹果业绩出现了直线下降。在1997年年初，苹果计算机的PC占有率仅有3%。

直到史蒂夫·乔布斯重回苹果，并进行了对苹果战略方向的彻底改革。为了改变以往的不良形象，乔布斯在公司中加大了广告投入，并在随后提出了“Think Different”（不同凡响）的战略发展概念。“Think Different”系列广告的问世，使苹果公司决心走差异化战略的思想得到了淋漓尽致的体现。

这一战略的实施并不容易，乔布斯之前是由于受到了股东的反对而被迫离开苹果的，如今，他的再次回归得到了大多数股东的认可。为了使自己的“Think Different”主张在苹果内部得到强有力的执行，乔布斯对公司内部高层管理者进行了重新甄选，将一批与自己有战略差异的主管清除出了苹果管理队伍，并聘任了一些与自己的主张相同的管理者。

在此之后，乔布斯的一系列主张受到了苹果上下的一致拥护。苹果真正在电脑界成为尖端企业是在20世纪90年代末期，独特的macintosh操作系统与先进的工业设计理念令苹果真正地重新树立起了王者地位。在不到3年时间里，苹果先后推出了“iMac”台式电脑，“iBook”笔记本电脑与“Power G4”台式电脑，与其他电脑生产厂商开始了市场份额的争夺战。而iMac网络电脑只是乔布斯战略变革的开始，即苹果不再是一个纯粹的PC制造商，而是追求个性化发展。此后，苹果超越计算机领域，向着音乐与电影两大市场大步迈进，并推出了专门在Mac机上使用的iMovie专业化视频编辑程序与新产品iPod、iPhone、iPad。

毫无疑问，苹果偏向于“差异化”发展的个性战略使其迅速发展，而全公司上下对乔布斯理念的彻底执行又进一步促进了公司的这种“差异化”发展，使其成为了21世纪备受推崇的IT公司之一。

随着信息时代的到来，现代企业正面临着竞争环境的变迁，在这一时代大背景下，有关如何提升企业执行力的要求成为了当今管理界内的热点话题。哈佛商学院管理教程中认为，现代企业所面临的竞争环境早已发生了根本性的改变，企业发展受到了信息多元性、动态性与不确定性等特点的局限与改变，而企业竞争能力的表现也开始不断地从战略规划能力向着战略执行能力聚焦，企业是否能够有效地执行战略，是否能够在非线性变化的不确定环境中保持自我竞争优势，在很大程度上将取决于企业的执行能力。在这一背景下，提升企业差异性发展，无疑是提升企业执行力的关键所在。

【哈佛经验】：塑造强大执行力，发展差异战略

美国哈佛商学院博士 C.K. 普拉哈拉德是核心竞争力理论的创始人之一，同时也是国际上公认的公司战略领域的专家。在 1990 年，他在《哈佛商业评价》上发表《企业核心冲力》一文，文中指出，企业应从内部独特资源与能力中，寻求自我竞争优势。随后，他对这一主张进行了深入的研究与发展，并认为，想要使差异性战略得到更好地提升，需要对企业的执行力进行新的塑造：

1. 塑造起新的组织结构，使企业的执行力再次提升

当前企业由于能力与资源存在较大差异，再加上企业形成背景不同，所以，各自战略具有极大的差异性。在此基础上，想要提升执行力，便势必要让组织结构顺从战略目标。此时的组织结构重塑应包括以下三个维度：

- 重塑应基于企业的战略特征；
- 利用互联网等先进信息手段来进行执行力提升，使管理精准度与控制力大大增强；
- 根据权变理论，依据于环境的变化与时代的需求，来对组织形态进行适度的创新式调整。

2. 企业上下塑造起共同的愿景，使团队战斗力进一步增强

失去了共同的愿景，组织往往会因为缺乏战斗力而失败。想要体现与其他企业的差异与不同，共同愿景不能缺失。再者，因为企业中的个体往往来自于不同民族、不同文化背景，这种差异势必会造就不同的个人愿景，若这些个人愿景无法得到组织的整合而形成共同愿景，则组织的执行便会受到极大的削弱。构建起“个人——团队——组织”总体目标一致的愿景体系，需要从以下三方面着手：

- 组织共同愿景与差异化的组织战略目标相同；

- 组织共同愿景与社会主要群体、与组织利益相关者的期望保持一致；
- 组织共同愿景得到管理者、员工的认可，并得到了两者的鼎力支持；
- 建立起完整、完善的管理鼓励体制，以做保证。

3. 对领导行为进行约束，使制度管制力得到进一步的提高

领导者的行为是否规范，是对组织执行力进行衡量的重要标准，想要提升组织的执行力，便必须要自上而下以对制度进行全面而有效地执行。身为管理者，在进行制度管理时，应注意以下几点：

- 管理者需要对差异性竞争战略有准确把握，并对团队员工拥有一定程度的了解，并制定出正确可行的制度；
- 任何浮夸的事实与虚假的作风都有可能使执行过程大打折扣，在团队评估、比较与竞争中，管理者应秉承尊重事实的原则；
- 设立符合组织各个阶段发展的不同差异化目标，同时安排合理优先次序；
- 做好任务的及时后续追踪，以便及时总结经验教训，供企业将来参考使用。

4. 全体上下明确三维竞争原则

竞争有两种不同观念，一为二维竞争，死盯竞争对手，期望从对手的失败中获得一定的好处；一为三维竞争，即将竞争投向身为顾客群的第三方，以获得顾客认可来增强自我竞争力。管理者应在企业中明确三维竞争原则，使组织上下致力于如何获得更多顾客认可度。这种竞争原则可以使企业的战略目标进一步明确，同时还在可避免恶性竞争的同时，使组织成员将注意力集中于自我能力提升上。

5. 打造好执行文化

企业执行文化需要长时间的营造才能够得以形成。想要打造出强有力的执行文化，使战略贯彻力得到进一步的增强，需要从以下几个方面入手：

- 执行与绩效结合，赏罚分明；
- 营造出危机感，督促员工树立果断迅速的行事作风；

● 建立起良好的沟通机制，使企业执行力发挥到最大。

4 作战整体化的重要性

【哈佛商魂】：力量源于联合

我们的国家已经进入了最危险的时刻，经济的全面崩溃是否能够挽救，就在于各位是否愿意发挥各自优势、帮助同行业的人了！

——日本前首相佐藤荣作

【哈佛商规】：战略联盟为企业提供最大优势

战略联盟属于一种全新的竞争观念，现如今，市场竞争不断加剧，世界经济一体化已然形成，企业经营逐渐全球化，世界贸易自由化趋势越来越强，企业所面临的竞争早已从国内延伸到了国际，在巨大的竞争压力与争夺全球市场的强烈动机下，越来越多的企业开始采取联盟竞争的战略，通过各种不同形式的合作，创造出更强的竞争优势。

【哈佛商战】：依靠财团迅速崛起的日本企业

“二战”结束后，日本企业竞争力迅速下降。为了改善这一局面，20世纪50年代，日本经济界开始流行起了大企业之间合并、协作与产业再组织论。在当时，佐藤荣作向企业发出号召时称：“我们的国家已经进入了最危险的时刻，经济的全面崩溃是否能够挽救，就在于各位是否愿意发挥各自优势、帮助同行业的人了！”为了改变国际竞争力差的原因，日本政府与各大经济联合体结合起来，做了大量的工作。

从1953年开始，政府开始允许大垄断企业之间进行相应的支持，并解除了现金流、人事互派、现金支股等方面的限制，使日本现代大企业的形成与发展进程得到了极大的促进，并出现了以三井、三菱、住友、芙蓉、三和、第一劝银为代表的“六大企业集团”和以日立、丰田、新日铁等为代表的“独立系企业集团”。

这些集团虽然在经营决策方面保持着自己的独立性，但是却有一个名为“总经理会议”的直接纽带来连接各个成员企业。这个会议会定期召开，这个成员企业的总经理会在会议上交换信息与情谊。同时，这一会议也是各个公司的领导统一决策、协调财团战略发展、应对外来竞争势力的“总枢纽”。

正是靠了这种会议与相互持股为基础的联合体，各大财团的向心力也开始不断增强，企业间的合作、资源整合也在这种交流与协作过程得到了不断的加强。这种表面看起来松散的日本财团，相互间拥有着紧密的联系，他们会在对方出现危机时，果断伸手相助。挽救东芝于危难之中、素有“重建之王”称号的东芝前任社长土光敏夫便曾经是三井财团旗下的集团社长。

综合商社是财团的另一核心组织，这一组织不仅是财团获得情报的重要机构，同时也是拓展海外市场的最大先锋，它对整个财团资源拥有着巨大的协调能力。当日本企业进入某个陌生的地区与国家时，他们会在第一时间找到本财团综合商社在当地的分支机构，以寻求对方的协助。为了发展与壮大自己的综合商社，各个财团都会竭尽一切所能，去提供各种各样的支持。

可以说，日本企业之所以能够在“二战”后迅速崛起，在很大程度上就是依靠了财团所提供的各种信息与资源支持。

传统竞争模式中，企业间的竞争往往以对抗为中心，以至于自我过分关注于对手的举动，并将大部分注意力集中思考应对对策上，这种竞争模式使企业忽略了自身战略目标的详细制定，限制了自我创造力的发挥，导致零和局面不断出现。但事实上，竞争永远存在，过分敌视竞争对手只会让企业忽略同行业联手有可能带来的巨大赢利。日本财团的战略联盟使日本的经济腾飞得到了更快的实现，这一事实证明了一点：同行业之间互为共生的双赢关系的确存在。这使战略联盟的实施与发展得到了越来越多商界智者的支持与认同。

【哈佛经验】：战略联盟成功需要四大条件

在国际市场上，此类战略联盟关系有成功的范例，也有许多失败的教训。这一事实的存在令人明白，战略联盟的成功需要一定的准则与前提。基于战略联盟的多样性与变幻性，想要完全准确无误地对成功联盟的构成要素进行界定是一件困难的事情。哈佛学者戴维·雷在对那些成功开展战略联盟的企业进行研究之后发现，他们的战略联盟大多包含以下共同因素：

1. 拥有明确原则

战略联盟运用得当的话，不仅能够让企业获得整体效益，更能专心致力于自我优势而不至于迷失方向。但是，由于联盟具有组织上不稳定、管理上过于复杂等原因，所以，其成功率大约只有 50% 左右。而那些成功的联盟，大多遵循了基本的联盟原则：

- 只在非熟悉业务领域采用战略联盟；
- 在进入新市场之初采用战略联盟；
- 之所以参与战略联盟，是为了弥补自身不足，因此，要寻求那些彼此在制造、开发、营销等渠道上具有互补性或者愿意分担经营成本的企业作为联盟伙伴。

2. 创造贡献

贡献是对联盟伙伴间可以创造有效价值成果的具体描述，成功的联盟伙伴应该是可以提升彼此生产力的附加值，同时还可以改善企业获利能力的那些组织。可以说，是否能够做出贡献，是联盟能否成功、组织能否存在于联盟中的关键理由。

这种贡献与普通的组织定义有所不同，它多半是由组织进行了明确界定的，同时基于合作形态上才得以存在，它可以使合作伙伴在进行自我生产时能够产生更大的生产力，而且能够在这一过程中获得自我进步。

联盟伙伴是否能够创造出贡献有着重要的前提，即合作双方是否能够相互配合。若一方改变，而另一方无法发生改变的话，那么合作关系很可能将会不复存在。所以，相互配合是创造贡献的前提，若没有了这一条件，便不会存在协调产生的合力，而总体生产力也将无法提高，可以说，相互配合来追求彼此贡献，是成功的联盟伙伴关系得以存在的基础，同时也是联盟的最高目标。

3. 相当程度上的紧密程度

成功的联盟伙伴关系超越了一般的交易关系，达到了相当程度上的紧密，这种紧密程度在传统的“买卖”模式中根本无法想象。例如，在IBM与供应商所形成的产业联盟中，供应商可以佩带IBM公司员工的章，并能在IBM中常驻办公，而且能够获得除专利以外的各类工程设计资料，同时还能参与到IBM的产品设计会议与公司采购过程中，以便对IBM的需求产生影响，同时也可以让自己更多地了解IBM，使自我供应商品的能力进一步增强。

除了相互信赖的软性因素上，联盟伙伴间的亲密关系还体现于硬性的共享上。例如，所有的成功联盟都会进行定期的策略规划，对某些成本与定价资料进行分享,还会就产业、产品技术专利等问题进行探讨。这种建立于“保证自我权益、促进联盟发展基础”上的信息共享往往大大超越了传统交易中的内容，同时还进一步地发展到了长期的产品线与行业发展中。

4. 拥有共同的愿景

有些联盟已经具有了上述三项要素，但是却依然无法形成真正的伙伴关系，究其原因，主要是因为他们之间没有共同的愿景，即伙伴双方期望达到的目标与采取的方法有所不同。

一旦双方试图进行合作，眼前便会出现无数不确定目标与方向的途径，此时，联盟伙伴的关系间往往面临了各种各样的不同选择，这种选择要比传统交易复杂得多，它们很可能会带来利益，但与此同时，其风险与不确定性也大大增加。这种伙伴往往会让企业形成自上而下的彻底改革，而这种改革一旦陷入盲区，只会让伙伴成为“牵绊”，让联盟陷入另一种意义上的彻底失败中。因此，联盟在成立之初，便应有一个清晰的指导方向与明确的远景目标，唯有如此，才能获得双方预期中的成功。

5 在创新中追求深化战略定位

【哈佛商魂】：区别深化战略定位与伪定位

在当今社会，定位从企业生存必备的战略逐渐地发展成了一种时尚观念，这种时尚流行导致定位的泛滥，同时也使定位一词偏离了其原本的含义，产生了大量的伪定位，而伪定位不仅无法促进产品销售，反而有可能让新产品就此沦落。

——哈佛商学院教授克里斯滕森

【哈佛商规】：以简单为基准，形成明确产品信息

将事情简单化，是为品类重新定位的前提，想要让企业产品成为最主流的竞争品类，便需要在简单的基础上对该品类产品的核心价值进行定位。借助于持续而简单的信息，让产品信息在顾客的心智中立足，占据重要的位置，而最佳的效果，即是让企业在顾客的心智中拥有一个明确的字眼，即，人们一提到英特尔，便可以想起“微处理器”，一提到惠普便能想起“PC 计算机”一样。

【哈佛商战】：饮料大战里的深化定位

在诞生之初，可口可乐本身是作为药类饮品，在药房出售的，市场上的主流饮料是酒类，此类产品是为了缓解人们巨大的工作压力而提供的，因此，具有明确的麻醉效果。可口可乐却刚好站在了麻醉的反面，同时，在刚上市时，便打出了“提神醒脑”等与酒类饮料对立的产品策略。凭借着这一定位，可口可乐逐渐地走出了药房，建立起了一个能够与酒类进行对抗的饮料市场。

在过去的多年时间时，在全球范围内，可口可乐一直独领风骚。因为其独特的配方，可口可乐总是以为消费者提供“口感最正宗的可乐”为口号，而人们也依然会将可口可乐作为提神饮品的首选。

可口可乐的成功并不妨碍其竞争对手继续沿用这一策略来发展与壮大，以可口可乐的老对手百事可乐为例子，在1961年，百事可乐针对可口可乐的“历史悠久的饮品”定位，提出了“年轻人的可乐”的产品定位，同时，选择了一系列的年轻偶像作为代言人。

时至今日，百事可乐在全球范围内早已拥有了庞大的顾客人群，同时，它们在全球范围内还在强调着这一“年轻”特质，这也使它在饮品市场上占有了一席之地。

在20世纪80年代，特劳特推出新产品“七喜”汽水，并将七喜汽水定位成为了“永远不含咖啡因”的饮品，此举使可口可乐与百事可乐深受重创，并赢得了许多追求健康生活的顾客。同时，该定位也使七喜汽水一跃成为了美国饮料业中仅次于可口、百事的第三大饮料品牌。

国内大部分企业都知道，差异化可以让自己的企业产品与其他产品区别开来，但是，很多企业往往关注产品成分与功能上的微小差异，却忽略了这样一个事实：对于消费者而言，过于细微、烦琐的差别只会导致他们将该产品与其他产品混淆。深化定位依然需要靠在简单、易记的基础上，将产品的主要特点凸现出来，唯有如此，方能让产品在众多同类产品脱颖而出。

【哈佛经验】：舍弃伪定位，走向“三法则”

哈佛商学院教授、企业定位专家克里斯滕森曾经发表文章指出，在当今社会，定位从企业生存必备的战略逐渐地发展成了一种时尚观念，这种时尚流行导致定位的泛滥，同时也使定位一词偏离了其原本的含义，产生了大量的伪定位。克里斯滕森在经过调查后发现，企业最容易犯下的定位错误包括以下几种：

1. 错误地认为定位就是从企业自身出发，进行目标的设定

在进行定位时，许多企业会说自己“要做某一领域中的第一”，但事实上，这种看似远大的目标其实是企业的主观目标，而非理智的定位，同时，还与顾客对企业的认知有着明显的差别。这种定位由于无法对顾客产生影响，同时也不会创造出新的市场。而事实上，定位产生的方式恰恰是“由外及内”的。

2. 创新定位应与顾客已存在认知存在矛盾

正确的定位来自于对自我优势的充分发掘，所以，在进行新产品定位或企业创新式定位时，首先要考虑新的定位是否与顾客的已有认知相符合。但事实上，很多企业的定位恰恰与顾客早已形成的认知或常识相违背，这种品牌定位与认知相冲突的定位现象，导致企业的创新或新产品极难成功。

3. 将形象式广告与企业的理念误当定位

定位是使品牌在顾客认知中的位置进行确立，而这一位置是确实存在于顾客的认知中的，而且，可以对消费者的购买行为产生直接的影响，而不是抽象的形象。现如今，大部分商业广告都是建立于诗意化抽象形象中的，比如，飞利浦的显示器定位为“精于心、简于形”，但是，消费者认知中并没有哪种产品真的叫“精于心、简于形”的，而是只存在于超薄、高清等各类不同的显示器空缺。若企业将这种诗化语言当成企业定位，便很难取得销售上的成功。

4. 基于市场进行定位

著名营销学家菲利浦·科特勒先生认为定位直接决定了企业营销的成败，他曾说“定位是营销战略中最为关键的步骤”。但事实上，菲利浦先生的定位是基于市场竞争状况而形成的，即市场需要什么样的产品，企业便生产什么样的产品，这种产品定位脱离了顾客的需求，使产品只顾及了市场空缺，却未能考虑到顾客的接受度，所以，这也是定位失败的另一大原因之一。

也正是因为“伪定位”大量存在，才导致了许多企业“有定位、无认知”的情况出现，而这种情况往往会导致企业陷入“有定位、无市场”的局面中。其实，想要做好定位，只需要管理者把握好以下三大法则，便可以使企业在

遵从顾客心智认知的前提下，获得更高的市场认可度。

● 法则一：注意聚焦

定位不应只是建立于争夺“行业”第一的目标之上，而是应找到自身的与众不同之处，因此，企业应集中精力，将一种业务做好，从而在顾客心目中拥有一个明确的企业概念。一旦企业在此方面获得了先机，他人便永难超越，因为顾客的认知很难发生改变。

● 法则二：注意取舍

无法对自我定位进行界定的企业永远也不可能树立起真正的品牌。管理者应不断对组织定位进行明确，提防自己产生自负心理，误认为自己什么业务都可以做。一旦定位过度多元化、定位过于不精确，产品便会迅速地在市场大潮中被湮灭。

● 法则三：注意延伸

企业应在自我既有优势上进行延伸，在原有成功产品上，发展出新的产品品类，从而确立起新的定位品牌。

6 实现战略控制，让行为与目标更配称

【哈佛商魂】：战略并非一成不变

战略既是未来的计划，也是过去的模式。

——全球管理学大师亨利·明茨伯格

【哈佛商规】：战略控制势在必行

在实施战略的具体过程中，管理者会发现，由于多变性因素的不断增多，使得各个部门与员工的行为变得更加难以管理，为了实现既定的战略目标，管理者便必须要在战略目标的实施过程中，对目标进行控制化管理，以协调员工与部门行为，同时使企业的战略实施效果与预期目标尽量符合。

【哈佛商战】: BMW 的中国风格

20 世纪 90 年代时，宝马的高端 7 系车型开始进驻中国市场，当时，主要的消费群为新富阶层，以至于在随后的很长一段时间里，人们往往会将 BMW 与“暴发户”联系在一起——这一联想至今依然存在：在许多影视作品中，很多导演都乐于对这种联系进行刻意的强调。

为了让自己抛弃这一粗俗形象，宝马在中国市场上首先推出了尺寸比 MINI 略大的 1 系轿车，随后，设计出了代表为 X1、X3 的紧凑别致小型 SUV，他们期望以此来将更多层次的消费群吸引旗下，成为品牌的忠实客户。

进入 2009 年下半年以后，中国豪华汽车市场的竞争日益白热化，自身品牌的影响力根本无法依靠销量的增多获得有效地展示。为了使宝马品牌更深入人心，宝马公司进行了自 1994 年正式进入中国市场后的首次集团品牌推广活动：在 2009 年 10 月份，宝马全面启动了品牌战略本土化工作。他们所面临的首个难题是怎样将“Joy”理念向中国顾客进行精准的传递。为了寻找到最适合的汉字，在咨询内部员工的同时，公司还主动与许多中国专家、学者进行了联系。在众多备选方案中，宝马高层最终认可了“悦”这一汉字，同时还为其进行了全新的字体设计。此后，“Joy is BMW”的中文版本正式成为“BMW 之悦”。

相比于美国市场更注重汽车机动性而言，“BMW 之悦”将轰鸣的引擎、灵动的方向盘与路面剧烈摩擦的车轮一类的狂野元素暂时放下，而是以一个更为丰富的品牌形象开始出现。宝马的电视广告以全新的细节体现出了自我变革的彻底：以往冰冷、呼啸的机器，被各类人的面孔所取代，人性代替了机械快感，成为了主角。

这样的广告对于宝马而言无疑是一次巨大的挑战，要知道，在以往的广告中，人物永远是汽车的背景。同时，在平面品牌广告中，如京剧脸谱、山水画的写意风格等一系列鲜明的中国元素开始被大量运用。

战略控制的意义在于，在企业进行战略经营的过程中，管理者可以对企业为达到目标而进行的各项活动展开情况进行具体的分析，并对实施战略后所产生的企业绩效进行具体的审视，同时在与既定战略目标与绩效标准进行比较之后，发现具体的差距，并在差距产生后，对其原因进行调查，这样的控制可以让企业的行为与最初决定更相契合，同时也会在决定实施的过程中，有机会根据内外环境的变化，对决定进行调整与具体纠正。

【哈佛经验】：战略控制应从四步骤入手

全球管理学大师亨利·明茨伯格曾言："战略既是未来的计划，也是过去的模式。"他的主张很明显，企业组织时刻处于变化过程中，想要让战略实施与企业组织目标相符合的话，便必须要对战略实施过程中进行恰当的调整。哈佛决策课中认为，为了达到使战略具体实施效果与预期目标相符合的目的，管理可以将战略控制分为四个步骤：

1. 明确实施标准

● 根据企业的预期目标与方案制定出相应的具体战略实施标准

战略控制得以进行的第一步便是根据企业的预期目标与方案制定出相应的具体战略实施标准，以使实现企业目标所需要完成的工作任务得到进一步的明确；对这些标准进行衡量的重点应该放在那些可以使战略实施得到进一步保证的领域中，如企业文化、控制系统与具体的组织结构。

● 经过标准审查，找出成功关键，并以此来作为企业战略控制的衡量标准

在进行企业战略衡量时，经常使用的标准有销售量、净利润、资产、销售成本与价值增值、劳动生产率等；管理者可以选择这些衡量标准中的一部分指标，来作为战略控制过程中的重点要素。

2. 对战略基础进行审视

对战略基础进行审视是指，审视有关企业生存与发展的内部、外部环境是否发生了变化。企业战略本身就是在对外部环境与内部条件进行了审视的基础上制定下来的，对于那些现有战略基础的外部机会与威胁、内部优势与

劣势，企业都应进行实时的监测。

以下是在监测过程中，管理者需要注意的一些关键性问题：

- 对关键性的战略因素是否可靠进行审视

在众多对企业战略制定产生影响的外部环境要素中，有很多是起到关键性作用的战略因素。制定战略应对针其中的关键性因素进行，在修改不可靠战略因素的同时，迅速地把握那些正确的关键性因素，以更好地把握最佳战略转变时机。在此需要提醒管理者的是，在制定战略时，公司便应对外部环境中能够对战略产生影响的关键性因素进行推测，同时对其展开系统性的监视。

- 对关键性战略因素所发生的变化进行监视

企业的关键战略因素一般可分为产业环境因素与宏观环境因素。产业环境因素是指那些与企业竞争活动息息相关的环境因素，如企业的竞争对手、行业势力集团、供应商的行为变动等；宏观环境因素则包括科技进步、是否发生通货膨胀、政府是否采取进口保护、银行存款与利率高低等。管理者必须要派专人对这些因素进行判断与监控，以明确哪些因素会对企业原有的竞争优势产生影响，以及确定该影响的具体的程度。

- 对关键因素与战略实施之间的关系进行识别

管理者需要派人对那些不可控因素或者直接性因素展开监控，同时了解全面的、最新的情报，并对其所产生的影响与企业未来的行为进行预测，同时厘清该因素变化与战略实施之间的联系，以明确那些值得引发管理层关注的威胁或者机会。

3. 对企业每一阶段的绩效进行衡量

对每一阶段的绩效进行衡量的意义在于：看企业是否正在朝着已定的战略目标发展。

在将预期的目标与具体的实际结果进行对比之后，管理者往往会发现两者之间存在的差距，此时便应对该差距的性质进行分析，同时认真地根据实际情况与预期标准之间的差异，对差距出现的原因进行分析。

出现差距原因有以下几点：

战略缺乏科学性，以至于执行时显示了出来；

客观环境发生变化，使已定战略目标与计划不再适用；

战略的具体实施过程中出现了问题。

总之，管理者需要将战略本身的问题与战备实施过程中所发生的问题进行区分，并对那些属于战略本身原因所造成的偏差，管理者应通过对战略进行调整与标准修改进行纠正。若偏差纠正需要过大的成本与精力的话，而此偏差又对大局无太大阻碍，管理者可以考虑放而任之。

4. 根据控制过程，展开战略调整或变革

● 若战略实施过程中偏差过大，企业应考虑调整或变革

管理者一旦在战略实施的过程中，推测出外部环境所带来的机会或威胁有可能带来的后果后，便必须要采取相应的纠正或者补救措施，实施具体的战略调整或者变革。

● 实施战略调整或变革时的方法

管理者可按不同的问题选择不同的战略调整方法：

常规模式：按常规的方式对已出现的偏差进行解决，但是花费时间较多。

专题解决模式：对目前所出现的问题展开专题调查，进行重点解决，该模式反应快、时间多。

预先计划模式：对事先有可能出现的问题进行权变计划，该模式可以减少企业的反应时间，使企业处理意外事件的能力大大增强。

Class 5

做好市场营销，赢得市场份额

如果把市场营销比喻成一个圆圈，企业产品位于圆圈的一端，而消息者的位置则在圆圈的另一端。在公司的发展过程中，怎样做好产品设计，如何针对消费者特点展开不同的市场营销，将企业的产品信息最大限度地推广向消费者，是哈佛商学院的学子们必须要学会的一种重要能力。

1 做产品，首先进行市场环境分析

【哈佛商魂】：市场永远处于变动之中

作为一只看不见的手，市场永远处于变动之中，而我们的经验，哪怕是成功的经验，都是处于过去时的静止状态下的。

——哈佛经济学教授约翰·奎尔奇

【哈佛商规】：做好环境分析，才能把握主动

不管市场竞争趋向于怎样的白热化与激烈化，机会与危机都会同时存在，而管理者的主要任务就在于把握机会，克服危机，使用各种策略，去接受市场难题挑战，并在难题的压力下，迅速而准确地占领市场。市场环境分析的目的就在于在危机与机遇中寻求新的销售机会，同时，避免环境威胁，以使企业尽量在多方竞争中把握主动。

【哈佛商战】：陨落的铱星计划

对于摩托罗拉公司而言，铱星计划曾经是一个让许多员工与管理者抱有巨大希望的想法。众所周知，自从20世纪60年代通信卫星投入使用以来，大多数卫星都是在高达22000英里的太空轨道上运行。依靠于这一高度上的这些地球同步卫星电话机意味着要生产得足够大，同时还会伴有1/4秒的声音滞后。例如，当时美国著名通信卫星公司的planet1电话机便重达4.5磅，几乎与现在的电脑差不多大。而铱星计划的创意就在于在当时使用一批高度在400~500英里高度的近地卫星，以达到使电话机机型缩小、声音滞后时间更短的目的，实现让用户在世界上的任何一个地方都可以打电话。

1991年，摩托罗拉公司正式启动了铱星项目：他们通过向银行借贷的方式投资了高达4亿美元，建立起了铱星公司。1998年11月1日，铱星公司在耗资1.8亿美元的广告宣传之后，展开了它的通信卫星电话服务，他们的电话机售价为每部3000美元，每分钟的话费高达3~8美元，如此高昂的代价使顾客寥寥无几：到1999年4月，铱星公司已确定下来的用户只有1万个。

在1999年6月，铱星将高达15%的员工解雇，解雇名单中甚至包括了几位参与到公司营销战略规划中的高管。在当年8月份，它的用户上升到了2万个，但是，离贷款人合同中要求的5.2万个依然相距甚远。最终，在1999年8月13日，在拖欠了两天高达15亿美元贷款之后，铱星公司向当地法院提出了破产保护申请。

而铱星计划之所以会失败，也正是源于其在实施计划之前，未能做好市场环境分析。他们不仅对于产业利润区没有进行精准的预测，更对顾客的需求判断过于盲目、过于乐观，同时，其产品本身也存在明显的缺陷，而当时所处时代环境的技术限制也使其原本广大的前途被扼杀。

摩托罗拉铱星计划的破产向众多企业管理者指出了实施市场环境分析的重要性：随着经济全球化、竞争激烈化的发展，市场环境成为了企业外部不可控制的因素与力量，而这些因素与力量与企业的营销活动有着直接的关系，同时还会对企业的生存与发展产生巨大的影响。想要在当前市场环境中顺利地生存下去，管理者便必须要对市场环境进行积极的分析，为企业选择正确的决策方案提供更加可靠的情报。

【哈佛经验】：让 SCP 模型帮助进行环境分析

作为一只看不见的手，市场永远处于变动之中，而我们的经验、哪怕是成功的经验，也是处于过去的静止状态下。进行市场环境调查与分析，是市场营销的出发点，同时也是提高市场营销效果的最好方法。

该模型由美国哈佛大学产业经济学权威贝恩与谢勒建立，这一模型认为，市场结构将会决定企业在市场中的行为，而企业行为又决定了市场运行在各个方面能够获得的经济绩效。SCP 模型主要侧重于在行业或企业受到了表面冲击时，有可能进行的战略行为调整与变化，并从行业结构、企业行为与经营绩效三个方面来对外部环境的冲击进行了深入的讨论。该模型具体可按以下步骤来进行：

1. 外部冲击（Shock）

外部冲击主要来自于客观大环境，即企业所处的宏观环境，而针对宏观环境所进行的调查主要包括以下几点：当下其他企业与社会需求所引发的技术突破与变革对于企业产品有怎样的作用，政府政策的具体变动，国内经济环境的调查，国际竞争环境的具体分析，消费者生活方式与习惯、爱好的具体转变。

2. 行业结构（Structure）

行业结构是指在企业所处的市场中，企业在数量、份额与规模上所存在的具体关系。某个特定的市场属于何种市场结构类型，一般取决于以下几大要素：

● 处于买卖角色的数目与分布规模

完全竞争市场存在着众多的买家与卖家，在这种情况下，若企业的规模过小的话，根本无法对市场上的价格变动产生影响，只能是单纯的市场价格接受者。而在一般情况下，随着交易双方数目的不断减少，双方的规模也会不断增大,而价格的变动潜力也会逐渐增强。一旦这种局面发展到一定程度，便必然会出现垄断。

● 产品差异化程度

在经济学家们设想的最佳完全竞争情况下，企业所出售的都是同质产品，唯有通过价格竞争才能定出输赢。但是在现实情况中，各个企业所生产的产品总是会存在一定的差异，而随着产品差异化程度的不断增大，不同企业间所拥有的产品可代替性也会逐渐减弱，而企业获得垄断地位的可能性也变大。另一方面，消费者的主观满足与企业的市场控制力将会因产品差异化而增加可替代性。

● 市场集中度与市场份额

在特定的市场下，市场集中度（即少数规模最大的企业所占有的市场份额）和市场份额（某一企业所占有的市场销售份额比重）将会与市场结构产生更加密切的关联，一般情况下，企业垄断市场的支配势力越大，市场竞争度便会越低；某一企业的市场份额越大，市场集中度便会越大。

● 进入市场的壁垒难度

壁垒即企业在进入某一特定市场时有可能遇到的各种障碍，这种壁垒多是由宏观原因引发的：政府、机构政策而引发的政策性壁垒；资源分布区域性引发的资源性壁垒；在位厂商引发的抵制性壁垒；无法掌握核心技术引发的技术性壁垒；成本劣势引发的成本性壁垒。除以上壁垒以外，市场容量的大小、规模经济的强弱、消费者的群体偏好都会成为企业的进入市场的壁垒。

3. 企业行为（Conduct）

企业自主行为是企业参与到市场竞争、使个体与市场结构相连的关键所在，更是市场结构、经济绩效的联系纽带。强大的企业可以通过自我行为、借助于各种策略对那些潜在的进入者施加巨大的压力，从而使市场结构受到影响。但是，这种行为只能在不完全竞争市场条件下才会产生，因为在完全竞争市场中，企业的市场控制力将会大大减弱，控制力的减弱也会使广告等行为无法发挥效用，各个企业都可以按照市场已经形成的销售价格进行任何数量产品的销售。

4. 经营绩效（Performance）

指在特定的市场结构之下，管理者可通过一些特定的、独有的企业行为，使其在价格、产品质量、成本、品种与技术等方面，达到一定的水平，并进而促进整个产业链条的发展。

2 让整合营销带企业走入新竞争时代

【哈佛商魂】：真正出色的是资源

没有人是冲着苹果与 IBM 公司里的硬件设备才购买他们的股票的，真正值钱的并非他们宏伟的办公大楼或者先进的设备机器，而是其强大的营销业务兵团所具备的实力、人际关系与组织规模。

——著名营销专家阿尔文·托夫勒

【哈佛商规】：整合让企业实现迅猛发力

著名营销专家阿尔文·托夫勒曾经说过，企业的实际资产早已不如以往那么重要，取而代之的是关系与沟通：“没有人是冲着苹果与 IBM 公司里的硬件设备才购买他们的股票的，真正值钱的并非他们宏伟的办公大楼或者先进的设备机器，而是其强大的营销业务兵团所具备的实力、人际关系与组织规模。”而整合营销，正是为了让组织中的各个部门、关系利益人与组织任务进行重新的结合，以实现更好的营销效果。

【哈佛商战】：优客普：整合，从改善服务质量开始

优客普食品公司是位于美国弗吉尼亚州的一家独立连锁食品公司，这家拥有将近三十家下属分店的公司曾经进行过一项民意调查，目的是获得顾客对于其品牌是如何认识的。他们期望以此来确立自身品牌到底向人们传达出了哪些重要的讯息，其中，哪些讯息是最能够吸引顾客前来购物的。

在调查中同，优客普的管理层发现，公司的收银台是一个极为重要的顾客接触点：在进行付款时，顾客总是会与打包人员、收银人员进行随意的交谈。令人失望的是，这些工作人员并不是一直将正面的企业信息传达给顾客。

经过了慎重的考虑之后，公司决定将部分广告费用节省下来，用以对员工进行培训，而培训的重点又放在了收银台员工与其他员工在与顾客进行接触时应该如何服务上。一方面公司向员工具体地指出了在面对顾客时应具备的基本礼仪；另一方面，公司又针对如何提高顾客满意度、如何使顾客感受到服务人员的耐心、热情等问题对员工进行了及时的指导。此外，公司还推出了新的整改计划：为了让员工可以与家人一起共度周末，管理层决定星期日全公司停息。

优客普的培训工作获得了极佳的成效，员工不但反应一致，而且在随后的工作中，积极地运用培训技巧。一段时间之后，这项员工培训计划和公司所进行的其他“以顾客为中心”的项目为公司带来了令人惊叹的成果：优客普的市场占有率迅速地升至34%,其单店营业额比那些花费了更多广告费用、营业时间更长的竞争对手高出了50%以上。

身为管理者，你很可能没有注意到，你所领导的整个组织与顾客、员工、供应商、记者、政府官员等主要关系利益人之间的关系是怎样的，很可能你们之间已经产生了巨大的间隙，而你也许并没有料想，随着全球市场的扩张、公司内部与整个市场环境中的竞争日趋激烈，这些间隙逐渐扩大、发展成为了能够使企业的品牌关系与品牌资产走向灭亡的终极杀手。在20世纪六七十年代，传统营销观念刚刚兴起时，企业成功的各个因素被分开进行

讨论，如今，为了适应不断发展变化的市场经济与全球化竞争需求，企业管理者必须要将各个因素进行再次整合，以实现一切行事上的统一，并最终达到组织在不受任何部门管辖的前提下，与所有的关系利益人实现一致性的互动，同时从中赢得高额的利润。

【哈佛经验】：从六大方面着手进行整合营销

整合营销也可以说是目的、过程、目标与行动的统一过程，在这一过程中，组织依赖于现有及潜在消费者、股票投资人及其他重要关系利益人的高度忠诚来增强公司的完整性，从而使在新竞争环境中表现出无所适从的公司重新回到经营的正轨中来。与保持产品、服务质量相同的是，整合营销是一个持续性的过程，整合是否能够成功，关键在于组织本身是否对整合的进程拥有充分的了解，是否明白，什么是组织需要进行整合的关键。哈佛营销课中指出，在营销观念最初出现时，其概念便是整合，即集中全部资源与组织精力，去满足顾客的需求，因此，从某一意义上而言，现代整合营销不过是在新的市场环境与状态下，再次回归营销的源头。在如今这个日趋复杂化的竞争环境中，每一个企业都应加强对以下六大方面的整合：

1. 整合员工资源

在整合过程中，企业中的各个专业部门会被联系在一起，在工作上产生相互的影响，同时保持一定程度上的接触，但是，这并不意味着所有的部门都应合而为一，更不意味着所有的专业人员都应成为通才，而是指，为了避免各个部门与专业之间形成孤立与过度竞争的局面，让每一位员工与各个部门都共同参与到企业品牌的建立、培养中来，同时共同监督品牌关系的具体运行。一旦在这一过程中达成共识，在各个部门的分别运作与计划中，便能形成整合性的共识，同时，公司内部负责整合任务的跨职能小组还可以决定哪些品牌讯息需要进行改变，以及每一个部门各自应该担任的具体任务。

2. 整合以顾客为代表的重要关系利益人

以顾客为代表的主要关系利益人也需要被进一步地整合到公司的整体

运作中来。随着商品制造速度的不断加快、商品变通性的不断提升，公司与重要关系利益人之间更需要加强联系与沟通，从而在最短的时间内，获知他们的需求、顾虑与欲望所在。企业得到的对话与回应越多，便越能在组织与关系利益人之间形成整合。若企业准备进行特殊方式的营销，那么，针对关系利益人所进行的沟通也应进行特殊化设计。

3. 整合企业能够接触到的知识

随着时代与环境的变化，企业很可能会需要购买越来越多的对外信息服务，同时，对企业间互动、交易与顾客消费行为也会进行越来越复杂的追踪。企业自身是否能够将这些讯息进一步整合成有用的知识，并以此来加强客户服务或者增加自身品牌价值，对于企业整合营销的实现具有非同寻常的重要意义。

4. 整合品牌定位

品牌定位并非只依靠于组织内部的口号与目标便能实现，现有顾客与潜在顾客群体对于品牌的评价也是形成品牌形象的重要依据与影响要素，而这一要素是由顾客在接触到了不同的品牌讯息之后，自行组合而成的，而并非只是根据企业所进行的营销传播来获得讯息。因此，管理者需要注意的是，所有的品牌接触者都必须要与品牌定位进行相互的整合：当品牌定位与讯息整合程度越来越高时，企业形象便会越来越具体，顾客对企业的形象识别能力也会越来越高。

5. 整合创意主题

随着企业的不断发展壮大，企业在专业营销传播服务上花费的费用也会越来越多，但是，每个营销传播公司都会提出自己有关企业品牌形象的创意性看法，并会进行各自的形象主题设计。这种“各自为战”的做法使整个营销传播的品牌讯息由统一变成了散漫无章，事实上，一个品牌能且只能有一个创意主题，而且要将这一主题切实地融入到各个讯息中，这便需要组织与营销传播代理商进行好创意整合，令其对整合营销有透彻的了解，在尊重形象主题的基础上，进行宣传策划，而非只是为了突出自我技术或创意上的优势，进行各自表现。

6. 整合企业任务

若组织能够将依据自身价值观而确立的任务整合到企业所进行的每一件事情中，任务的完成效率将会得到极大的提升。一个诚实可靠的企业往往会令关系利益人留下极为深刻的印象，但是，身为管理者，你首先需要做的是，说服这些关系利益人去相信：自己的企业真的值得他们去信任。想要达到这样的效果非常简单：将公司参与各项公益活动的情况归纳成一项较大的单一计划，这样一来，不仅能够使企业任务的影响力大大加强，同时还能够树立起企业积极推动社会活动的正面形象。

3 市场定位：针对顾客展开焦点战略

【哈佛商魂】：细分化决定焦点营销的必要性

（在一个充满了竞争的）市场上，细分化是无处不在的，这种细分化决定了企业要生存，便必须要做好自我产品的市场定位，而焦点战略恰恰是一种针对顾客展开的细分化营销。

——哈佛大学教授李维特

【哈佛商规】：焦点营销帮助做好市场定位

市场定位是为了实现在消费者心目中的某一特定地位，而对企业的产品与营销组织进行具体设计的行为。成功的市场定位能够在目标客户群体心中形成一定的企业产品特色，并顺利地通过产品来建立起企业的形象，以使顾客的一定需求与偏好得以满足。这种特色与形象可以是实物方面的，更可以是心理方面的。而定位的目的正是为了让自我企业与其他企业之间建立起一种积极的差异优势，以便在目标市场上能够吸引更多的潜在顾客，同时，将非忠诚顾客转化为忠诚顾客。想要达到这一目的，焦点营销理论便成为了管理者必须要考虑与运用的策略。

【哈佛商战】：SAS 的商务之变

扬·卡尔松在 20 世纪 80 年代中叶成为了斯堪的那维亚联合航空公司（SAS）的 CEO，为了进一步促进企业的发展，扬·卡尔松对公司的目标市场进行了二次定义：对欧洲民航运输产业中的一个特定市场——经理阶层进行集中的开发与发展。

在整个市场定位革新的过程中，扬·卡尔松认为，虽然产品的大概定位依然在民航运输上，但是在日后却应该主要满足那些需要在欧洲地区内到处进行商务旅行的经理们。这一定位革新意味着斯堪的那维亚联合航空公司对其他市场领域中的注意正在不断地减少，公司也将原本与其他航空公司处于激烈竞争中状态下的飞机租赁业务、经济舱座位提供、旅游航班、货运等市场部门拱手让出，转而向着准点、个性化、更舒适、更安全的飞行活动。

为了使这一新定位得到更快地发展，斯堪的那维亚联合航空公司开发了许多服务项目，对此定位进行适应。例如，为了实现提供更舒适服务的目的，公司保证，在欧洲与美洲各大城市中的 SAS 宾馆里，客户可以直接定座；SAS 专门租用了一支由豪华轿车、直升机与普通轿车组成的车队，专门用于接送旅客；在某些城市，SAS 还提供将旅客的行李从 SAS 宾馆或是办公室运送到机场中的特殊服务；在 SAS 的机场中，备有适当的、供旅客使用的特殊房间；同时，为了满足商务定位，服务人员原本的旧制服也被更换为外观更简洁、更大方的新制服；所有职员进行了再次培训，以对服务水平与处理突发事件的能力进行改进与提高。

多方的共同努力之下，SAS 逐渐从激烈的航空业竞争中脱颖而出，发展成为了以商务旅行为主的欧洲最大的航空公司之一。

成功的营销战略开始于一个富有创造性的产品定位与一个拥有吸引力的市场机会，弥补消费者的需求空缺无疑是最具有吸引力的市场机会。除了市场营销学中经典的 4P 营销观点外，焦点战略还可以在最大程度上满足消费者的需求，同时做好产品定位，为企业赢得更多的市场份额。

【哈佛经验】：焦点营销的要点与实施方法

当前市场竞争逐渐细分化，企业是否能够把握好某一细分市场，是否能够成功占领这一市场，是决定企业发展与生存的关键。焦点战略立足于进入某个可被量化的、被其他企业所忽略的利基市场上，以细分——目标——定位的步骤来实现战略营销，为自己找到一个独属的市场，并让企业在规避被其他大企业攻击的前提下，成为这一细分市场的领袖。

企业若想在市场竞争中实现可持续赢利，同时保持长久利益最大化，便必须要集中、持续、专注地打造自我核心营销优势。焦点营销战略的好处在于，它可以被弱小的市场补缺者应用，更可以被实力不强的追随者运用，同时，也可以为强大的市场挑战者与领导者提供强有力的支持。

与其他营销战略相比，焦点战略缺乏一定的具体化形象，但是却具备四大本质：

- 聚焦：哈佛大学教授曾言："营销的精髓在于进行集中化的经营，唯有将经营范围不断收缩，你才能变得更加强大。"而焦点营销的主要特征正是聚焦；
- 提供核心优势：成功的焦点战略可以为企业赢得多种成功市场机会，提供核心优势来抵御强大企业的攻击与弱势企业的入侵；
- 价值明显：焦点战略下的产品更利于为客户创造出明显的价值；
- 不具备可模仿性：焦点战略的实施与操作不容易被竞争对手模仿。

通过以上本质我们可以发现，焦点战略是关于消费者的聚焦，与产品、价值、分销或者营销传播无关。它要求对业务的各个方面进行调整，去集中服务于某一狭窄的细分市场。通过这样的过程与聚焦，企业将会比那些服务于"所有人"的企业拥有更大的竞争优势。

在进行焦点营销的实施过程中，企业应该注意以下几点：

1. 焦点营销应选择与企业优势、能力相匹配的

焦点营销至少包括以下几种定位策略，企业应该根据这些定位策略，来选择那些与自身优势、自我能力相符合的，以使营销的效果变得更佳：

- 根据消费者的利益或问题进行定位；
- 根据产品使用者或者消费者形象来定位；
- 根据产品的使用情况来进行定位。

就如同其他无形因素一样，消费者利益是抽象、主观的产品特征。而其与传统无形因素不同的是，企业很容易根据消费者使用产品的方式与产品对于消费者的价值来对产品进行描述。

2. 根据消费者利益或问题来进行焦点定位方法

在进行焦点营销战略的实施前期，企业应该针对消费者利益或者他们所关心的问题进行定位：

- 进行消费者研究，找出与产品和产品购买有关的、被广泛感知的消费者利益或者问题；
- 对产品的使用价值、价格或分销渠道进行设计，以使消费者的利益或关心的问题在产品的属性中得到直接的体现与解决；
- 将那些与产品有关的、最重要的消费者利益告知目标消费者。

3. 根据产品使用者或者消费者需求进行定位

管理者应注意督促营销部门与产品形象设计部门将品牌形象与产品的典型使用者进行联系，比如，耐克运动鞋便总是请一些成功的田径运动员为自己的鞋子做广告。

4. 根据产品的操作者、使用者进行焦点定位的方法

- 对消费者的同类产品使用情况进行研究，找出与产品主要功能一致的产品使用者形象，同时，从多个形象中选择一款与大部分消费者真实的自我概念最一致的形象；
- 根据以上得来的情况，确定与选定的使用者形象一致的产品附件，并与产品设计师进行产品的重新设计，尽量让产品附件成为被选定者形象的象

征性符号；

●制定出与使用者的形象相一致的产品售价；

●通过与使用者形象相一致的渠道与零售点进行产品的分销；

●创作与被选定的使用者形象有关的信息、广告，同时将信息、广告发布到那些与使用者形象保持一致的媒体类型与媒体上。

5. 根据操作者使用情况来进行产品焦点定位的方法

所有的品牌都可以根据操作者的使用情况来进行具体的定位，焦点定位也正是基于消费者将如何使用、何时使用该产品的基础上进行的：

●展开消费者研究，确定目标客户群将会在何时、何地使用（或可能使用）该产品，同时判断出对于消费者而言，何种使用情景是最具有意义与吸引力的；

●与产品设计师进行产品信息的重新设计，使产品信息中包括一组或几组能够高度吸引目标消费者的使用情景；

●在产品说明或产品销售过程中，明确地告诉目标客户群，何种情景是最适合使用此产品的。

4 正确的定价帮助打响价格大战

【哈佛商魂】：企业定价并非易事

一个企业应该给其产品或者服务定多高的价格？怎样的价格定位才是最能赢得市场认可、又可获得自我发展的？这显然不是一件简单的事。

——哈佛经济学教授罗伯特·巴罗深

【哈佛商规】：理性定价促进企业全面发展

哈佛经济学教授罗伯特·巴罗深曾经提出问题：一个企业应该给其产品或者服务定多高的价格？对于这一问题，许多企业管理者都应该存在疑惑，此类管理者往往将决定权拱手让给客户与竞争对手，或是根据自己的需要，列出一连串的定价，然后，再根据客户所表现出来的支付意愿来进行最终交易价格的调整。只有少数企业会质疑，为什么有些客户只愿意在自己所指定的价格范围内购买,同时还会思考如何才能改变这种支付意愿。罗伯特指出，这种局面的最终结果是，只有极个别的企业可以实现积极主动的定价，使自我利润得到不断的提高，使业务得到更大的发展。

【哈佛商战】：英特尔：出色源于先进定位

曾有分析师如此形容英特尔公司的定价策略：“这个世界上最强大的集成电路巨人每隔上 12 个月便要推出一种新的、赢利能力更高的微处理器，同时，将旧有的微处理器的价格定在更低价位上，以刺激客户在购买新产品的同时，不忘记关注旧有老产品”。

在英特尔公司推出一种新的计算机集成电路时，它的定价总是在 1000 美元左右，这一价位令它刚刚可以在市场上占据稳定的市场份额。这些新的集成电路不仅可以令个人电脑与服务器的性能大大增加，更能提供更出色的空间节约能力。若顾客等不及该产品降价，他们便会在价格较高时对该产品进行购买。

当该新产品的销售额出现下降或是竞争对手推出了相似的集成电路板，对其销售构成了威胁时，英特尔公司便会将其产品价格进行微调，以求对下一层次那些对价格敏感的顾客产生吸引力。

在这一规律之下，最终，这一集成电路的价格会跌落到最低水平，每块集成电路的售价会维持在 200 美元左右，使该集成电路成为一个热销的大众市场上的普通处理器。而在其降价过程中，新的集成电路早已源源不断地推出，并重新占据了科技制高点。

通过这种方式，英特尔公司从各个不同的消费群体中获得了最大限度的赢利收入。

哈佛市场营销理论中指出，一套行之有效的定价战略可以将产品价值与恰当的货币价格表现出来。定价战略由多个层次组成，这些层次不仅是定价的支撑点，同时也是实现企业利润最大化的关键所在。这些层次组合共同形成了战略定价金字塔。基于价值来看，价值创造相当于金字塔的奠定基石，而企业如何理解产品和服务为客户创造价值则是定价结构形成与发展的重要信息来源。只有价格结构被进一步地确定了下来，市场营销才能进行定价信息与定价工具的综合研发，同时与消费者进行价值信息的具体沟通。在确定价格之前的最后一步，则是确保企业内部的定价过程可以经受得住客户与竞争者的多重考验，并保持从一而终。

【哈佛经验】：避免恶性价格战应遵循的产品定价因素

具体而言，企业产品定价应按以下因素来进行：

1. 产品所创造的具体价值

对一个产品所创造的价值进行估算，需要对客户的需求进行深入的了解与分析，然后再将一个产品的各种特性进一步地转化为客户能够获得的便利与利益，进而进行价值的估算。在定价时，价值估算主要针对产品或服务对消费者的成本、收益所产生的具体经济影响进行关注。

管理者需要注意的是，组织需要明白，产品对于不同客户将会产生不同的价值，但是，最终的定价目标是按照不同的价值来进行不同产品的定价设计。企业往往会在设计产品时，以满足客户需要来取悦客户，但是，当价格摆在眼前时，许多客户往往会放弃自身的需要，去选择那些能够满足基本需求的低价产品。所以说，与其让产品设计去满足更多客户的需要，倒不如集中精力设计出更有意义、客户更愿意掏钱去购买的价值。

2. 让定价基于客户基础上，而非产品基础上

制定一个把价值与价格相联系的价格结构是产品定价的第二大要素，这一价格结构应将成本最小化，让定价建立于细分客户群基础上。

在进行价格结构的制定时，有两种不同的技巧：

- 价格计量单位：指价格被应用在产品或者服务上时所使用的具体度量

单位，它能够体现出不同细分客户所获得的不同价值，同时还可以对不同细分客户间的成本差异进行补偿。举例而言：当今快递公司除了“每公斤”的价格计量单位外，还有“送货时间”的价格计量单位，从而使那些对快速投递极为注重的客户愿意为这项服务支付更高的价格。

- 区隔：价格结构的另一创造方法，它直接将价格与价值、服务成本相联系，使相同的产品在面对不同的客户群、不同的时间段中所创造的不同价值得到不同的货币体现。航空飞机上的经济舱、商务舱、头等舱与各个时间段内的不同售价便是区隔的最佳体现。

3. 让价格与价值直接进行联系

定价战略需要针对产品的特有价值与客户进行相应的沟通，不恰当的价值沟通只会使客户的价格敏感度不断升高，引发更激烈的价格谈判。当客户未发现产品的新特性、不懂得如何使用产品的特有新功能时，他们便不会乐于进行高价格的支付，而企业营销人员是否能够通过有效的价值沟通来实现上述问题，则决定了客户的购买行为是否能够顺利完成。

想要完成有效的价值沟通，便要求管理者向销售人员提供合适工具。工具与信息的合适度取决于：企业生产的产品或者服务的价值是更趋向于经济化，还是更趋向于心理化。一线营销人员所面临的具体挑战便在于去具体地决定哪些方法最为合适，同时帮助企业开发出能够促进客户理解产品价值的信息与工具。

4. 保护自我定价

在定价的过程中，管理技巧必不可少，如何对客户与员工的预期进行掌控，如何不断地激励他们做出更多能够令组织增加赢利的行为，是管理者必须要关注的问题。这些管理技巧多半积累于具体的过程中：在受到了其他竞争对手的挑战时，在进攻性过强的客户面前，若企业一直为了获得更多的交易机会而不断地在价格方面妥协的话，便等于是在向客户宣布，在价格谈判中，进攻性越强，他们能获得的妥协便越多。

有效的定价策略会保证企业产品价格的从一而终，在面对竞争与谈判时，销售团队应该将“产品服务不变，价格可变”的原则变成“产品可变、定价不变”的原则，唯有如此，才能抵制恶意竞争，才能让组织在保证销量的基础上，实现利润最大化。当然，在自我推出更高性能的新产品后，管理者也应根据市场反应与周围环境变化，对旧有产品进行适当的价格调整，以便在销售新产品的同时，促进旧产品的销售。

5 品牌价值最大化让企业走得更远

【哈佛商魂】：品牌即承诺

品牌并非只是一个名称或者视觉性的标志，更不是一句广告语，它更像是一种承诺，是一种与顾客进行交流的俱乐部。

——原哈佛商学院副院长约翰·奎尔奇

【哈佛商规】：于细微处见品牌

想要做好市场营销，强大的品牌形象必不可少。所谓品牌往往并不独立存在，它会因为顾客、员工、股东、经销商等与公司产生直接利益关系的人的相互作用而产生不同。不管你所在的企业是否重视这些互动、是否与这些互动拥有直接的关系，这些互动对于品牌关系与品牌资产都有着极其深远的影响。这一现实的存在证明了一点：顾客在接受有关企业品牌的相关讯息时，往往并非只拥有一种渠道，更不会只接受那些来自于公司的正面信息，他们还会从许多其他的渠道来获得有效的信息。因此，想要达到吸引顾客注意的效果，你便必须从一些细微处进行品牌价值的塑造。

【哈佛商战】：惠普价值的市场导向化发展

惠普是一家拥有70多年悠久历史的老IT生产厂家，在全世界，每天有超过10亿的人正在使用惠普的技术。成立以来，惠普竭力为全球商用客户与个人消费者提供商用与消费类“高性价比”、“高科技”的终端计算机产品与解决方案，以及全面的客户体验。

自2006年起，惠普荣登全球最大的PC厂商，同时保持了强劲的增长势头。其最大的变化是品牌价值的变化。根据国际综合性品牌战略顾问与设计公司Interbrand推出的“全球最佳品牌榜”中提供的数据表明，惠普品牌价值从2001年的179.8亿美元，增长到了如今的300亿美元。这样的增长源于惠普近年来的品牌变革。

惠普所进行的品牌变革中一个最重要的特点是：惠普并非基于技术层面上的变化来增加自我品牌价值，而是从进行战略品牌管理的角度，来实现品牌价值的最大化。首先，惠普选择了以IT基础设施为目标的定位，并将企业市场作为传统市场，同时不断地拓展个人消费市场。

在惠普的销售人员看来，发生在惠普中的品牌变革最大的就是销售文化，销售文化的核心由原来的“技术导向”转为现在的“市场导向”，而这一变化的核心在于，从Push（推）到Pull（拉）。推是一种硬性的力量，而拉则是软性的力量。想要实现这种拉动，便必须要使来自于客户的力量被充分地引爆。在过剩的数字时代，Pull显示出了它强大的力量，带领着惠普走向了新的成功。

相关数据表明，近年来，惠普的最大亮点就在于个人消费市场上的不断增长：个人笔记本电脑增长幅度高达24%，消费类电脑产品增长幅度高达19%，一体机增长幅度高达22%。与此同时，惠普所推出的特色金牌售后服务与良好的分销渠道，也使其品牌受到了越来越多的消费者的欢迎。

我们居住在一个关系越来越紧密的世界里，以顾客为代表的品牌关系利益人之间的互动与依赖比从前更大，为了吸引顾客的注意力，对所有关系利益人的互动网络进行经营绝对有必要，因为它们可以对顾客的态度与行为进行影响。这一无法回避的事实使现代价值范畴建立在众多关系网的共同作用之下，而价值的增加也从以往的传统直线式互动逐渐地演变成了一个交易、互动、反馈共存的非直线互动过程。这种非直线互动过程使品牌塑造的困难度加大，同时也使企业满足顾客期望值的能力受到严峻的考验。

【哈佛经验】：追求品牌价值最大化的十大策略

原哈佛商学院副院长约翰·奎尔奇曾经指出："品牌并非只是一个名称或者视觉性的标志，更不是一句广告语，它更像是一种承诺，是一种与顾客进行交流的俱乐部。"在进行品牌价值的塑造时，企业管理者需要对品牌关系进行良好的驾驭，才能使营销的过程与企业的发展相协调。以下是十大有助于企业驾驭品牌关系、增强品牌价值的策略，你可以选择一些适合于自我企业的策略，也可以选择某一项，但是，你能够驾驭的策略越多，你的市场营销效果便会越出色：

1. 创造的同时培养各种关系，而不是仅局限于商品交易的层面上

许多企业都发现，与其花费大量资金与精力在争取潜在顾客上，倒不如将有限的精力与资金投资在那些不断增长的现有顾客上，这才是最聪明的做法。当你的企业对现有顾客进行了深入的了解，同时将了解获得的信息成功地运用在沟通与互动上，则企业所传达出的目标与讯息也越能获得顾客认可与依赖，而企业与顾客之间的关系也会日益紧密。

2. 对所有与企业有关的关系利益人进行重视，而非只重视顾客或公司股东

企业品牌资产并非仅靠顾客与股东的多少就能决定，而是取决于一家公司与所有关系利益人之间进行互动关系的质与量。虽然股票收益是企业经营的最基本目标，但是，企业可以对获取它的时间表进行调整。一旦企业意识到了品牌关系的力量、并在这方面进行用心经营时便会发现，在短期内赢得的关系利益人所产生的向心力，可以为股票投资人带来长期的丰厚利润。

3. 保持营销策略的一致性

确定品牌沟通的渠道与信息的来源对于企业品牌形象的树立有着重要的意义：若品牌定位能与品牌信息相结合，企业的形象与声誉便会保持一致，而企业的表现也会越来越突出。若品牌信息中可以对某项主题进行强调的话，

那么营销传播的完整性便能够得以保持。

4. 与顾客之间进行有意义的互动

互动本身就是营造品牌形象的过程，若企业在互动的同时，利用了各类大众传播、个人与互动媒体的话，则会令互动的效果更佳，同时更有机会获得较多的回应。与顾客的互动越多，顾客的需求、认知与公司战略目标相结合的机会也就会越多。

5. 对企业的任务或使命进行推广，而不是只强调产品特点

真正可以为企业带来正面而积极成果的做法，是将这家公司所做的每一件事情都串联起来，包括企划、执行过程，这样做的目的在于扩大企业影响力，建立起明确的企业形象。

6. 进行新的、自主型企划的运用

在进行各类新的营销传播活动时，企业应采用分析法对品牌自身的优势、劣势与所处环境中的机遇、危险进行再次的周全考虑，以使传播目标与策略以经营当下的、更好的关系为主要任务。

7. 使用跨职能的企划与监督

想要让营销变得卓有成效，便必须要在公司各个部门，特别是客服、营销与业务部门之间进行频繁的、迅速的信息互动，互相交换专业意见，建立起共通的顾客信息网，唯有如此，才能使顾客服务的一致性得到保证。跨职能的企划与监督渠道，可以使部门间各自为政或互不来往的弊病有效地得到缓解，达到最大程度上的信息交流。

8. 注重营销主管核心能力的培养

组织中负责营销的管理人员必须要对营销传播的优缺点有着明确的认知，并应懂得如何对这些优缺点进行有效的、客观的评估，同时做出妥善的优点应用与缺点改进，以使企业营销能力不断得到增强。

9. 与整合营销代理商进行合作

传统营销代理商往往负责提供全面的服务，而整合营销代理商则负责所有有关品牌沟通的事宜。除了公司的企划外，它还需要对一般例行的事项进

行负责，同时，它还需要与其他专业服务代理商保持一定的联系，以便在有需要时，可以得到专业的协助。整合营销代理商还负责对专业服务代理商的工作进行监督，以确定他们是否可以依照既定策略进行做事、最终的做事效果是否合格。

10. 维系现有顾客，同时针对他们建立与经营资料库

信息资料是市场营销的命脉，一家公司是否有能力与顾客实现有效互动或进行再次交易的关键就在于，它以怎样的方式进行现有顾客的资料搜集、整理与运用。若没有这种资料库，公司便很难针对个人做出有效的沟通。

6 从动机营销到任务营销

【哈佛商魂】：挖掘更深层次的发展需求

你不能总是期望顾客时时能对你的宣传动心，你需要挖掘更深层次的发展需求来满足企业发展与顾客需求。

——哈佛商学院营销教授里格·梅丽

【哈佛商规】：摒弃短期营销，投眼长期营销

为了激发顾客的社会意识，许多企业采用了动机营销，动机营销是以公关的名义进行非营利活动，并以公关活动为企业带来正面的宣传，从而实现促销之实。动机营销虽然可以增加企业的好评度，使潜在顾客增加，但是，动机营销不具备策略性，而且是短期行为，这种自私而具有剥削意义的投机做法对于创造与维护长期关系并没有多大的贡献。而想要使动机营销变得具有长期性的唯一方法，就是将它进一步塑造成全企业都可以接受的活动。同时，为之确定起发展长期关系的目标，便会逐渐构成任务营销。

【哈佛商战】：美国运通卡的营销之变

美国运通卡为了进一步扩大社会知名度，在20世纪90年代初开展了“关怀无家可归者”的活动。但是，无家可归者与当时唯有富裕阶层才能使用的信用卡之间根本毫无关系。于是，在1993年，运通卡打出了各式广告：“每当您使用运通卡时，您便是在向穷苦人群伸出援助之手。”在电视广告中，还呈现出了一些无家可归者露宿街头的画面，其间，穿插了部分高级餐厅的镜头。广告意图在于向人们道出：在您每次进行交易时，运通卡都会扣除两分钱捐助给穷困人群，但这一扣除活动有最高累积金额与活动时间。

这一活动的确有一段时间促进了运通卡的交易量，但是这一做法明显缺乏明智性：运通卡的持有者要比其他类型的信用卡持有者拥有更高的收入与社会地位，而每一次持卡人购买一件昂贵物品时，便会联想到无家可归者的可怜，这种联想，只会增加他们的罪恶感，却丝毫不能引发他们帮助他人的成就感。

相比之下，运通卡在东欧所展开的营销活动明显更加明智：为了协助那些期望吸引外资的国家开展旅游观光事业，运通公司调派了多名行政主管到匈牙利，与政府旅游部门的官员一起组建起了一个基金会，对其国内大学进行资助，以使他们可以用心研究如何才能吸引外国游客到当地旅行；该基金会还向23所高中提供了奖、助学金，帮助学生接受旅游与相关行业的培训。

这一做法不使运通卡获得了在当地通行的主要人力，更为运通卡提供了一个与匈牙利旅游业主导者建立互动关系的机会，同时还赢得了政府单位人员、旅行类工作人员、即将成为消费者的年轻人群的注意力，与他们建立起了密切的关系。更重要的是，这一活动令运通卡的全体员工为自己在整个东欧经济发展的过程中所作出贡献、所扮演的角色感觉到骄傲。

运通卡的“关怀无家可归者”活动属于动机营销，而在东欧所采用的便是任务营销，与动机营销相比，任务营销的时间一般都在一年以上，并能使顾客与其他利益相关者获得明确的附加值，同时保持了诚信的态度，使企业文化得到了进一步的丰富。由此可知，商学院营销教授里格·梅丽的话语非常正确："你不能总是期望顾客时时能对你的宣传动心，你需要挖掘更深层次的发展需求来满足企业与顾客。"以社会责任为基础的任务营销，其涵盖的范围要比动机营销更具有广度与深度，同时还能帮助塑造与增强企业文化，使企业形象在客户心目中更加明确，并对企业的业绩发展起到直接性的拉动作用。

【哈佛经验】：任务营销的五大判断标准与实施方法

想要将任务营销的好处尽享，企业便必须要对展开社会活动进行策略性管理，在策略性管理之下，这些活动往往会变得具有以下特点：

1. 集中性

大多数企业在参与到社会活动中时都会具有无数的动机，或是获取利润，或是扩大知名度，或是博得好评，但是，这些动机却缺乏明确的关联措施。任务营销可将这些活动进行集中协调，并对公司的善举进行广泛宣传，使公司的曝光率大为增加。

2. 普遍性

若企业的任务具有了明确的普遍性，它便会在公司运作的每一个层面上体现出来。由于任务的普遍性，公司本身便成为了任务营销的讯息、产品与媒体提供者，在这种整合之下，企业沟通与市场营销便得到了完美的结合。

3. 长期计划性

公司有必须要进行长期性的任务营销有着许多的理由，最重要的原因是因为，一个真正的任务往往是公司核心价值的延伸。由于核心价值保持下去，公司的任务也需要长期维持。而想要将企业任务深植于企业文化中，让其成为企业文化中的一种，需要时间的积累与管理者的不断努力。因此，维持任务长期性是一件有必要的事情。唯有如此，此项任务与精力的投资才可以获得回报。同样，企业执行某项任务的时间越久，其任务便越会被人所知，一旦公司与任务的关联性在经过努力之后终于建立起来后，它便可以对公司的进展驾驭自如。

在进行长期计划时，管理者需要慎重选择任务，不要选择以那些社会风潮或流行时尚类的目标作为公司的长期任务。这样，可以避免长期承诺由于动力欠缺而无法促进公司成长的局面出现。

4. 相关性

企业进行长期任务的进行时，最好与其专业领域有明确的关联，当一个公司的长期活动与其专业领域完全扯不上关系时，这项活动很可能会以失败告终。只要任务营销依据正确的方法执行，便会使公司表现得具有真正的社会责任感，同时还可以赢得较高的社会信任度。另一方面，与专业相连的特征还可以让公司除了贡献金钱之外，以其专业知识贡献自我智慧，并能让下属员工从另一角度去思考自我从事的行业，从而获得更多的商业灵感。

5. 传播性

不为人知的任务对于公司的营销是毫无帮助的，管理者需要明确：让公众知道公司进行过哪些公益活动或营销行为，是进行任务营销的另一目的。这样的活动与行为为营销传播提供了一个可以自由发挥的大舞台，也使顾客与其他利益相关者拥有更多可以向他人推荐该企业的理由。

在企业确定要享受任务营销带来的诸多好处之前，它必须要做出两个决定：

- 聘请有能力设计与管理长期任务的工作人员；
- 在企业中彻底贯彻与落实营销活动。

任务营销唯有在专业人士的指导之下，与公司内部其他活动互相协作与帮助，才能实现其营销的主要目的。在企业中具体实施任务营销的办法如下所示：

1. 企业任务制度化

将任务形成明确的制度可以让每一个员工与基层组织能够坚持任务的执行。

2. 对任务贡献进行估计

评估对于营销效果有着明确的指导作用，评估任务执行成效的方法包括以下几点：

● 利益相关者对于企业任务了解多少；

● 请顾客、股东、政府成员等主要利益相关者将公司任务与其他企业所进行的同类任务进行比较，并对其贡献进行评估；

● 找出有关活动的新闻，看其对公司任务的评价如何，并将其阅读人群、人数等因素考虑进去。

3. 让高层管理者监管任务的进行

由于需要整合公司内部多方力量，并要扩大社会影响力，任务营销必须要在高级主管的指挥下才能发挥出其最大效用。

4. 成立管理者委员会

此类委员会的作用在于保证任务营销的公平、公正与公开。

5. 将任务精髓渗透到组织内部的所有部门计划之中

任务不仅要对大众有利，更要对公司职员有利，在做公益性活动时，公司也应注意企业内部的低收入人群。

Class 6

了解决策过程，理智进行分析

所谓的领导者，本身最应具备的基本能力便是对各种不同的意见进行理智的分析，并从中做出决策性选择。在哈佛商学院就读 MBA 的过程中，学院会令学生不断地参与到各种模拟决策过程中，其目的就是为了令学生们可以从中学习到如何对一个具体而复杂的问题进行分解，进而形成重要决策。

1 从创新角度进行全面决策

【哈佛商魂】：明确创新本质方能扭转生存氛围

iPod 也好，iPhone 也罢，都只是苹果公司的创新产品，我们真正应该重视的是这个公司进行创新的本质，是其真正致力于发掘顾客的潜在需求，为向顾客提供差别化价值而进行了一轮又一轮的企业革新活动，从而使企业生存的局面得到了彻底的扭转。

——伊利董事长潘刚

【哈佛商规】：由观念开始，进行决策创新

在进行企业的经营战略选择时，管理者最需要拥有的观念便是创新，唯

有在企业的经营管理过程中充分地运用创新思维，才能时时引导消费潮流。如今，随着人们的生活水平日益升高，人们的消费需求正发生着日新月异的变化，而消费选择的自由度也在不断增大，这一切都导致了产品更新换代周期不断缩短，其速度也在不断加快，所以，明智的管理者总是会随时根据环境变化，从创新的角度进行决策，用创新思维打开通向更广阔发展空间的大门。

【哈佛商战】：创新中茁壮成长的伊利

哈佛商学院对于伊利案例的研讨早已持续了多年，对于伊利的成功，哈佛商学院非常好奇：美国50个州都有自己的乳品企业，却没有一家本土乳品可以称霸整个美国。为什么伊利可以在中国成为唯一一家产品遍布全中国的民族乳品企业？在针对伊利进行研究后，学者们发现，伊利的创新理念让其走出其他乳业产品的围追堵截，成为了中国乳业的领头者。

在哈佛商学院的伊利案例中，有一个章节专门讲述伊利在原奶质量控制方面的创新：为了进一步提高产品的品质，伊利在家庭牧场附近设立起了挤奶站，与奶源牧民建立起了协议关系，而这一合作关系甚至进一步延伸到了上游的饲料业务中。

伊利的管理哲学中也处处透露着“创新”，伊利董事长潘刚曾经说过：iPod也好，iPhone也罢，都只是苹果公司的创新产品，我们真正应该重视的是这个公司进行创新的本质，是其真正致力于发掘顾客的潜在需求，为向顾客提供差别化价值而进行了一轮又一轮的企业革新活动，从而使企业生存的局面得到了彻底的扭转。

在2006年，伊利推出了两款优化创新产品：营养舒化奶与金典有机奶。其中仅为研究前者，伊利便花了整整四年的时间，而这款产品是针对中国国内70%~80%的患有典型“乳糖不耐症”的人群而进行研发的，舒化奶针对乳糖不耐症患者所出现的腹胀、腹泻等不适应，进行了乳品的改进，使这部分人群也可以和正常人群一样饮用牛奶。

在研发上，伊利的投入年年增高，1996年时，公司的研发投入还不过几百万，在2007年便已经高达三个亿了。而在2005年，伊利还建立起了中国乳业中第一个将大学、科研机构结合起来的省级乳业研究所，以专门针对草料、奶牛品种等进行改良，并进行产品创新。

作为中国乳业的标杆企业，伊利真真正正地做到了将创新的基因融入到骨子里面。从2003年至今，伊利集团的主营业务收入高居行业第一，稳稳成为了中国上市公司经营业绩百强之一。

“伊利的成长与雀巢、达能等国际乳业巨头有所不同，它的独特性体现出了中国农业产业化的发展进程，是一个绝对不容错过的经典研究对象。”哈佛商学院教授迈威略对伊利做出了这样的评价。随着世界经济格局的不断变化，企业的生存与发展不断地面临着越来越大的挑战。当挑战成为一种客观环境时，企业便必须要进行创新，把握机会，进行战略调整，唯有如此，才能培养出更强的自我核心竞争力。

【哈佛经验】：决策创新的四大注意要点

企业想要获得长足的发展，便必须要以创新为核心，进行制度创新、产品创新与经营创新、组织创新，以不断创新来适应市场条件的不断变化，从而保证自我市场竞争力。管理者进行创新决策是企业保持整体活力的基础，在面对突飞猛进的科学技术、日益激烈的市场竞争时，企业依然需要经历一场更加广泛、更加深入的观念创新。以下是一些管理者在进行自我决策创新时应该注意的地方：

1. 竞争优势观

只有当企业拥有了强大的竞争优势之后，才能在竞争激烈的当今市场环境下拥有自己的一席之地。因为只有创新才能使企业保持旺盛的竞争力，所以，对于每一个企业而言，创新能力正成为新的核心竞争力的主体所在。无数的实践经验表明，企业掌握知识、创新知识的能力越是强大，自身获得可持续成功的可能性便越大。因此，只有树立起竞争优势观念，才能形成创新的观念，才能让自我不满足于现状，同时抱有勇于进取、向竞争对手进行挑战的雄心壮志。

2. 知识价值观

在知识经济的时代里，知识便是财富，是潜在的生产力，更是创造价值的最主要、最直接要素。在经济全球化的形势之下，国家、企业与个人都处于日益剧烈的国内外市场竞争环境之中。为了对这些竞争进行有效的应对，各类专业知识的价值不仅需要得到管理者的认可，同时还要将这些专业知识融入到生产经营的具体组织程序与日常工作之中，让其成为创新过程中的主要要素，在经营过程中得到价值的体现。

3. 学习引入观

想要保证企业的永恒可续生命力，企业便必须要维持创新，但是，许多人认为，创新便是创造，但事实上，以创造的尺度去衡量创新，或者认为只有和他人或其他的产品绝对不同才是创新,这是对创新的一个误解。事实上，引入他人的技术，学习他人的方法，取天下之所长，同时根据本企业的实际情况进行修改，令技术与方法为我企业所用，这是创新的重要方面，同时也是使企业在运用决策创新初期，使管理过程保持连贯性的关键所在。同时，学习与引进一定要在灵活运用的基础上进行，而重点还应放在创新上，唯有将学习引进与创新进行紧密的结合，才能令引进的方法与技术为企业所用。

4. 组织深入观

在进行其他方面的创新时，管理者还应明了：唯有重视员工管理的三大基本要素，才能为创新型组织奠定良好的基础。

● 将创新工作正式纳入高层战略管理议程中：通过这一方式，创新不仅可以得到进一步的提倡，而且其过程还会受到管理、监督与评估，成为公司愿景的核心要素。

● 利用现有人才展开创新工作：在利用现有人才进行创新时，企业应让动态的创新网络逐步展开，以令其进一步生根发芽，而不是实施破坏性过强的改革项目。

● 采用明确措施，培养值得信任的创新环境：这一环境必须要让员工明白，自己的创意是得到组织重视、同时能够得到有效鼓励的，这样的环境要比物质激励更能促进创新的持续发展。

2 让组织决策体现最优化

【哈佛商魂】：摆明理由，才能做出最优选择

若你面临了不同的选择，你便必须要明白，这些选择中对你、对企业最有利的是什么，在明白了这些之后，你才有可能做到最优化选择。

——宝洁公司 CEO 麦睿博

【哈佛商规】：综合考虑成就明智选择

在众多方案中选择出最优方案，是管理者的中心任务，同时也是决策全过程起着最关键、最核心作用的所在。在这个决定性的环节上，将会体现出管理者的决策能力。通常情况下，人们对一个管理者进行评价时所说的“善断”，即是方案是否进行了“优选”，没有了“优选”，便没有“善断”。在进行企业的经营过程中，想要真正地做到“优选”与“善断”并不是一件简单的事情，它要求管理者拥有极高的决策素养与战略性的系统观点，科学的思维方法与丰富的判断经验，同时还要拥有极强的鉴别能力。

【哈佛商战】：Cheer 牌洗涤剂的最佳促销选择

在研发出新的产品 Cheer 牌洗涤剂后，为了进一步树立起产品品牌，宝洁公司决定针对该洗涤剂进行一次促销。在选择促销礼品时，公司决定将 Cheer 怪物作为赠送礼品。之后，为期一个月的区域性测试促销后，收到了令人震惊的结果：这个玩具不仅很受人们的欢迎，而且是整个公司历史上最畅销的三大促销礼品之一。公司高层决定，在每个大包装的 Cheer 牌洗涤剂

中放入三个总价为 18 美分的 Cheer 怪物。

在进行比较之后，公司确定了如下的促销方案：

● 邮寄促销：即让购买了该产品的顾客将洗涤剂包装盒上的标签寄回公司，公司再进行礼品的兑现。这样的方式虽然对生产没有明显的影响力，但是却会使礼品的吸引力大为降低。此促销方法有可能会增加 20 万盒的销量，但是却会在向顾客邮递礼品时增加 25 美分 / 个的成本。

● 放入包装之中：想要将礼品放入包装中，在包装外面便必须要有醒目的提示，虽然包装过程并不受到礼品的影响，但是，要将原本的包装盒子进行修改，以容纳小怪物，而且这样做的话，顾客便无法直接看到可爱的小怪物了。此促销方法可能增加 50 万盒的销量，却会在改装包装时增加 1.3 美元 / 个的额外生产费用。

● 将礼品捆放在产品外包装上：使用真空的包装膜将礼品与洗涤剂捆放在一起，这会增加生产工厂的操作程序，同时受到工厂设备的限制。在销售过程中，很可能会出现占便宜的顾客将礼品扯走却不买产品的情况，不过，此方法却会增强产品的直观性。该方法预计会增加销量 75 万盒，但是却会在礼品捆绑与包装上增加 2.2 美元 / 个的额外费用。

● 随产品进行派送：即在购买点进行即时的派送，该方法预计会增加 60 万盒产品销量，其运输成本为 25 美元 /300 个，全美国有超过 8000 家零售商。

● 网络促销：利用公司网站进行相关促销信息的发布，也可以尝试通过其他商业网站做一些促销活动，但最终促销效果很难预测。

在进行综合性的分析之后，公司管理层认为，随产品进行礼品派送的方式不仅不会改变产品的包装，而且可以实现“购买即送”的效果。该方法操作简单，但效果却极为显著，且单位促销的总成本最低，在各个方案中占据的优势最大，因而选择该方案。

不仅仅是促销过程需要进行方案选择，在必须针对经营做出选择前，管理者应该对各种备选方案进行有效的评估，在评估的过程中，要尽量采用现代科学中的决策技术与评估方法。

哈佛教授卡汉娜指出，在进行方案评估时，应该由专业的高级决策研究人员或者聘请而来的专家小组来进行。专业人员主要应通过定量、定时与定性的分析，对各种方案的近期、中期、远期的效能与价值，对方案所产生的影响与后果进行分析。同时在评估的基础上,对各个方案的利与弊进行权衡，并将各个方案按优先次序进行排列，提出明确的取舍意见。而管理者在进行最优决策的选择时，所依据的便是这些专家的意见与建议。

【哈佛经验】: 根据方法优选，做好科学决策

进行最优方案的选择，是管理者进行决策过程中最重要的一环，用“一着不慎，满盘皆输”一句来形容并不为过。做好方案优选，需要满足以下两个条件：一是要拥有合理的选择标准，二是要拥有科学的决策选择方法。

1. 有关合理方案的选择

许多管理者都会发问，什么样的方案才是最佳方案？其标准是怎样的？这需要管理者建立起明确的价值标准,明确达到了怎样的程度才能符合要求，才是最优。在这一过程中，又涉及了“满意标准”的问题；若一个方案在执行过程中有可能出现几种不同的结果，此时又将以什么样的标准去选择与衡量？这便产生了不确定情况下的选择标准问题。

● 价值标准：这是进行方案优先的最基本判断依据，在价值标准中应该有各项价值指标，并要分清主次，以便进行综合的评价，一般情况下，管理者需要从方案的系统性、效益性、先进性与现实性四个方面入手，对方案进行综合性的评价，其中，方案是否能够带来效益性是价值标准的核心。

● 标准是最优还是满意：达到最优标准是所有管理者的期望，但是在实际工作中，由于人们的认识受到了环境条件、科技水平与时间等因素的限制，最优标准往往难以达成，而且就算在某一时间段内的最优方案，在不同的企业、不同的时间条件下实施，也不一定能够维持长久的最优。因此，绝对的最优标准并不存在,而最优也是相对而言的。哈佛决策课中指出,“满意标准”

（即“有限合理性标准”）在决策过程中最为现实：管理者在进行方案决策时，只要“足够满意”即可，而不必去追究“最优”。

2. 有关决策选择的科学方法

选择方案的方法有许多，归纳起来，有经验判断法、数学方法与试验法：

● 经验判断法：即传统的决策方案选择方法，在 20 世纪 40 年代以前，企业进行管理决策时基本上都是依靠经验来进行判断的。现代企业管理中，虽然将物理模式与数学方法、网络模型方法引入了决策过程，但是经验判断依然是不可或缺的。特别是在面对一些涉及心理、社会等较为复杂的问题和非计量性因素的决策时，依然需要管理者依据以往的经验来进行判断。

● 数学方法：在 20 世纪 50 年代以后，使用数学方法来进行方案的选择得到了更广泛的使用。在连续型控制变量之下，运用经验判断法很难找到最优或者满意方案，只有借助于数学方法。所谓的连续型变量指如产值、成本与利润等一直在两个变异值之间变化、并存在无穷多个中间数值的变量。连续型变量的无穷多化就意味着备选方案的无穷多化，若要选择一个最优化的生产决策，则要在这一决策中所产生的单位成本最低。由于间隔单位的划分可以任意小,因此决策方案也就无穷多。要将每一个方案的成本都计算出来，并在之后进行比较与选择，便显得过于麻烦。相比之下，数学方法中所使用的最优经济批量公式就简单得多：

$$Q^*=SQRT(2\times DS/C)$$

其中，Q^* 为经济订货批量，D 为商品年需求量，S 为每次订货成本，C 为单位商品年保管费用。

● 试验法：社会问题的决策，并不能创造出如同实验室中一样的人为典型条件，如同科技界那样进行实验，但是在进行重大问题的决策时，特别是对新问题、新情况与各类无形因素起到重大作用，无法使用数学方法进行分析时，便可以使用选择实验法。管理者可先选择少数几个典型的单位进行试验，然后进行经验的总结，并以此来作为最后决策的依据。

很可能有些决策虽然经过了反复的计算与讨论、比较，依然没有太大的把握，此时，实验便会被提上日程，但是并非事事都需要进行实验。在进行方案选择的过程中，试验法往往是在选择范围已经缩小到只剩余两个关键方案而定不下来的时候，或者最优方案已经初步选择出来，但是对此方案还不太放心时，便可以用试验法来进行甄别。

管理者需要注意的是，以上各种方案的选择都有自己的好处与弊端，至于在具体的最优方案选择过程中到底要选择何种方式，管理者还应从实际出发，进行灵活的运用，同时创造出更加科学的方法，以便可以更加简明而准确地找出最优方案或者满意方案。

3 在多元与专一发展之间做好抉择

【哈佛商魂】：企业经营项目并非越多越好

我们要明白，并非经营的项目越多，对公司的未来便越好，缩短企业的生产线，集中资源进行通讯业务的发展势在必行。

——诺基亚公司总裁约玛·奥利拉

【哈佛商规】：多元化经营并非最佳选择

哈佛经济学家拉菲尔曾言，当市场发生了变化时，若不做出改变的话，很可能会导致更差的结果，那么，这种时候，便应该将已有的投资当成“沉没成本”来进行看待，所以，经营决策往往是在边际效应上进行得失的权衡。如今，多元化经营极为流行，美国投资专家巴菲特曾言：“不要将所有的鸡蛋放在一个篮子里”，以此来保证投资安全，获得最大的经营利润，但事实上，若是投资过于分散，投资战线过于漫长，而管理者的精力又非常有限的话，那么，想要将每一个篮子里的东西都看好也不是一件简单的事情。

【哈佛商战】：由繁至简的诺基亚

诺基亚公司成立于1865年，主要进行移动通讯产品的生产与销售，是移动通讯业务中的全球领先企业。最初的诺基亚公司只是芬兰一个并不出名的小企业，而且在最初主要经营木材生意。在1993年，时任总裁的约玛·奥利拉下达命令：将除移动通讯以外的部门全部出售。

奥利拉的这项决定受到了全公司上下职员的一致反对，特别是那些在公司中工作已久的老员工，更是对此举极为不解：当时的诺基亚早已发展成了一家多元化经营的企业，在1992年，其移动电话赢利为655万瑞典克朗，电信利润为640万瑞典克朗，电视机制造亏损了1176万瑞典克朗，而电缆、机械的利润为171万克朗，其他业务利润则为139万克朗。

从表面数字看起来，好像除了电视机制造一项在亏损外，其他的业务都处于赢利状态，实在没有必要将那些依然处于赢利状态的部门拱手让人。但是奥利拉非常清楚：随着移动通讯行业的不断蓬勃发展，其他行业的进入者不断增多，公司的发展压力已然越来越大，危机早已潜伏在庞大而难以管理的产业链上。想要使公司在潜力巨大的移动网络与移动电话业务上获得持续的发展，必须要将其他部门卖掉。

他绝对不是头脑发热，做出这样的决定，是源于他所进行的周密分析：电信行业是未来高科技社会中的主要业务，其发展潜力巨大，而且在电信业务上，诺基亚拥有着绝对优势。在认清这些现实后，他不顾员工的强烈反对，果断地采取了行动。在其他产业出售的过程中，公司的队伍开始年轻化，公司的战略发展方向也开始进一步朝着电信业的方向调整。不久之后，所有的芬兰人都意识到，奥利拉并非是在"败家"，而是在选择一条最适合诺基亚发展的道路。

在1992年的最后一个季度，诺基亚的效益出现了持续升高。到了1993年，全世界的人都开始认识了这个来自于北欧小国的通讯品牌：奥利拉在进行大刀阔斧革新的同时，还迎来了企业的与日俱增的辉煌时刻。

诺基亚的成功与奥利拉的魄力与勇气分不开，在下棋的过程中，丢车保帅本身就是一种痛苦的选择过程，但若在“丢车”之后，可以使整个战局得到彻底的扭转，那你便不妨一试。如果你现在正在为多元化痛苦，你便应该明白，“丢车”已然成为你的必要选择；若你的组织正处于专业化的经营状态下，你便应该先将这一行业做精、做深，再另谋其他，原因无他：你需要有一个发展良好的业务作为自我组织的发展根基。

【哈佛经验】：满足六大条件，做好经营策略选择

作为一个需要在市场环境下经历考验的企业而言，是选择专业化的经营还是选择多元化的经营，需要看企业自身的经营特点来决定，之后再权衡其中的利弊得失来做出最终决策。对此，拉菲尔教授曾经指出，在考虑组织是否要进行多元化经营时，管理者可以对自己提出以下六个问题，若你对这六个问题都做出肯定的回答，那么你便可以选择多元化发展，否则组织应该依旧保持专一化经营模式。

1. 我们是否有哪些方面要比竞争对手做得更好

在面对多元化经营决策时，管理者需要考虑的并不是自己的企业是干什么的，而是企业在哪些方面做得比竞争对手要更加出色。通俗而言，多元化经营的决策并非建立于诸如“我们主要经营文化类业务”一类的宽泛、模糊业务界定基础上，而是建立于在对战略性资产的实事求是识别基础上的。它要求企业可以作出类似于“我们的企业在销售方面的卓越能力可以极大地改进那些被本企业并购的公司的经营状况”的判断上。

2. 进行多元化经营需要具备哪些战略性的资产

有些管理者以为，只要具备了必需的战略性资产中的一部分，便可以开始多元化经营了，但事实上，这一认识并不正确。在进行多元化经营时，除了要保持已有的优势，还应让自我具备经营其他项目必须要拥有的各种优势，否则，多元化经营便必然会导致失败。

3. 我们是否能够赶上或者超越其他的竞争对手

若自身缺乏在某个行业取得成功所需要的一个或者几个关键性因素，管理者可以通过内部培养、由外引进、进行行业游戏规则的改进三种方式来进行。若这三种方式可以让企业赶上或者超越竞争对手，管理者才可以决定实施多元化战略。

4. 多元化经营是否会将作为一个整体的战略性资产拆散

许多企业管理者错误地认为，自己所在组织可以将现有的优势技术与能力进行分拆，以实现多元化优势组合，但事实上，这些技术与能力唯有在特定的竞争环境中，经过互相作用与相互强化之后，才能够真正地转化成优势，本身就具有不可分拆的特性。

5. 在新行业中，我们是竞争者还是优胜者

有些企业在进入了新行业初期后，虽然在新进入市场上确立了一定的优势，但是时间一长却依然有可能会丧失这种优势。为了进一步确立可持续发展的竞争优势，多元化经营的公司便必须要创造一些独一无二、令竞争对手无法模拟的核心竞争力。

6. 企业可以从多元化经营的过程中学习到什么

管理者在考虑是否进行多元化经营时，应该提出这样一个最终的问题：在进入新行业的过程中，企业能够学习到什么？它是否可以成为企业继续向着其他行业进军的战略性基础？若企业可以学习到有用的东西，并能利用这些东西令随后的业务发展更具有特色，那么企业的多元化发展便可行。

4 走出经验，进行独立决策

【哈佛商魂】：经验导致愚蠢选择

我想，是过往的胜利经验让我做出了如此愚蠢的选择，除此以外，我没有更好的解释了。

——时代华纳董事长杰里·莱文

【哈佛商规】：别让经验困住你

在决策过程中，管理者固然要考虑经验所起到的正面积极作用，但是另一方面，管理者也应考虑到，经验并非时时都能提升决策的重要性。在决策中，好的经验固然有用，可坏的经验也会令决策走入歧途之中。在这一问题上，我们应该注意，借鉴经验的同时，不能过于偏信经验，不要让经验成为决策的阻碍。

【哈佛商战】：迷信经验让华纳损失惨重

2000年1月，网络巨头美国在线公司向外界宣布，将会以换股与债务的方式，对世界上最大的媒体公司时代华纳公司进行收购。这是美国历史上、乃至于世界历史上最大的一宗并购案，所有形式的媒体都将被融合到华纳这家全球最大的媒体公司中。

美国在线成立于1985年5月，在收购华纳之时，已经是全美国最大的一家互联网服务提供商。而时代华纳则是当时世界上最大的传媒集团。在当时，不管是网络业还是媒体业，都对这种新旧媒体相结合的模式普遍看好。所有的专家、包括时代华纳的董事长杰里·莱文都认为，这是一场“天作之合”：网络公司需要具有吸引力的内容来吸引网民，而传统媒体则需要借助于互联网这个在未来最具有潜力的新媒体平台。

根据以往的成功经验，莱文认为，这是一个绝佳的合作机会。由于对这场传统与新兴媒体结合所产生的巨大商机深信不疑，以至于他在股东大会上坚决反对采取任何带有限制性的保护措施，即：若买方的股票价格下降到了某一水平线以下，买方可以对交易条款进行重新改写。

不幸的是，在两家公司刚刚宣布它们正式合并的消息之后，互联网泡沫便爆破了，美国在线的股票价格骤然间跌落谷底。因为没有采取相应的保护措施，时代华纳无法就交易内容进行二次谈判。此时，时代华纳的一些管理人员敦促莱文根据美国在线的股价下跌速度过快为理由，将这次合并取消。但莱文认为，以往的互联网危机都会很快过去，此次也会如此。固执己见的他最终促成了这次合并。最终，使曾经拥有公司100%股份的时代华纳股东如今只剩余了公司约45%的股份。

成功者之所以可以取得成功的主要原因在于，在当时的历史条件之下，他们可以打破常规，做到他人没有想到或者没有做到的事情。因为他们明白，市场环境瞬息万变，当年成功的环境早已时过境迁，所以在进行新决策时，不可完全依赖于经验。而失败者大多是在新的环境条件下，依然死死抱着所谓的“成功经验”与模式，故步自封，最终导致自我被市场所淘汰。

【哈佛经验】：克服经验障碍，纠正经验偏差

对于那些习惯于对经验过多迷信、将经验当成经验的企业管理者而言，在进行决策时，可以使用以下方法，来避免经验对整个决策过程造成过多的干扰：

1. 事先列定

● 事先对事情成功的标准或者重点过程进行清晰的设定，并以此来让自己明确地界定项目的成功，或是做出目标分析，明白地列出自身所期望或者恐惧的具体结果，并标出那些自己可以预料、处理的事情。

● 事先列定，你相信自己的选择可以对事情的发展结果产生何种的影响。

2. 进行判断

● 询问一些与该项目无关的专家或管理者，并请他们进行判断，自己的行动中有多少是值得表扬的、有多少是值得批评的。

● 在面对那些有关人事选择、新产品推出、广告投资等具有重复性的决策时，看看是否可以使用统计式测试来进行结果判断，同时明确机会所占比重与明智选择所占比重。

3. 审视过往，分析现在

● 对自己所遭遇的失败进行周期性的陈列，若发现陈列的内容过短的话，你便需要向周围那些与你的做法、看法存在异议的人进行请教。

● 仔细分析近期计划

仔细对近期计划结果得到的新资讯进行分析，它们将会使你对自我脑海中已经模拟制订出来的未来计划与情境进行修正。

4. 记住经验带来的危险

记住哪些成功是靠机遇与运气得来的，不要陷入扬扬自得的陷阱之中，当你在某些事情上功成名就时，你应该老老实实地想清楚，你的哪些行动对你的成功是有贡献的，哪些不是，在进行评估时，可以要求那些对你不太认同的人进行协助。

5. 避免找理由

● 在出现决策失误或失败时，避免为自己找理由。若你在失败中将厄运的重要性进行了无限的夸大，那么，你将会错失自我管理生涯中最重大的机会之一：你将无法从失败中学习到有效的体验。

● 当你从失败性决策中获得了反馈时，你应与其他人进行该决策重要性、错误后果的具体分析，同时复习你为未来拟定的模拟情境，以决定它们是否可以获得改变。

6. 进行记录

借助于在做重大决策时你所记录下来的那些自我期待性事项，来减少预料未来所产生的偏差性效应，然后，再将真实的结果与期望中的结果进行比较，考虑自己应该从中获得什么样的教训。

5 让库存跟随市场销售变动

【哈佛商魂】：大量存货是企业最糟糕的处境

存货的生命，就如同菜架上的生菜一样短暂，对于原料价格极易快速滑落的企业而言，最糟糕的便是拥有大量的存量。

——美国戴尔公司 CEO 迈克尔·戴尔

【哈佛商规】：库存不良往往会导致经营危机

库存管理是对公司经营、赢利情况产生重要影响的另一关键因素，在当前的经营环境下，若库存管理不善，引发的后果将会更加严重：它甚至会在企业员工未曾意识到问题实际存在之前，便导致企业陷入经营不善甚至破产的境地之中。不良的库存管理会导致所有人陷入风险中：产品制造商会因此面临存货大量积压；企业会因为库存过多占用过多资金；零售商会因为无力进行新的进货而导致缺货，使最佳商机丧失。

【哈佛商战】：戴尔：因库存而占尽优势

戴尔模式的先进之处在于其有效的库存管理：其库存时间要比中国知名PC 品牌联想少了 18 天，而其效率也比联想整整高出了 90 个百分点。当客户将订单传送至戴尔信息中心后，控制中心会将订单进一步分解成子任务，并通过互联网与企业间信息网进一步分派给上游配件控制商。各个制造商按电子配件进行生产与组装，并按控制中心给出的时间表进行供货。

之所以可以建立起零库存体系，也是源于戴尔公司所经历过的挫折：在公司初成立时，由于发展潜力巨大，顺利地从资本市场上筹集到了大量的资金，仅首期募集到的资金便高达 3000 万美元。这笔巨款的筹集，令戴尔的管理层过于自大。在失去了理智的情况下，他们进行了存储器的大量投资，买入的存储器超过了实际需要。在随后,存储器的价格出现了大幅度的滑落。

情况依然处于不断恶化之中：一夜之间，存储器的容量从 256MB 提升到了 1GB。形势发生了大逆转，戴尔公司的存货风险大为增加。最终，公司不得不以低价处理的方式，摆脱了可怕的存货问题。这不仅使整个公司的收益大大降低，甚至使整个季度的每股盈余下降到了只有一分钱。

在经历过这次的挫折后，戴尔公司便在存货上进行了大幅度的调整，并借助于自我直销模式与先进科学技术，使存货量大为减少。公司在德州圆石镇的托普费制造中心有一个巨大的厂房，这一厂房足足有五个标准足球场那么大，而其零部件仓库的规模却始终没有超过一个普通卧室的面积。厂内的工人根据总公司发来的订单，每三五分钟便可以组装出一台新的台式PC机。戴尔公司中的库存零部件在公司中的摆放时间从不会超过两个小时，产品的库存量也从来没有超过一周的。

戴尔零库存模式之所以可以成功，源于其在采购、生产、物流与销售等环节上所做出的持续努力：公司一直在尽力保持低库存或者零库存，以避免由资金周转缓慢、产品过低积压与存货跌价等方面所带来的风险。戴尔的成功经验有其独特性，但是其在各个部门之间所进行的良好的协调却可以使我们受益匪浅：想要获得更好的库存管理，便必须要在部门之间形成良好的协调与管理。

【哈佛经验】：利用库存三角形，设定最佳库存

企业库存过高使自身持有成本过高，或因库存量不足而失去客户的订单……居高不下的成本使企业的赢利状况无法改善，使大好的发展机会白白流失。当管理者将库存管理的目标定为高利润时，便需要组织进行多方面的改革，而这些改革措施需要销售营销部、运营部、财务部三方面实现有序、良好的沟通才能达成：

1. 销售营销业

由于销售营销部负责进行产品的销售，是企业的主要利润来源，所以处于库存三角形的顶端。他们往往会就产品的具体规格、质量与价格（包括免费附赠产品、折扣）等向顾客做出明确的承诺。由于经常忘记与运营部进行沟通，所以销售营销部总是将注意力集中于产品的销售上，并期望能够如同自己向顾客所做出的承诺那样，按既定的价格进行发货，并同时为企业带来销售利润。

可是，销售营销部的良好计划往往会无法达成，市场经济下，在当前的买卖交易中，客户往往占据着主导地位，而且，他们对自己所拥有的选择权

非常清楚。他们总是会想当然地认为，一旦自己出现了问题，总是会有一位销售人员前来进行解决。顾客一直升高的期望值使营销部的压力不断增加，并迫切地期望拥有更多的库存满足自我部门的需求。

2. 运营部

运营部处于库存三角形的左下角，因为负责整个组织的采购与生产，所以进行采购战略能力的定制化显得非常重要，这不仅是为了达到人工成本与运输成本间的平衡，更是为让整体运营获得最佳效果。

需要注意的是，若企业所生产的产品种类具有细分化特点，那么，整个采购与生产进程将会更难控制，此时，便需要考虑顾客的偏好来安排采购与生产。另外，还应考虑购买趋势的变动，比如，在夏季里，冷饮的销量要比其他季节高出很多。

为了让库存管理实现利润最大化，管理者还必须要以库存单元而非产品种类或产品线来进行生产进度的安排，以使生产计划尽量趋向于详细化。因为顾客在购买时，所考虑的是自我所需要的产品，而是不是该产品有多少种类。

库存记录不准确往往会让企业付出巨大的代价，哈佛管理评价上曾经明确表明：错误的库存管理将会使企业的利润点平均下降 10%，导致库存记录不准确的主要原因是因为退货环节记录不准确。网上订单的取消、零售商店订单的取消，或者在换货时，销售终端系统未能及时对各种大小、颜色的商品库存数量进行更新。若企业中缺乏相应的退货处理规定的话，那么，库存盘点数将会与销售终端系统中的库存数量发生差异，那么，公司便会在不知不觉间出现利润流失。

3. 财务部

财务部处于库存三角形的右下角，它主要负责进行难题的解决。为使库存管理效果明显，财务部需要对销售、营销与运营部门进行了解，了解的内容包括三个部门所做出的决策、相应的行为，以及这些行为对于公司利润产生的积极正面影响，为了使利润最大化，财务部需要担当起库存管理中的主要任务：

- 保持库存管理战略与公司战略相一致；
- 对每个部门的预测数据的详细程度进行协调，同时确保其他部门进行细节的检查；
- 根据过去的销售库存情况，对未来的发展趋势做有效的预测；
- 进行高质量的库存明细表编制。

Class 7

做好企业评价，更好参与竞争

想做好管理，就要不断地了解与深入调查。这对于管理者而言并不是一项简单的任务，所以，在学校中，哈佛会不断地安排学子们进行各种实战演习，以期望学生们可以学会从自我角度去对企业的经营状况进行客观的评价，对企业的整体与企业内部各个部门之间的业绩进行计划、预测与检查。

1 让发展目标更系统化的方法

【哈佛商魂】：战略应随大环境展开调整

我们的战略没有随着经济不景气进行调整，在该勒紧裤带的同时，我们反而进行了大规模的扩张，结果，我们所能达到的销售额也只能凑凑乎乎。

——卡尔·卡切尔公司总裁卡尔·卡切尔

【哈佛商规】：优秀战略应具备极强适应性

企业所在的内外部环境一直处于变动状态下，而战略目标却始终确定，想要让战略管理的过程更加顺利地实现，便必须要通过战略评估体系来对战略实施的具体战果展开评价，以便对相应的措施进行完善。哈佛管理课教授斯坦纳·麦纳提曾经多次在课程上向学生强调："优秀的战略是一种具有极强适应性的战略，它要求对外部环境资源相协调，同时也要适应企业的组织结构。"而想要让战略达到内外资源的随时协调，管理者便必须要先做好战略评价的相关准备。

【哈佛商战】：卡尔·卡切尔：昙花一现的快餐巨头

卡尔·卡切尔公司是美国本土一家快餐连锁公司，在1991年的8月，该公司在全美一共有602家二级店，其中，大部分都是自己经营的。在当时该公司被称为"美国人最爱去的快餐店"，同时也是美国餐饮市场上发展潜力最大的企业。

从1991开始，该公司开始进入国际市场，首先进入了日本市场，并开起了5家二级店面，在墨西哥开了1家店。1991年年底，卡尔·卡切尔连锁店在洛杉矶地区的快餐销售额，仅次于麦当劳，成功上位成全球第二大快餐连锁店。

速度过快的扩张使卡尔·卡切尔公司的高层管理者失去了理智，他们期望能够为顾客提供更加丰富的菜单，而这一菜单应包括汉堡包、牛肉、鸡肉、鱼肉馅、三明治、沙拉和其他的一些配餐。可是，在当时，整个供应链与食品餐饮部的发展根本跟不上逐渐增多的经营项目与扩张地区。而当公司将热狗、辣椒狗重新写入菜单，并提供全套的早餐时，位于本土的分销中心匆忙得更无心去精心地准备餐点了。

早在1986~1987年，公司就因为快餐业的普遍经营不良，实施过"撤回大本营"的战略，并将27家不赢利分店关闭。在20世纪80年代末期，这一战略的确起到了一定的作用，但是，到了20世纪90年代以后，因为美国国内经济停滞、销售缓慢，公司不得不拿出新的经营举措。

在1992年，由于对整体发展无法实现良好控制，企业只好关闭与转让了将近40家店面，再加上大量同类餐厅的出现，使其面临了巨大的竞争压力，卡尔·卡切尔公司只得实现全面的业务缩减，并从此失去了与麦当劳一争天下的资本。

公司总裁卡尔·卡切尔对自己的经营失败表达了深切的悔意：“我们的战略没有随着经济不景气进行调整，在该勒紧裤带的同时，我们反而进行了大规模的扩张，结果，我们所能达到的销售额也只能凑凑乎乎。”

卡尔·卡切尔公司的失败源于在外部大环境发生了变动与内部资源不足时，依然保持着扩张的势头，而其未能对自我发展战略进行评估，也是导致其经营败落的主要原因所在。战略评估是战略实施过程中的具体补救机会，也是管理者对战略的有效性、可行性、与外部环境和内在资源的协调性进行深入考察的机会。若错失了这一机会，便很容易如同卡尔·卡切尔公司一般，从鼎盛时期迅速跌落。

【哈佛经验】：从四大方面展开战略评估

战略评价是一个管理者在企业行为与自我感知之间进行衡量的过程，这一过程充满了主观性，却要得到客观的结果。因此，在评价过程中，管理者需要注意以下四个方面的事情：

1. 在进行信息收集时，要尽量在准确、全面与及时的前提下进行

信息完备，同时针对信息进行及时的反馈，是实现有效战略评价的最佳理想状态。战略评价的准确性与评价所依据的信息质量具有高度的相关性。可以说，信息收集工作是好还是坏，直接影响着整个战略评价的质量。为了使信息收集的质量得到保证，管理者应坚持以下三个原则：

- 准确性

该原则要求管理者所收集到的信息保持真实可靠，信息的真实性需要靠多个渠道的检验才能够实现：通过对大量不同渠道来源的信息进行相互的印证，才能得到相对真实的信息，而其代价则是在前期需要投入大量的时间与精力。为了使信息的准确性得到进一步的提高，管理者应设法将不同部门间所掌握的信息进行组织，同时集中到一个平台上进行相应的对比与分析，这

样做既可以使信息收集的成本降低，又可以使信息的准确性得到提高。企业也应根据自身的实际情况，逐步地建立与完善信息收集、分享与整理的平台，进而使信息准确性进一步提高。

● 全面性

在搜集信息时，管理者要保证信息尽量全面、尽量完整，为了掌握战略执行的全貌，必须要对信息进行而广泛的搜集，但是，任何时间下的信息都不可能完全呈现出绝对、完整的一面，在信息不完备的情况下，管理者应进行经验与主观评价的参考，以使因信息不全面而造成的评价偏差得到有效的弥补。

● 及时性

只有将信息及时而迅速地提供给它的使用者，管理者才能更有效地发挥出其作用，若信息不及时的话，其效用便会大幅度降低。在实践过程中，管理者应保证信息的及时性，除了外部获取与传递信息的渠道要保持长时间的通畅外，还必须要在企业内部建立起高效的信息传递网络，唯有如此，才能令信息的及时性发挥到极致。

2. 在进行战略评价时应保持适度

该处的适度原则主要是针对评价项目、评价频率与评价活动力度的适度。在进行工作成绩的评价时，尤其要注意何时、如何以及在多久的间隔下进行评价。为了提供及时而充分的信息，管理者应经常进行工作成绩的评价。可是，若评价活动进行得过于频繁，不仅会引发员工的倦怠心理，还会使评价过程中的费用不断升高，使人力资源与时间资源被极大浪费，因此，管理者应根据自我所评价问题的性质、战略实施的重要性，进行评价频率与深度的合理确定。

3. 确定评价指标时应该保持全面

在进行评价指标的确定时，管理者必须要兼顾长期与短期指标，不仅要对评价项目进行全面的评价，还应对评价跨度进行全面的评价，同时，战略评价不应仅局限于财务标准上，还应同时对顾客、经营与人力资源指标进行全面评价。此外，企业战略评价指标还应对行业市场与竞争对手的情况进行综合的考虑与评价，通过自身与市场、对手的横向对比来认识到自身的不足与优势，从而帮助企业进一步明晰现状，加强管理，加快自我发展。

4. 评价应侧向于正面激励

在许多企业中都制定了有关战略目标的惩罚措施，但事实上，这样的做法对企业发展并无好处。在进行战略评价时，管理者需要明确的是，进行战略评价的重点在于，向管理者提供正面的激励，从而使战略执行的标准得以确立，以使那些有利于战略发展的行为得到持续性的延伸。而惩罚措施无疑是在找出错误行为，而这种“找错”对于战略执行根本无法起到积极的推动作用。

2 找出竞争弱势，培养核心竞争力

【哈佛商魂】：核心竞争力让企业成为最佳

核心竞争力是这样一种能力：它可以让你的公司在欠缺整体竞争优势的同时，通过拥有少数几个关键性的技术或者几个知识领域，成为这个世界上最好、最成功的公司之一。

——NEC 总裁

【哈佛商规】：核心竞争力即运营承诺

在 1990 年，美国著名经济学家加里·哈默尔在权威性杂志《哈佛商业评价》上首先提出了“核心竞争力”一词，这篇与他人联合写作的文章中指出，核心竞争力是企业生产、特别是关于如同针对不同生产技能与多种技术的协同、整合的集合知识……它是对于沟通、包容与进行超越组织边界工作所能做出的高度承诺。核心竞争力发展到今日，早已成为了决定企业竞争能力与发展前景的关键所在，而它的强弱也决定了一个企业在市场竞争中所能拥有的地位与命运。

【哈佛商战】：NEC 依据核心竞争力赢得市场

在 20 世纪 80 年代初期，信息技术早已显露出了一派欣欣向荣的景象，凭借着自己多年来积累下来的资本与技术优势，美国 GTE（通用电话电子公司）成为众多经济专家所认可的行业主力军最优选择。在 1980 年时，GTE 的年销售额高达 99.8 亿美元，仅公司中的净现金流便高达 17.3 亿美元。与 GTE 的鼎盛与强大相比之下，当时日本的 NEC（电气股份有限公司）只是一个新起之秀，其年销售收入只是 GTE 的 1/3。

然而，在 1988 年，占据行业领先地位的却是后来者 NEC，其年销售额高达 218.9 亿美元，比当年 GTE 公司的 164.6 亿美元高出了将近一倍。在几年间，GTE 的国际地位在全球范围内一路下滑，而据公司内部的统计人员研究发现，从 1980 到 1988 年间，GTE 在美国本土以外地区的销售收入已经下降了整整 5%。

使两家企业经营状况出现了如此大的变化的原因就在于，NEC 一直站在“核心竞争力”的角度对企业的问题进行考虑，而 GTE 却并没有这样做。

早在 20 世纪 70 年代，NEC 公司的管理层便已经明确了将计算机与通信技术进行融合的战略意图，并认定，这一战略是否能够成功，关键在于企业是否具备必要的核心竞争力。该公司选择了一个名为“C&C”（Computer & Communication，计算机与通信）的战略架构，同时，将其意图传达给了整个组织与利益相关人。

随后，NEC 便开始了核心竞争力的营造，他们按照最初的战略架构，将大量的资源分配到中央处理器与元件项目上，使公司的内部资源获得了成倍的增长。与此同时，公司内部还进行了恰当的评价，并根据市场变化，对计算、通信与元件业务未来的发展前途进行了预测，同时对自我架构的缺点进行了及时的调整：将半导体作为公司的“核心产品”。这种多方面考虑与评价的企业发展战略，让 NEC 迅速地超越了行业领袖 GET，并迅速地取而代之。

企业是由多种生产要素在进行了有机的组合之后形成的，一旦企业可以比竞争对手更好地判断这些要素的先后、主次顺序，同时能够更好地运用与结合这些要素去完成某项工作时，企业便拥有了一定的核心竞争力。在现代市场竞争中，核心竞争力是企业应具备的能力中最关键、最根本的能力，可以说，它的强弱对一个企业在市场竞争中的地位、命运产生着直接的决定作用，而针对核心竞争力展开有效的评价，对于企业培养、发展自我竞争力无疑有着极为重要的作用。

【哈佛经验】：使用四大方法，对企业核心竞争力进行综合评价

想要对企业核心竞争力展开科学而客观的评价，管理者首先要选择一套能够从全方位、多角度对企业竞争力进行核定的指标体系。截至目前，全球通用的企业竞争力评价法早已发展到了多达二十多种。哈佛企业管理评价系统经常使用的有以下四种：

1. 因素分析法

该方法采用了“由表及里”的分析方法，从最表面、最容易被人所感知的因素入手，逐步深入到更为内在的因素里。一般而言，因素越具内在性，对于企业竞争力的影响也会越长久、越深远。一般而言，企业竞争力的显性指标都属于最表面、最容易感知的因素。例如，产品或者服务的市场占有率与增长率、企业规模、企业赢利率等，虽然这些因素可以对当前企业的竞争力强弱产生直接的反映，但是由于缺乏对企业的竞争力的深层次分析，所以，此类指标缺乏可信性。而因素分析法就是通过表面的因素，对那些有可能决定与影响企业竞争力的各种内在因素进一步分析，将其揭示出来。

因素分析法可以按以下环节逐一进行：

- 选择具体的指标；
- 进行指标间因果关系的构造；
- 进行各指标所占权重的确定；

- 对各种因素共同发生作用而导致的企业竞争力计量值进行计算；
- 对统计结果进行合理的判断与解释。

2. 对比差距法

该法所采用的方法是进行企业间的比较，假如同类企业中表现优秀的一家或几家公司体现出了一系列能够对竞争力具有明显影响的显性特征，那么，可以通过对本企业与优秀企业间的一系列显性指标进行对比，使本企业在竞争力上存在的差距能够体现出来：

对比法应按以下步骤逐步进行：

- 选择具体的对比企业；
- 比较本企业与最优秀企业间各个指标间的明显差距；
- 进行差距的综合性汇总，以评价出本企业与最优秀企业间的总体差距。

此法与因素分析法之间有着共通之处，即两者都需要在详细的因素分析与计算统计数值前提下进行，不同的是，对比差距法因为采用了一对一的比较方法，可以进行多指标的直接性对比，而不需要进行数值的加总比较，这样可以使各因素在权重确定过程中的主观干扰最大程度上被避免。

3. 内涵解析法

内涵分析法的目的就在于揭示企业的核心竞争力，同时对其作用进行评价，该法将定量分析与定性分析进行了结合，并以企业竞争力的内在因素为主要研究对象。在遇到一些难以进行直接量化的因素时，该方法会使用问卷调查或询问专家意见的方式来进行具体的判断。

内涵分析法的步骤如下所示：

- 确定对企业竞争力产生主要决定作用的因素，并对之间的因果关系进行分析；
- 通过统计分析、问卷调查与专家意见等方式，来对企业竞争力进行分析；
- 对企业核心能力进行深入剖析，以发现企业核心理念与其在企业业务中的渗透情况。

内涵分析法虽然具有深刻性，并能对企业核心能力进行深入的分析，但是却由于该方法充满了较大的主观性，因此难以对核心竞争力进行全面计量化。

4. 模糊综合评价法

在进行企业竞争力的具体评价中，由于一些因素具有模糊性而无法使用分数来进行评价，此时便需要使用模糊评价法。

模糊评价法的步骤如下所示：

- 确定评价因素的集合；
- 确定对各个影响因素的权重集；
- 建立起具体的评价等级集；
- 确定具体的隶属关系，建立起模糊评价矩阵；
- 进行模糊综合评价，并得到相应的结果。

在运用以上四大方法进行企业核心竞争力的评价时，管理者应明确这样的评价基础：没有哪种评价是可以完全、彻底地对综合能力进行评价的，唯有进行各种方法的综合运用，进行全方位、多角度的评价，才能得到正确的核心竞争力评价结果。

3 保证信息安全，做好信息评价

【哈佛商魂】：愚蠢是没有补药的

愚蠢是没有补药的，而在信息安全中，人又往往会变成最愚蠢的对象。

——著名黑客凯文·米蒂尼克

【哈佛商规】：现代企业信息安全不容忽视

在现代企业运营过程中，企业的信息安全有着极为重要的作用，它是管理者进行科学决策时的最基本前提，失去了准确、全面而有效的信息，管理便会成为无本之木。而信息是否安全，直接关系到了整个企业是否能够正常运作与持续发展。据统计，在现代世界上，每分钟都会有2个企业由于信息安全出现问题而倒闭，而这些信息安全事故中，仅有20%~30%是由于外部原因引发的，而其余70%~80%是由于内部员工的疏漏而造成的。

【哈佛商战】：HB Gary Federal的信息泄露丑闻

在2011年的2月6日，HB Gary Federal公司创始人Greg Hoglund在尝试登录Google企业邮箱时，却发现自己的密码已经被人篡改了。这位以研究“rootkit”而名扬世界的安全业内资深人士立即意识到了整个事态有多么的严重：作为一家为世界500强企业与美国政府直接提供安全技术防护的企业，自己却遭遇到了黑客的攻击！

更为糟糕的事情还在后头：在HB Gary Federal的企业邮箱中，有涉及了美国政府部门、美洲银行与各大企业的大量异常敏感信息，甚至有些是万万见不得光的“机密文件”。

在整个事件中，黑客组织中的匿名者透露，在攻陷这家知名安全公司的防卫系统时，他们并没有运用多么高深的技术，因为这场攻击之所以能够成功，完全源于人为的漏洞：其首席执行官Aaron Barr与其所领导的管理层犯下了最原始而又最不可被原谅的信息安全错误：在所有的账户中，他们使用了相同的密码。

黑客组织仅仅是对其企业网站的外围密码进行了攻击，便将Barr的几乎所有网络账户都破解了出来，而这些账户包括了他的Twitter、Linkedin……当然，最糟糕的就是他的Gmail企业账户。

这次事故不仅让HB gary Federal公司名誉扫地，而且使那些曾经向他们发过商业机密的企业，如索尼、强生、杜邦等多家企业与美国政府面临着各种丑闻爆发与经营计划泄露。

HB Gary Federal的信息安全问题给所有的组织与企业都敲响了警钟，

而他们的错误在著名黑客凯文·米蒂尼克看来，属于是人的错误："愚蠢是没有补药的，而在信息安全中，人又往往会变成最愚蠢的对象。"这种安全问题并非只源于管理层，上至企业经理、下至基层员工，信息安全意识的薄弱正在成为威胁企业生存与发展的最大风险，一旦忽视了信息安全，未对信息安全进行有效的评估，便有可能让企业遭遇到灾难性的打击。

【哈佛经验】：六大方法，协助提升信息安全度

哈佛信息管理课中指出，在未来，企业信息化发展是否能够成功，关键在于资产数字化、网络空间获取、复杂系统应用等方面。而企业的信息安全风险评估，也应建立在如何对信息分布系统与应用系统进行安全保障上。想要做好这两方面的安全评估，企业便应从以下方面入手：

1. 定制个性化的评估方法

虽然已经有许多标准评估方法和流程，但在实践过程中，不应只是这些方法的套用和拷贝，而是以它们作为参考，根据企业的特点及安全风险评估的能力，进行"基因"重组，定制个性化的评估方法，使得评估服务具有可裁剪性和灵活性。评估种类一般有整体评估、IT 安全评估、渗透测试、边界评估、网络结构评估、脆弱性扫描、策略评估、应用风险评估等。

2. 进行整体框架的安全设计

风险评估的目的不仅仅在于明确企业发展过程中有可能遇到的风险，更重要的是，该活动可以为风险管理提供良好的基础与具体的依据。管理者应该进一步明确作为进行风险管理、评估结果输出渠道的安全整体框架，以使其更有利于风险管理。由于不同企业所面临的差异、需求存在明显的差异，再加上操作层面上可供参考的模板非常少，使得整体框架在具体的风险评估过程中运用得较少。但是，若想要保证风险评估的效果，企业至少应该将近期 1~2 年间的框架完成，唯有如此，才能在需要进行评估时有律可依。

3. 进行多用户决策评估

由于身在不同层次，不同的用户往往可以看到不同的问题，想要全面了

解企业所面临的风险，必须要进行多用户沟通。若管理者可以将整个评估过程作为用户“决策”过程，对于了解、理解与管理风险，使行动进一步落实有着极为重要的意义。

4. 进行敏感性分析

因为企业的系统日益复杂，而且相互关联性日益加深，使得风险变得越来越隐蔽。想要提高评估的效果，便必须要进入深入的关联分析。对企业所面临的老管理漏洞而言，管理者不应只是对其影响与解决措施进行简单的分析，而是应对其有可能相关的其他技术与管理漏洞去进行推断，以找出具体的问题所在，并开出更加有效的管理处方。想要实现这一步骤，便需要企业拥有丰富的评估经验知识库，同时要求管理此项评估者具有敏锐的分析能力。

5. 进行集中化决策管理

安全风险的评估并不是一个简单的过程，它需要拥有多种能力与知识的人参与，而管理者对该团队中能力与知识的有效整合与管理，有助于使评估的效果在最大程度上获得提高。进行集中化的决策管理，是使评估项目成功的关键保障条件之一，它不仅是进行项目管理的基本要求，而且是能力与知识等多种“基因”的组合性运用。在进行集中化的决策管理过程中，管理者应注意，必须要选择那些具有特殊技能的人，去对相关的关键任务进行执行，否则非但不会取得相应的效果，反而会对整个评估过程形成阻碍。

6. 对风险评估的结果进行管理

大部分企业在做完风险评估后，总是会将具体的输出结果化为一大堆堆砌起来的文档，这种无效的管理使风险评估沦为过程，而不是对企业发展有利的指导方向。事实上，唯有将风险评估的输出具体转化为可以记录、可以管理的系统，并使用它来对管理层面上的问题进行更正，才能使评估的结果产生作用。

4 绩效评估帮助促进团队发展

【哈佛商魂】：在公平基础上进行绩效评估

绩效评估最忌讳的便是没有公平、搞平均主义，平均主义只会惩罚表现好的，鼓励表现差的，而这样的绩效评估得来的，只能是一支坏的员工队伍。

——哈佛大学管理学教授鲍比·乔

【哈佛商规】：将绩效评估上升到战略层面

绩效管理是一个需要不断进行沟通的过程，同时也是企业管理的重要支点：在企业的发展过程中，怎样把握绩效管理的要点，才能让员工时刻保持一股持续激情的干劲，才能让员工与企业同步发展，是绩效评估的关键意义所在。将绩效评估上升到战略管理的层面上，同时给予高度重视的做法，可以使企业获得最大程度上的发展与进步。

【哈佛商战】：摩托罗拉赏罚有据

身为美国最大的电子公司之一，摩托罗拉公司的绩效评估一直做得非常出色，其员工的薪酬与晋升都与评估的结果紧密挂钩。但是，公司对于员工评估的目的绝对不只是为员工薪酬调整提供依据。其评估的主要目的为：使个人、团队业务与公司的目标密切结合，同时，将需要达到的结果与具体的领导行为进行提前明确，使对话质量进一步升高，并增强管理人员、团队与个人在持续进步方面的共同责任，同时在个人能力与兴趣和工作要求、工作重点之间找到最佳的平衡点。

摩托罗拉依据美国国家质量标准制定了业绩评估成绩报告表，其每年制定的工作目标包括了战略方向与业绩两个具体的方向。员工制定目标的具体执行需要老板与下属进行共同参与，公司会每三个月便对员工的目标执行情况进行考核，以使员工进一步明确自我实际行动与目标之间的差距。

摩托罗拉每年1月份会进行年终评估，而个人评估则是每季度进行一次，部门评估是一年一次，年底时，全公司都会对本部门的业务进行总结，同时根据业绩评估成绩报告表进行个人薪水的涨幅与具体的晋升安排。若员工对评估结果不满，个人可以拒绝在评估结果上签字，对于那些拒签的员工，上级会进行参与了解，以便更好地解决内部问题。

可以说，摩托罗拉之所以会越发展越好，源于其对绩效评估的重视。大体而言，不管对于何种企业，绩效评估都有着非同寻常的重要性：一方面，它会使组织的生产率和竞争力受到影响，令员工表现有可衡量的标准，同时还可以作为诸如职务任免、加减薪等人事决策的参考指标。另一方面，良好的绩效评估能够实现企业对员工的更好管理。做好绩效评估，是企业获得持续发展动力的关键因素，同时也是企业持续成长的动力源泉。

【哈佛经验】：明确评估方面，做好绩效考评

对于不同的企业而言，绩效评估的标准很可能会随着企业组织结构的不同而发生变化，但是对绩效进行衡量的内容与方法却有着相同之处。绩效考评对于各级管理者而言都比较棘手，由于与员工的切身利益相关，若处理得不好，便很容易引发员工的抱怨，使员工积极性挫伤，甚至引发内部矛盾。哈佛大学管理学教授鲍比·乔在自己的著作中明确指出，想要让绩效考评发挥其正面激励作用，管理者应该注意以下几个方面：

1. 进行考评内容与方法的恰当选择

管理者应该根据各个部门的工作性质与标准来确定，如：营业部门以考核工作效果与业绩为主要评估对象，而职能部门则以工作行为的考核为主。在进行考评时，内容要有针对性与侧重性，同时，还要根据考评内容的不同，而采取多种的形式，如分组考评、上级管理、相互考评等，以减少考评的偏差，使考评准确度进一步提高。

2. 对考评标准进行明确

考评应该以岗位职责与工作规范为具体依据，可以量化的应尽量量化，以便进行测定、记录与考核。若有可能，岗位应以每日的考评记录作为月考评的参考，以使主观随意性减少，得出正确的考评结果。

3. 对考评结果进行及时反馈

考评的结果应该向被考评的员工进行及时的反馈，同时应听取员工的反映与说明，并允许员工对不满之处进行申诉。通过有效的上下级沟通，管理者可以及时地了解员工的实际工作状况与更深层次的原因，而员工也能够及时了解上级对自己工作的具体看法、评价与要求，及时采取有效的纠正措施。

4. 使考评的民主性、透明度进一步增加

绩效评估要令员工心服口服，让其诚心接受，而想要达到这一评估效果，便必须要做到评估民主性。事实上，民主性是实现客观、公正的必要条件，所以，在进行绩效评估时，管理者应听取员工的意见，使员工拥有申诉与解释的权利。增加透明度则是指绩效考核的标准需要向员工交底，而考核结果要向员工进行反馈。

5. 考核过程中应该将心理弊病尽量克服

在进行绩效考核时，很容易会受到心理弊病的影响，管理者应该将各类有可能出现的心理影响进行排除，使自己尽量保持公平、公正的原则。以下是鲍比·乔明确指出的部分有可能对绩效评估产生负面影响的心理效应：

- 光环效应：认为一个人有显著优点，并以偏概全，不进行具体分析；
- 趋中效应：由于不愿意承担责任，或是对被评估者不熟悉，而采取平均主义；
- 近期效应：由于近期印象的左右，而认为这便是被评价者的主要特征；
- 个人偏见：偏爱于自己喜爱或熟悉的人；
- 类己效应：考评者在下意识中将被评估者与自己进行比较，同时以自己作为具体的衡量标准，使评估结果产生误差；

● 盲点效应：因为自己有某种缺点，而无法看出被评价者也有相应的缺点。

5 找好方法，对运营效益进行衡量

【哈佛商魂】：战略系统规划效率评价决定企业运营方向

商业组织管理活动的传统组成部分是正式的管理业绩评价，而在管理业绩评价过程中，有关战略系统规划效率的具体评价方法并不多，但它却直接决定了企业的具体运营是否能够走入正轨。

——乔治·斯坦纳

【哈佛商规】：战略规划与管理结合，方能让企业走向正向发展

对于管理者而言，个人是否能够带领管理团队去尽一切努力开发同尽可能有效地规划系统，对于企业的成功运营有着意义非凡的作用：唯有将良好的战略规划与良好的管理结合在一起，才能令企业走向正向发展。那些低劣的规划不仅会导致低劣的决策，更会使管理人员与下属职员的时间与精力被极大地浪费，而为实现规划目标而付出的努力也将毫无成效可言。这便涉及了一个有关战略规划的重要问题：如何才能对战略规划系统的有效性进行准确的衡量？怎样才能让战略规划促进而非阻碍企业发展？

【哈佛商战】：房利美——绩优生的堕落

在2004年的12月，美国最大的抵押贷款公司房利美被美国证券管理会提出调整2001年以来的获利数字。证管会指控，从2001年到2004年间，房利美对其衍生性金融商品的处理列入“资本严重不足”的企业名单上。

事情的起源非常简单：2001年，柯林斯从美国多达1435家的公司里，选择出了11家运营表现最为优秀的公司，由于在1984年至1995年间，房利美在股市上表现出了卓越的一面，所以，它被选择成为了金融储贷业内的代表性企业。

在1984年到1999年间，房利美的首席执行官麦斯威尔为了为公司赢得更多的利润，创造出了一种新生的衍生性金融工具，使低利率变化对公司所带来的损失降到了最低程度，而他的这一创新也使房利美的经营日渐出色。

从1999年开始，麦斯威尔退休后，雷内斯接任了房利美的首席执行官。雷内斯是一个极为出色的管理者，他曾经担任过克林顿总统的财政主任及内阁成员。在他的领导下，公司连续16年以来的盈余增长一直保持着良好的势头。同时，整个企业也在致力于让产品更加多样化，以使自己在金融科技发展界的领导地位得以维持。

但正是这样一个业绩出色的公司，竟然爆出了巨大的财务丑闻：证券管理会调查所得到的证据表明，房利美公司的高层主管多次利用递延衍生性金融商品所产生的投资损失，来保护企业每年所产生的巨额绩效奖金。

在发现房利美违反了相关的规定之后，美国证管会给出的巨额罚款使房利美往日的卓越成为了明日黄花，而首席执行官雷内斯与首席财务官霍华德也被迫辞职。

虽然房利美的失利是由于企业管理者的一念之私引发的，但是我们也可以发现，在对公司的业绩进行衡量时，若缺乏良好的运作方法与相应的监管系统，企业便很容易让管理者丧失向投资人将企业活动真实状况进行公布的动力，而这样的动力缺失而导致的人为操纵正是企业与资本市场沟通的“必要之恶”。

【哈佛经验】：五大方法，帮助衡量企业效益

在对规划系统进行业绩衡量时，管理者应注意以下几点：有效的规划系统是源于管理风格、管理者的个人直觉、逻辑分析能力、组织文化与具体的规划过程、规划使用工具与方法所决定的。因此，从某种意义上来说，规划

效率的评价实际上就是对整个管理活动进行评价的关键。哈佛学者乔治·斯坦纳曾在自己的著作中表明：商业组织管理活动的传统组成部分是正式的管理业绩评价，而在管理业绩评价过程中，有关战略系统规划效率的具体评价方法并不多，但它却直接决定了企业的具体运营是否能够走入正轨。斯坦纳在多年的研究之后，总结出了以下一些衡量方法：

1. 调查法

即使用调查表的方法，来对高层管理人员与重要职员进行工作业绩的调查，此处的工作业绩多半与评价者所期望或者要求的目标程度相吻合。一般而言，这些目标包括五个方面。

● 职员对规划系统价值的认知程度：在规划做出以后，管理人员与重要职员认为，该规划对于自我工作是否起到了积极的作用，若作用是积极的，则规划就是有效的；

● 规划系统所导致的具体结果：指对有关规划中所设定的各个目标的实现情况进行评价，当每一个目标都能得到较好的评价时，该规划便是有效的，若有任何一个目标实施情况不佳，都应引发管理者的注意，对规划内容进行重新调整；

● 有关规划系统的辅助性收益：一个有效的规划可以产生管理上的改进、更良好的内部协调与交流；

● 有关规划实施的过程、方法与思想态度、氛围与具体程序问题：这些方面对于组织效率的影响将会随着个体所处的环境变化而产生具体的变化，不过，若这些条目中存在任一重大缺陷，都有可能使规划的有效性受到影响。

2. 进行有关文献的再次阅览

对规划效率进行衡量的另一方法是，再次阅读确立规划的具体文献，并从文献中得到一系列的因素，然后，按照这些因素对规划系统进行评价：

● 该规划是否能够帮助规划的制定者实现更有效的经营管理？

● 该规划中包括有足够的信息，使计划的事情具有极强的可信度吗？它的局势审度是否充分？它的预测程序是否恰当？各种战略是否得到了恰当的方法检验，是否能够正确地执行？

●该规划是否有一个战略中心，对企业的资源配置进行更有效的调配，以更积极的行动参与到竞争中来？

●该规划是否能够使员工意识到组织所面临的各种选择与这些选择所指向的具体结果？

●该规划是否使员工们将注意力放在了那些更关键的问题、选择与做事的优先顺序上？

●该规划是否与分配与调拨资本基金的系统紧密相连？而资本配置是否能够真正地对战略规划的实施起到促进作用？

●在日常工作中，文书类工作是否易于管理？

●规划系统与因此而产生的那些计划是否能够对多种计划风格与管理风格相包容？员工与各级管理者的差异性与个性化发展是否能够得到充分的发挥与体现？

●规划系统是否在整个组织结构中彻底贯彻、彻底被认知？

3. 使用陷阱进行规划系统的综合检查

对某一规划系统效率进行衡量的另一方法，就是将那些与该公司规划系统中有关的陷阱进行联系之后再次评价。一般而言，战略规划实施的陷阱一般包括以下七种：

●规划对竞争环境进行了错误的判断；

●规划进行了有失偏颇的前提假设；

●在规划过程中，对组织原本拥有的竞争优势进行了自我削弱；

●规划战略中主张无限度扩张，使组织价值被贬低；

●规划战略被组织结构所制约，未能发挥长远性；

●由于追求武断而刻板的目标，导致规划战略在实施过程中失控，无法在企业文化、员工行为规范与激励系统之间形成平衡；

●战略规划实施过程中，管理者的领导能力出现失效。

在进行规划的综合检查时，以上误区是企业需要加倍小心的领域，而这些领域对于接受激烈市场竞争的那些企业而言，有着极为重要的意义。

4. 根据规划的实施目标进行衡量

若处于评估阶段的规划在制定时被设计成同时需要达到许多目的，或者具体地达到一些目的的话，管理者便需要从这些目的具体实现情况来进行衡量。

5. 从规划实施过程中进行具体的观察与监控，使收益一直固定在较高的水平内

为了从规划过程中获得较高的收益，管理人员必须要对该系统进行不断的监管。在管理者根据以上方法，对有关规划的监管活动进行了周期性的实施与加强、更正错误之后，该监管活动便会进一步地提升规划的效率。

除此以外，管理者还应注意，不管是好的还是坏的规划系统，都能在实施过程中使其自身的力量不断地因某些微小因素而受损——若不对该系统进行仔细的监控，系统的力量便会向着“优者变差、差者更差”的方向发展，因此管理人员必须要对该系统的每一个微小迹象进行严格的监视。同时，由于组织处于不断的发展变化中，所以，管理者还要保证其与组织的发展相适应，使规划系统也处于不断的发展变化中。

哈佛经商课

下篇

管理控制篇

Class 8

通过财务管理，良好运作资金

财务管理是基于企业再生产过程中，对那些以客观存在的财务活动与财务关系而产生的管理模式。它是企业组织财务活动、进行各方面关系协调的一项重要经济管理工作。哈佛商学院中会利用大量的数据资料来锻炼学子们的财务管理能力,以期望他们可以通过最合理的资本构成来做出最佳的投资、财务政策，从而令企业资金得以处在最有效、最优秀的运动状态中。

1 做好财务管理目标的明确工作

【哈佛商魂】：单一财务管理目标并不可取

单一的财务管理目标并不会让你的专一程度有所提升，相反，若企业未能及时进行战略调整与财务管理目标的整合，便很容易如同雷曼兄弟一样难逃失败。

——哈佛大学经济学家施莱弗

【哈佛商规】：确立财务管理目标才能顺利发展

有目标才会有前进方向，在知识经济环境中，企业财务管理的环境变得日益复杂，经济一体化与全球化成为了不可阻挡的趋势，而企业的活动范围也处于不断的扩张之中，企业财务管理环境也从原来的一个地区、一个国家扩张到了全世界范围内，特别是信息科技技术的发展，使全球经济活动成为了一个整体。企业的财务管理必须对经济变动情况进行密切的注意，了解各类信息，并在此基础上做好目标设立，以使经济的运行按相同的规则进行，才能使企业在经济环境下得以顺利生存与发展。

【哈佛商战】：股东利益最大化令雷曼兄弟破产

2008年9月15日，美国第四大投资银行——雷曼兄弟企业正式申请破产保护，这家拥有着158年悠久历史的银行在当年的金融危机中无奈破产，这不仅与过度的金融创新与金融监管系统的不足等外部环境有关，同时也与雷曼企业本身所确定的财务目标管理失误有着内在的联系。

美国是一个市场经济较为成熟的国家，同时拥有着完善的市场经济制度与资本市场体系，因此，雷曼兄弟企业确立了以股东财富最大化为目标的财务管理基础。股东财富最大化是通过财务上的合理经营，使股东获得最大的收益。在确立了这一财务管理目标后，雷曼兄弟企业逐渐地成长为纽约当时最有影响力的股票承销商之一，在长达一百多年的经营过程中，企业从大宗商品期货交易，到股票承销、金融投资与证券交易，每一次的业务转型都是资本追逐利润的结果。然而，因为过度执著于利润，却忽视了对经营风险的控制，从而使其埋下了破产的伏笔。

要实现股东最大化收益，使必须保持本企业的股票在较高的价位上运行。自2000年开始，雷曼企业便连续七年将企业税后利润中高达92%的部分用于进行自我股票的购买。此举虽然有利于抬高企业股价，但同时也使企业的现金持有量进一步减少，使其应对风险的能力进一步降低。而将税后利润中高达92%的部分部用于购买自己企业的股票而非其他股票，无疑是在采用集中投资的决策方式，不利于进行企业投资风险的分散。而过多地关注于企业股份短期内的涨与跌，也会使企业的经营精力投资不足，使经营重心发生偏移，令股价失去了高位运行的经济基础。

哈佛大学经济学家施莱弗在谈及雷曼兄弟的破产时曾经明确指出：一方面股东财富最大化即股东利益至上性在整个企业形成惯例，却忽视了其他利益相关者的利益，导致了雷曼兄弟企业内部的各个利益主体矛盾频繁发生。企业中的员工工作积极性普遍低迷，虽然员工持股比例高达 37%，但其主人翁意识极为淡薄。另一方面，由于选择了股东财富最大化，使企业过多关注股东利益，却淡薄了企业应承担的社会责任，使企业与社会间的矛盾加剧，也是导致雷曼兄弟破产的原因之一。

【哈佛经验】：确立财务管理目标的方法

财务管理目标是企业进行财务活动要达到的根本性目标，它决定着企业财务管理的基本方向，财务管理目标是一切财务活动的归宿与出发点，同时也是企业理财活动是否合理的基本评价标准。财务管理目标的并不存在确定的看法，而雷曼兄弟企业的股东利润最大化也属于财务管理中的一种。但是若过于执著于利润，只会让企业经营走入误区之中，导致危机频繁发生。

施莱弗认为，要做到财务管理目标的正确确立，管理者便必须明确以下几点：

1. 明确财务管理目标的制定原则

在财务管理目标的选择与具体制定时，企业应遵循以下原则：

- 风险控制与价值导向原则：财务管理目标首先激发起企业创造更多价值与利润的决心，同时，也要能够提醒经营者控制经营风险的存在，让管理者在利润与风险之间做好平衡。

- 在利益相关者间进行利益平衡，而非对少数人的利益进行偏袒：企业是一个有多方利益相关者存在的集团，而财务管理便是在各方利益关系的过程之间进行协调与平衡，而非使各个利益相关者之间的矛盾被激发。

- 适宜性与普遍性原则相兼顾：在制定目标时，既要考虑自身企业的运营条件，使财务管理目标具有一定的可操作性，同时还要考虑财务管理目标的可适用范围。

● 绝对稳定与相对变化原则：在财务管理目标的实施过程中，目标既要保持绝对的稳定，以便制定出企业的长期发展战略，同时还要考虑根据企业的外部环境变化，对目标做出适时的调整。

2. 进行财务管理目标的恰当组合

企业管理目标可以分为多种目标：股东财富最大化、产值最大化、企业价值最大化、利润最大化，或者是利益相关者收益最大化。这些目标都存在一定的优点，同时也存在着一些自身无法克服的缺点。因此，在进行财务管理目标的选择时，管理者应同时选择两个以上的目标，以使各个目标的不足得到互相弥补。

在进行组合式财务管理目标的具体选择时，可以遵循以下原则：

● 组合后的财务管理目标需要对企业提升自我经济效益有明确的帮助；

● 组合后的财务管理目标需要对企业的赢利能力、营运能力与偿债能力有提升作用；

● 在组合过程中，各个财务管理目标之间必须有主次之分，以使各个财务管理目标之间的各种矛盾与冲突能够获得最大程度上的克服。

3. 进行出发点与财务评价批评的确定

在进行财务管理目标的确立时，管理者应该考虑两个问题：

● 出发点问题："所有者观念"与"实体观念"是两种不同的企业管理目标，前者认为企业是所有者的，后者则认为企业是利益相关人的。从财务管理环境与经济理论来看，实体观念与实际情况更加符合：发达的资本市场具有投资主体分散化、投资目标多元化的特点；企业生产是一系列生产要素进行良好结合后的产物；市场经济环境下，企业资本除了权益资本与负债资本外，还有知识、人力等其他形式的资本，而这些资本需要靠利益相关人来实现。

● 区别目标与指标的不同

财务评价指标并非财务管理目标，这与"可计量性"与"可操作性"之间的区别是一致的。比如，经营管理往往以客户管理为目标，而其评价指标也多以“质量投诉次数”多少为基准，而财务管理目标的量化表现形式则是财务管理目标的评价指标。

2 先看成本，才能计算利润

【哈佛商魂】：别让资源成为浪费

在宜家，资源的浪费是一种致命的过失，一个没有经过成本核算的目标计划是万万不能被接受的，也是绝不应被原谅的。

——英格瓦·坎普拉德

【哈佛商规】：在成本与利润间获得平衡

在复杂多变的大市场环境之下，越来越多的企业开始不断地加强成本控制，并期望以此来增强企业抵御风险的能力，而传统意义上的“开源节流”思想早已无法满足现代企业不断增长的发展需求。成本控制与利润获得之间的关系越来越多地得到经济学家们的关注，而那些既能保持较低的成本输出，又可以获得较高利润输入的企业案例成为了学者们研究的主要对象，瑞典家居品牌“宜家”便是其中一个。

【哈佛商战】：宜家：要节约，更要利润

1943年，英格瓦·坎普拉德在瑞典阿姆胡特的一个小山村里开始了自己的生意经营，同时逐步地确立了家具零售的定位方向。多年以后，宜家跃居全球最大的家居用品零售企业，2010年，其年销售总额高达23.1亿欧元；并于26个国家中开办了多达280家的商店。

自从定位为大众消费家居品牌之后，宜家便一直致力于开发出大众价位的家居用品，成本决定价格，宜家之所以会在全球展开大规模的采购，其目的之一便是降低成本，尽量保持低价。可以说，在宜家的整个发展过程中，

其最经济化采购策略一直发挥着重大的作用。

自成立之日起，宜家便以低成本作为自我产品生产的战略目标之一，并将这种意识与整个经营过程进行了最大程度上的融合。在研发环节上，宜家产品总共开发了一万种产品，而整个研发过程中的基本思想理念便是在低价的同时，打造出最优的产品。在采购环节上，宜家与供应商保持着长久而稳定的合作伙伴关系，他们不仅对产品保持了较高的质量要求，同时鼓励供应商之间进行良性的竞争。在这种模式之下，宜家既获得了高质量的产品，又实现了采购环节上的成本节约。在销售方面，宜家拥有专门的店面，对销售渠道进行了有效的控制，避免了不必要的成本消耗。

低价位的同时，保持家居产品精良的设计、强大实用性。这种经营理念令宜家在全球获得了越来越多的消费者青睐，与竞争对手相比，宜家的家具价格要平均低出30%到50%，而这样的低价使其在全球家居品牌中始终处于领先地位。

纵观宜家的整个发展过程，我们可以发现，节约是贯彻其整个经营过程的话题，这两个字，也使宜家在激烈的竞争中站稳了脚跟，成为了顶尖家居品牌，若非要对其成功进行总结的话，我们可以发现：在成本控制与管理间进行有效的分析与控制便是其成功要点。由此可知，建立起科学而合理的成本分析与控制系统后，使用恰当的方法，对成本控制进行了解，从公司的成本构架与具体的赢利情况入手，进而把握正确的决策方向，从根本上使企业的成本状况得到改善，才能在真正意义上实现有效的成本控制。

【哈佛经验】：从价值工程入手，降低成本获得利润

管理大师麦肯锡曾经对中国企业下过这样的定位：成本优势上的巨人却恰恰是成本管理上的侏儒。成本控制是一门有关于花钱与赢利的艺术：如何投资，才能让每一分钱都花到恰当的地方上去，如何才能将每一种资源都用到它最需要的地方上去。在日益复杂的经营环境下，越来越多的企业开始加强成本控制，并期望以此来增强企业的抗风险能力与赢利能力，在这

种情况下，价值工程的出现，让成本与利润之间的复杂关系得到较好的协调与管理。

价值工程起源于美国，哈佛经济学教授拉韦拉认为，价值工程的出现，使企业在降低成本的同时，还有足够的能力去获得相应的经济效益。其具体运用与实现方法如下：

1. 基本应用步骤

价值工程在今日早已发展成为了一门比较完善的管理技术，同时也在实践过程中形成了一套科学的实施程序。这套程序实际上是对矛盾进行发现、分析与解决的具体过程，这一过程通常会围绕以下 7 个程序展开：

- 这是什么？
- 这有什么作用？
- 它的成本有多高？
- 它有多少价值？
- 是否存在其他方法能够实现这一功能？
- 新的方案需要多少成本？它的功能如何？
- 新的方案是否能够满足所有的要求？

对这七个问题进行顺序的回答，同时进行解决，这便是价值工程展开工作的基本程序与步骤。这一步骤也可以表述得更加专业,即进行对象的选择，进行情报资料的收集，进行功能分析，提出明确的改进方案，对方案进行分析与评价，具体的实施方案，对活动成果进行评价。

2. 选定价值工程对象

在进行价值工程的选择时，其基本原则是：在生产经营需要进行迫切的改进时，同时选择那些在功能改进与成本降低方面有较大潜力的决策。

3. 搜集有关的情报资料

价值工程是否能够获得好的成果，在一定程度上取决于管理者进行情报收集的数量、质量与情报收集得是否及时。所以，管理者需要围绕选定的对象，展开各个方面的资料收集。

4. 进行功能分析

价值工程的核心是进行功能分析，功能分析一般包括了对功能进行定义、分类、整理与评价 4 个具体的步骤。

5. 对方案进行提出、评价与分析

在经过了功能的分析与具体评价之后，企业便已明确了具体的奋斗目标，管理者应该在充分运用情报资料的基础上，各种角度进行多种方案的提出，以便筛选出最优的方案，从而使方案具有实施的可行性。而制订方案有两个基本的步骤：针对方案提出改进措施，对最佳方案进行评价与选择。

6. 实施价值工程的最佳方案

管理者应该排列出具体的实施计划，同时提出具体的工作内容，并对工程的进度要求进行进一步的落实，并制定出相应的质量要求与验收标准，以使责任单位进一步明确。

7. 对活动成果进行评价

在方案正式实施之后，经过了一段时间的应用，管理者应请专业的业务管理机构进行价值工程的成果进行评价与鉴定，评价与鉴定时，应以成果能否带来明显的经济效益与社会效益为主。

8. 确定价值工程成果的主要应用领域

最初，价值工程只应用于材料与代用品的研究，如今，这一工程早已扩散到了各个领域之中，大致可以运用在两大方面：

- 工程建设与生产方面：价值工程可以应用于一项大的工程建设，更可以用于产品、设备评价；在进行原材料的采用方面，也可以使用价值工程进行分析。

- 组织经营管理方面：价值工程是一项帮助管理者做好决策、进行更优质管理的方法，在进行经营管理时，管理者也可以运用这种科学思想与技术，如在对经营项目、施工方案、产品、管理方法等方面的价值分析。

3 资本经营中恰当负债

【哈佛商魂】：筹资风险由内外因共同诱发

筹资风险并非由哪一方面的原因单纯引发的，而是由内因与外因在相互联系与相互作用之后，才会共同诱发筹资风险。

——哈佛财务管理专家沙莫斯

【哈佛商规】：盲目资本经营让企业陷入误区

在近几年的企业财务管理中有一种比较流行的说法：业务经营是企业经营的低级状态，只有资本运营才是企业经营的高级状态。资本经营以资本增值最大化为根本目的，以期实现价值管理，并通过对企业全部与生产要素的优化配置与产业结构的进一步调整，来实现对企业的全部资本进行更有效的经营与运作。若失去了良好的筹措方法，这种看似流行的资本经营活动便会使企业的经营陷入误区之中，除了无法获得更有效的发展之外，还有可能导致经营危机。

【哈佛商战】：大规模负债使巨人倒下

1991年，在史玉柱的领导下，珠海巨人新技术企业以200万元的注册资金正式注册成立，当年8月，史玉柱在M-6401汉卡项目上投资80万元，并获得了高达1000万元的纯利润。

在1992年到1993年，巨人集团不仅实现了战略转移，将管理机构与开发基地从深圳迁移到了珠海，同时还推出了M-6401汉卡与中文手写电脑、巨人传真卡、巨人中文电子收款机等产品，实现了300亿元的销售额，成为了中国一流的计算机企业。

随后，国际电脑企业大举进入中国市场，在1993年，中国电脑业全面步入低谷，巨人集团在此时深受重创。1993年、1994年，为了寻找新的产业支柱，巨人集团开始向着计算机、生物工程与房地产全面进发。

1993年，在集团的生物工程项目刚刚打开局面但是未曾巩固的情况下，巨人集团毅然向房地产领域发起了进军，想要在房地产业中大展宏图的巨人集团一改初衷，将拟建的巨人科技大厦设计一变再变，从最初的18层楼涨到了70层，其投资也从2亿元涨到了12亿元。

1994年2月，巨人大厦正式破土动工，但是其集团当时仅有1亿元资产。此时，总裁史玉柱拟从卖楼花、贷款与自有资金中获得动工的资金。但令人惊讶的是，大厦从破土动工到1996年7月集团濒临破产，巨人集团从未向银行申请过贷款，全凭自有资金与卖楼花的钱进行支撑。

多元化的发展与巨人大厦的庞大资金用量，使巨人集团自身的财务管理出现了巨大的漏洞。从1995年9月开始，巨人的业务发展开始全面步入低潮。伴随着当年10月发动的“秋季战役”所获得的低落业绩，1995年年底，巨人集团陷入了前所未有的严峻形势，集团内部的财务状况进一步恶化。

虽然在1996年年初，总裁史玉柱为了挽回局面，将企业重点转移到了减肥食品上，但是企业的缺陷并未就此获得全面的弥补，且集团财务管理混乱。而此时，史玉柱不得不从投资近亿元的巨人大厦筹建工程中抽取资金，进行其他项目的弥补。这些资金并未让巨人起死回生，而是导致了巨人集团财务危机的全面爆发，并最终令巨人集团财务状况不良陷入了破产的危机之中。

分析巨人集团失败的重要原因，我们可以发现，盲目的投资是使其走向危机的主要原因。商场上有一种值得管理者借鉴的经验：若一家企业进行办公大楼的兴建，便必须关注自身的营运状况。假如建筑兴建费是从年利润中提留出来并累积到计划金额时才动工，则是正常情况。但是，若用的资金出现冻结、僵化，之后再靠营业来维持生存，便会成为企业生存发展的危险。而巨人大厦的项目操作过程中，资金运作所出现的最大失误便是未能向银行求助，没有金融资本做后盾，单凭企业的自身财力去完成高达12亿元的投资项目，根本就是自毁生路。

【哈佛经验】：四大措施，帮助防范筹资风险

哈佛财务管理专家沙莫斯在自己的著作中指出，筹资风险并非是由哪一方面的原因单纯引发的，而是由内因与外因在相互联系与相互作用之后，才会共同诱发筹资风险。为了使筹资风险进一步地降低，企业可以从以下四个方面入手，加以细心防范：

1. 确定起合理的负债结构，使偿债压力减轻

想要使负债比例处于合理状态下，管理者需要对以下四个方面进行控制：

● 资产的负债率低于 50%；

● 流动比率在 10% 以上，同时要高于行业中的平均水平；

● 流动速度比率要高于 75%，同时高于行业平均水平；

● 售利利息率在 2% 左右。

2. 使企业的赢利能力与现金获取能力进一步提高，以使企业有能力到期偿还债务

企业的总资产报酬率反映出了企业的全部资产综合运用率水平，当该指标的期望值比银行贷款利率高的时候，便说明企业的综合效益不仅可以负担得起贷款的压力，同时还可以实现赢利，在这种情况下，企业可以适当地贷款。但是，若该指标的期望值等于或低于银行贷款利息，则说明企业无力进行贷款抵偿，此时便不宜于进行负债经营。当企业的现金净流量与经营活动现金净流量都大于零时，便说明企业到期偿还本息的能力较强，可以进行负债经营。

3. 进行适度的举债经营，以使财务风险降低

企业应从以下七个方面来进行负债经营的“度”的衡量，以避免因为过度举债经营为企业带来财务危机：

● 经营规模：企业经营规模越大，其抗风险能力便越强，可适度增加负债，反之则相反。

● 经营收入：若企业具备稳定的经营收入，其偿债能力与经营风险皆会

降低；若经营收入易变，则偿债能力会被削弱，其经营风险也会增加，

● 赢利能力：赢利能力强的企业，具有较高的信誉与较强的筹资能力，

● 获取现金能力：在偿还债务时，利息与本金都必须以现金支付，所以，企业获得现金能力越强，其现金流越多，举债经营的能力便越强，

● 资本结构：权益资本与债务资本比例，若一味地追求财务杠杆利益，或者是降低综合资本成本，便会令负债经营的比例增大，从而使财务风险能力增大。

● 财务拮据成本：若企业负债越多，所需要支付的固定利息越高，便越难以实现财务稳定，发生财务拮据的可能便越高。财务拮据成本即企业出现危机时需要支付的成本，负债较低时，财务拮据成本的增长便较为缓慢；一旦负债达到了一定的限度，财务拮据成本便会迅速上升。

● 代理成本：由于债权人拥有享受固定利息收入的权利，所以无法参与企业的经营决策。当贷款放入企业中时，企业的经营者与股东有可能改变契约中规定的贷款用途，进行高风险投资，使债权人需要担负的风险大大增加，却未能获得相应的风险报酬投资。因此，债权人需要以各种保护性合同来进行贷款用途的约定，同时采取相应的措施来对用款过程进行监督，以保护其利益。而增加保护条款与进行监管势必会使相应的代理成本不断增加，此代理成本会随企业的贷款规模扩大而不断上升。

4 协同效应在并购中的使用

【哈佛商魂】：成功并购源于明确的战略方向

思科的战略可以浓缩为五件事：我们要看一家企业的眼光；它在客户方面的短期成功经验；它的长期战略；它的人与我们的人能否协调以及它在地理上的远近。

——思科总裁约翰·钱伯斯

【哈佛商规】：协同效应是并购前提

随着市场经济不断发展，企业并购行为成为了人们日益熟悉的经济现象，一般而言，某个地区的经济发展越快，即宏观经济处于高景气度的情况下，并购行为发生的次数也就越多。在进行并购时，企业首先要考虑的问题是该行为是否能够发生协同效应，实现内部财务资源的整体协调，使联合财务能力不断增强，从而令企业价值不断增加。管理者是否能够明确本企业与并购对象间是否存在协同效应，是并购行为能否成功的前提。

【哈佛商战】：思科：世界并购典范

美国思科系统企业是全球采取并购行为企业中最典型的成功者。思科是世界互联网产品的巨头，当今互联网有 80% 以上的骨干路由器来自于思科。作为一家高技术企业，思科并未像其他传统企业一样，耗费巨资建立起自我研发队伍，而是将整个硅谷当成了自己的试验室，而其采取的策略也是收购那些面向未来的新技术与开发企业，以使自身未来产品框架中的空白得到填补，从而使自我核心竞争力得到不断的增强与扩展。

在采取并购之前，思科总是会进行周密的调查，思科企业的人力资源总监巴巴拉·贝克曾经说过："除非并购企业的文化、管理方法与工资制度与思科相似，否则，即使对方对企业很重要，我们也不会考虑收购。"在整个并购行为中，思科非常重视整个企业的共同目标与前进方向。

思科掌门人钱伯斯为兼并活动制定了五大前提：

- 兼并对象必须与思科发展方向一致，或者能够实现角色互补；
- 被兼并企业的成员可以成为思科文化中的一部分；
- 对兼并企业的长远战略可以与思科吻合；
- 该企业的文化与气质特征与思科相接近；
- 在地理位置上与思科现有产业点相接近。

在并购行为之后，思科则会侧重于双方在各个方面的全面融合，而整个并购的融合过程中包括了人事整合与被并购者企业的政策制度调整、具体运营整合等。

仅在2000年到2009年间，思科便成功地收购了80多家不同的IT企业，在最快的时候，思科曾在10天内吞并4家企业。成功的收购策略不仅令思科获得了高速的成长，同时也令其成为了高科技领域中成功并购的样板企业。

哈佛经济教授GA·邓乃文认为，思科并购的成功是全球企业都应借鉴的经验。企业并购在增强企业核心竞争力方面的确起到了不可低估的作用，但是，管理者必须意识到，并购只是一种手段，唯有在并购行为中获得最大程度上的协同效应，使并购者在能力上的优势或者具有优势的能力基础资源与知识进一步转化为企业的核心竞争力，才能使企业实现成功并购。

【哈佛经验】：从四大方面获得财务协同效应

财务协同效应是指并购行为是否能够给企业带来财务方面的收益，这种收益的取法并非是由于经营活动效应的提高而出现的，而是因为在各种内生规定的作用下产生的，属于纯现金流量上的收益。GA·邓乃文教授指出，在企业并购行为进行前，管理者应该从以下四个方面来判断并购是否能获得财务协同：

1. 是否能够获得利润增加

管理者需要从两个方面判断并购行为是否能够增加企业利润：

● 营业收入是否能够增加：进行并购本身就是为了在实现企业整合之后获得更多的总经营收入。经营收入的增加主要来源于战略优势、市场营销与市场控制力的不断增强：在并购后，企业在市场营销上是否能够改善之前效果欠佳的广告，是否能够使原本薄弱的分销网络与不平衡的产品系列得到弥补；并购是否能够让企业获得技术与行业上的战略优势，令企业在动荡的市场环境中，增加未来的经营柔韧性；企业在并购之后，是否能够增加市场力量，是否能够使市场控制能力不断增强。

● 产品成本是否能够降低：成功的兼并融合可以使企业的经营效率比独

立经营时更高，并购是否获得了较高的经济效率需要从以下三方面进行判断：生产、管理是否实现了规模经济；并购是否让经营活动获得了协调，同时获得了技术上的转移，管理成本与技术开发成本是否降低；其他已有资源是否得到了统筹利用与系统协调。

2. 是否能够实现合理避税

税收对企业的经营决定起着重要的作用，在资产、股息收入、利息收入上，各个国家间的不同企业都存在很大的差异，而企业是否能够通过并购行为实现合理避税的目标，以减少企业的自由现金流出量，增加企业利润，是判断并购行为成功与否的另一标准。

成功的并购行为往往会从以下五个方面实现合理避税：

- 亏损递延：一个具有大量现金流的企业可以通过对那些严重亏损的企业进行兼并，并利用盈余抵补亏损使所得税额大幅度减少或者延迟。

- 低负债率：若企业所选择的并购目标具有低负债率，便能令企业的综合负债率提高，使账务风险保持适度的同时，获得巨额的利息抵税效果。

- 两次转换：兼并并非直接将兼并对象转换为本企业股票，而是转换为可转换债券，在一段时间之后，再将它们转化为普通的股票。在某些国家，这些债券的利息早已从预先收入中减去了，两次转换之后，便能实现少缴所得税。

- 企业资金合理利用：并购后，企业的剩余资金会有去向，若企业中的内部投资机会短缺，但现金流充足，利用剩余资金去购买其他企业，会在保持企业与股东的原税收负担前提下，使企业实现经营规模的扩大。

- 资产重估增加折旧：在并购行为进行时，往往会对并购对象进行企业资产价值的调整与重估，若被兼并对象的资产价值增加，其年折旧额便会增加，而折旧抵税的作用也会不断增大。

3. 是否能使时务运作能力提高

在并购行为发生前，管理者应判断，是否能够通过一系列的内部活动实现资金的统一调度，是否能将并购一方的低成本资金投资于另一高效率、高赢利项目上，从而令企业资金的整体使用效果进一步增加。若本企业的资金雄厚，而兼并对象的资金有限，但具有明显的发展潜力，也可使企业的资金利用效率进一步增强。

4. 是否能增加融资优势

在并购行为后，联合状态下的企业是否能够因为规模与实力的扩大而实现融资能力的大大增强，使企业发展过程中对于资金需求得到进一步的满足。若在并购之后，企业获得了高回报的投资项目，便很容易成为股市中的热点，从而令企业在资本市场上的形象得到改进，使企业的筹集资金能力增强，令资金成本降低，并能使资本结构得到进一步的优化组合，则该次并购行为便是值得进行的。

5 从报表中看到危险与利益

【哈佛商魂】：财务报表中潜藏着危险与利益

你必须对财务会计有一定的了解，同时要懂得其微妙之处。它是企业与外界进行交流的主要语言，具有完美的特点。除非你愿意花费时间去学习如何分析与评价财务报表，你才能够真正地做到独立进行投资目标的选择。

——股神沃伦·巴菲特

【哈佛商规】：重视财务报表，获得足够经营信息

企业的财务报表是企业进行财务核算工作之后获得的结果，同时也是企业内部进行财务信息提供的主要手段，它将企业庞杂的财务信息在几张表格上体现出来，同时对企业的经营进行了明确的记述。可以说，财务报表既反映了企业的财务状况，同时也是企业经营状况的综合反映，因此，通过对财务报表的分析，可以对企业的经营实力与业绩有基本的了解，并能帮助管理者在与其他企业情况进行对比时对企业的内在价值作出基本的判断。

【哈佛商战】：巴菲特：从报表中选择投资对象

巴菲特，全球著名投资商，素有“股神”之称，他的成功令许多投资者极为羡慕：在股海中进行投资，是否有高明的招数？巴菲特又是凭借着什么，寻找到了那些具备持续竞争优势与持续赢利能力的珍宝级企业的？其实说起来很简单，巴菲特的成功源于他会对企业的财务报表进行阅读与分析。

上市企业每年都会向股东公布上年的年度财务报告，这种报告在业内称为“年报”。在年报中，企业会向股东进行过去一年的经营情况的汇报，其中最重要的便是财务报表，所有的财务数据都会在财务报表中反映出来，而巴菲特阅读最多的，正是企业的年度财务报表。

巴菲特认为，对企业的财务报表进行分析，是进行企业价值评估的基本功：“你必须对财务会计有一定的了解，同时要懂得其微妙之处。它是企业与外界进行交流的主要语言，具有完美的特点。除非你愿意花费时间去学习如何分析与评价财务报表，你才能够真正地做到独立进行投资目标的选择。”

想要判断股票价值多少钱，便首先要对企业的经营状况与价值进行判断，巴菲特总是会在投资之前将那些赢利很不稳定、极难预测的企业排除在外，只去寻找在未来现金流量十分稳定且容易预测的企业。此类企业总是会体现出业务简单、稳定，具备持续竞争优势、赢利能力持续而稳定的特点，这也正是巴菲特选择投资对象时虽然保守但是却极为可靠的办法。

巴菲特所注重的年报是上市公司在一定时间段内对自我经营情况的总结，同时也是企业财务状况对外披露的主要途径。而这种年报只是企业财务报表中的一种。企业管理者所阅读的财务报表多种多样，有中期与年度之分，也有静态与动态之分，这种内部报表是管理者对企业进行深入了解的一个窗口，同时也是管理者发现问题、找出经营危机的重要方法。当然，这种能力并非一蹴而就，而是需要管理者持续不断地进行财务报表阅读能力的锻炼。

【哈佛经验】：财务报表中的危机信号

不管是何种类型企业在实际关门或者倒闭之前，总是会呈现出财务危机的具体迹象。从企业在现实中的经营状况来看，财务危机是因为企业的财务状况不断恶化而导致的。有些问题可能在开始时并不严重，但是若没有及时进行解决，并随着时间逐步累积起来的话，便会最终酿成大祸。因此，管理者应该对那些有可能导致财务恶化的早期信号及早注意，将那些有可能会危及企业赢利情况甚至于生存的问题进行及时的解决，并随时对有可能引发危机的种种现象多加留意。

若以下问题在财务报表中出现，便是财务危机的最早期信号：

1. 销量出现了非预期下跌

一般情况下，产品销售量的下降会引发企业各个部门的关注，但是大多数人往往会将销量的下降仅仅看做是销售环节出现了问题，同时还有可能使用调整价格、产品品种或者进一步加强推销来进行解决，而不是考虑财务上是否出现了问题，实际上，销售量的下降只会使财务问题变得更加严重，特别是那些非预期性的下降，如客户串通作弊导致的销量下降、恶性竞争所导致的销量下降等，只不过，其后果并不会立即反映出来。比如，当一个企业的销量正处于下跌期时，若其依然在向客户提供扩大化的赊销行为，管理者便应该意识到，现金流量很可能将会陷入困境之中。

2. 非计划中的存货积压

财务报表中每月存货与销售比率的具体变动可以反映出非计划存货积压在早期阶段时所存在的问题。管理者应该根据企业的具体情况，掌握有关存货与销售比率的一般标准，若发现财务报表中有哪个月的存货与销售比率高于此标准的话，便应该怀疑是否是企业财务存在问题。这些早期信号中的不少情况还与非预期的销量下跌有一定的关系，管理者应该针对不同的情况，选择通过增加销量或者减少采购等方法，来使这一问题得到解决。

3. 平均收账期比正常时候延长

若财务报表中的平均收账期延长的话，便预示着使现金正在大量流失，当企业的现金余额因为客户的迟缓付款而逐渐消失时，平均收账期的延长便会成为企业必须考虑的严重财务问题。当然，还有一些其他的原因也会使企业正常的营业现金余额减少，但是，管理者应该时刻注意财务报表中的企业收账期问题，并从中找出各种主要问题，以避免使问题变得更加严重。

4. 交易记录不断恶化

报表中体现出来的交易记录恶化并非仅仅是指客户偿还付款中出现延期或者违约的现象。如今，几乎所有的企业都会出现拖延付款的情况，因此，单凭这一点并不能判断企业账务是否属于交易记录的恶化，当报表中出现了较多的客户付款时期拖延时，管理者应该注意此延期付款是否属于恶意延期，而恶意延期多半会引发企业的现金流不足。

5. 进行过度的大规模扩张

若企业同时在许多地方进行了其他企业的大举收购，且报表中没有恰当的现金流入，而收购的对象又属于不同领域，则可能使企业因为负担过重，使支付能力下降而导致破产出现。除此以外，进行新建项目的扩张或者对原有厂房进行大规模的扩修，都属于业务扩张，若管理者在报表中发现扩张并未进行严密的财务预算与管理的话，那么便应该提前注意：很可能近期便会出现资金周转不灵的现象。

6. 财务报表未能及时报送

不管是财务信息公开的延迟，还是财务报表无法及时报送，都属于财务状况不佳的具体征兆。但这一现象只能提供一个有关企业财务危机发生的可能性线索，而无法确切地告知管理者是否能够发生财务危机。若企业的财务信息总是有意延迟的话，则表明其情况不佳，或是隐伏着严重的财务危机。

Class 9

搞好内部协调，建立企业文化

若你有幸进入哈佛商学院，你会发现，所有对于管理者的定位都是：通过对他人的活动协调，或通过他人的活动，来实现组织目的。他们做出决策，对资源进行分配，对他人的活动进行指导，从而实现自己的工作目标。在这一过程中，如何加强内部员工的向心力，如何建立起企业文化，是哈佛学子们最应该学会的技能与方法。

1 有责任，才能建立强大团队

【哈佛商魂】：只要能提供高质量服务的员工

我们的一线人员必须是那些乐于从事服务业的人，他们可能不必拥有在呼叫中心工作的经验，但是却要有能力为Zappos的顾客提供全程性的高质量服务。

——Zappos 创始人谢家华

【哈佛商规】：保持敬业精神是一场越野跑

哈佛商学院的汤姆·达文波特教授认为，建立与保持员工的敬业精神更像是一场越野跑，而非短跑。为了使员工的表现进一步超出预期水平，促进他们帮助组织实现商业目标，管理者需要通过长期坚持不懈的努力来为员工创造出可以推动他们不断前进的工作环境，同时，以这种外在的环境因素带动员工的内在发展动力，使员工在形成敬业精神的同时，更具有责任意识。

【哈佛商战】：Zappos：让员工责任感成为企业特色

Zappos是一家位于美国的网上零售商，其创始人谢家华虽然在哈佛大学专修计算机，但同时对商学院的各种课程进行了相应的学习。在毕业后，他与好友成立了Zappos网站。自1999年开站以来，如今的Zappos已经成长为网上卖鞋的最大网站。

Zappos以卓越的客户服务在美国出名。工作于一线的销售代表的主要工作不仅是完成销售工作，而且也要令顾客满意而归，为了达到这一目的，谢家华在企业上下树立了支持公司客户导向的战略。在他们的工作环境中，没有已经设计好的服务用语，代表们具有着充分的语言组织自由。公司通过具体的培训，要求呼叫中心的员工可以运用自己的想象力与创造力令客户得到快乐，同时，运用自己的主动性与判断力来区分他们的服务需求。比如，他们接受的培训是鼓励来电客户订购一种以上的尺码或者颜色，原因是Zappos会对货物的运送支付全部费用。

在Zappos出现货品短缺时，他们会将来电者介绍给竞争对象。有一次，一位顾客投诉称，自己从Zappos买来的靴子用了不到一年便已经开始漏水了。虽然公司的相关政策规定，已经穿过的鞋子不能退货，但是服务代表在接到投诉后不久，便将一双新的靴子送给了这位顾客，同时还给这位顾客寄去了一张手写的感谢卡。

Zappos的公司中明确地说明了如何对员工敬业度进行关注，部门经理如何在制度下形成个性化的工作职责。而谢家华认为，想要提升员工的敬业度，便必须允许员工在合理的范围内决定完成任务的最佳方法。Zappos还鼓励经理们离开自己的办公室与办公桌，使用10%~20%的时间去与他们的团队成员进行交流，以促进双方间的互相理解与信任。

Zappos 的成功证明了一点：现代商业经营过程中，对结果负责已经成为了持续改进、创新、团队绩效与人才培养活动的核心。有趣的是，这些活动的精要所在可以简单地归结为一点：令员工摆脱环境的束缚，同时采取一切行动来获得他们想要的结果。然而，当企业与个人都感觉到了责任感的迫切性时，却很少有人知道如何才能培养或保持员工责任感。如何让员工在具体的工作中不再习惯性地回避问题所在，而是去正视与解决问题，成为了困扰所有管理者的关键性因素。

【哈佛经验】：三大行动提升员工责任感

不管形势如何，只有当员工掌控了当前的形势，并懂得为将来取得更好的结果负担责任时，才能够扭转乾坤，而想要达到这一点，个人便必须有超出一般工作要求的杰出表现。在哈佛企业文化中明确指出，组织与管理者可以通过以下三方面的实际行动，来进一步提高员工的敬业度与责任感，使组织的财务表现更加出色：

1. 提升员工工作感受，激励其敬业精神

当员工作为个人得到认可，其工作绩效得到奖励、与工作相关的其他需求得到了满足时——换句话而言，当雇主履行雇用协议时，员工便会尽全力投入到他们的工作中去。研究表明，虽然金钱奖励是协议中的一个重要部门，但是内在的奖励——比如挑战、有成就感的工作与成长机会——对于提升员工的敬业度明显更具有推动作用。在用因人而异的方式对每一位员工进行雇用协议的履行过程中，经理发挥了最关键的作用：据哈佛商学院的学子们所展开的一项网上调查中表示，有效的经理与无效的经理之间所存在的最大区别就在于，有效的经理可以在做事时以诚实、公正为前提。

2. 使对员工敬业态度产生破坏作用的因素不断减少

有相当数量的员工之所以会无法出色地完成工作，原因在于他们在具体的工作中感觉到束手束脚，而缺乏绩效支持、员工福利水平这两种因素会使员工的工作热情大大受到损害，哪怕是最敬业的员工也是如此。

企业应通过适当的培训、性能良好的设备、员工胜任其本职工作时采用的技能组合、积极的工作关系与充分的资源，为员工提供一个可以实现员工效率、提高企业生产力的工作环境。有了充分的绩效支持之后，绩效管理流程便会变成向员工提供反馈、追踪员工个人发展的一个关键性机制，它还可以帮助领导者确认员工对整体商业目标是否有巨大的贡献。

员工的福利水平过低也会使员工的敬业度下降，作为一线支持，一线管理者在员工对福利的认知过程中发挥着关键性的作用。唯有经理做到以下标准，才能使员工的福利得到最大限度上的保障：

- 为员工提供可以完成工作所需要的信息；
- 对变革的实施展开有效的推进；
- 对工作目标进行解释，以便员工对具体任务的目标进行充分的理解；
- 确保员工在工作过程中具有履行自我职责的充分权利。

3. 使员工的适应能力不断增强

不管是被动的接受还是主动的选择，组织的改革往往是无法避免的，而这些变革想要彻底执行，则需要员工的适应来加以配合。但是，若变革的情况变得特别艰难，比如：企业资源减少、职位大量削减、工作量大量增加……若员工只具备一般的适应能力可能并不足以应付这样的局面。在这种情况下，员工需要具备更强的适应能力，才能做好变革的准备，才有能力去克服不确定与混乱的情况。

管理者可以采用各种适应力训练方法，来开发员工承受不利变化的具体能力，同时也可以相互支持来增强员工的适应能力。配合良好的团队总是会在一致的目标激励下，变得更有自信、更肯定自我能力。另一方面，管理者也需要在变革计划中，特别注意员工个体的部分，并通过更多的指导与减少过度管理来帮助员工实现顺利过渡。

2 企业文化意义在于何处

【哈佛商魂】：企业文化决定发展趋势

过去我们可以从账面上评价一个公司的业绩，而如今，我们更多地要看公司的文化与其所产生的凝聚力，这是公司是否能够持久发展的关键。

——哈佛商学院教授兰·普

【哈佛商规】：关注企业文化势在必行

在当代企业经营过程中，企业文化早已成为了一个不可或缺的主题性因素。由于企业文化的多样性与其在具体的经营过程中所体现出来的个体性，使得管理学家对它们兴趣盎然：各具特色的企业文化是如何被塑造起来的？又是如何发挥作用、让员工们汇集起力量，集中实现企业目标方向的？对于管理者而言，学习企业文化的重要性，明确企业文化所产生的具体效能，将会对整个管理过程产生极大的促进作用。

【哈佛商战】：松下精神塑造起家电业王者地位

松下是世界500强企业之一，同时也是全球最有名的电器公司之一。而松下之所以会获得如此辉煌的成绩，主要是因为公司创始人松下幸之助在企业中所推行的七大“松下精神”：产业报国、光明正大、奋发向上、团结一致、礼仪谦让、适应形势、感恩报德。

为了对员工进行经常性的精神价值观教育，松下电器公司经常会对那些初入集团的员工展开“人社”教育，新进入松下公司的人要能够对松下宗旨与精神进行背诵、朗读，并同时参与各种形式的公司创业史“展览”。为了使员工的适应性进一步增强，同时也为了令他们在实际工作中真实地体验到松下精神，新员工往往会被要求在各个不同性质的岗位上进行轮换分派，所有的专业人员都需要从基层做起。据统计，每个新员工至少要利用3～6个月的时间，在装配线或者零售店中进行实质性的工作。

松下集团还有另一个习惯，即全体员工必须在每天早上的8点钟对松下的七条精神进行同声诵读，并一起唱公司歌，其目的正是为了让全体职工时刻对公司的目标与使命进行牢记，以达到时时鞭策自己的目的，令松下精神得以持久地传承下去。所有的成员每隔一个月的时间，便要在自己所在集体展开10分钟的演讲，以此来说明自己对公司精神、公司与社会关系的责任。

为了使松下精神更进一步地发扬下去，使职工的意志与步伐得到统一，松下还会在每年的一月举行隆重的新产品出厂庆典。这天早上，所有的职工都会身着工装来到集合地点，而公司最高领导人松下幸之助则会即兴写下明快清晰的文告，如："新年伊始举行隆重的庆祝活动，是本年度我们的事业兴旺发达的象征。"在松下的演讲结束后，职工们会乘坐相应的卡车，分赴各个有关的交易商店，双方在进行相互的恭贺活动之后，职工再返回公司，举杯庆祝新产品出厂活动的结束。

通过多种措施与活动，松下电器的企业文化得以在每一位员工的心中根植，这种文化熏陶也帮助松下集团的辉煌得以续写。

在哈佛商学院中有一项重点研究课题，其题目便是"最近十年对美国企业产生重要影响的因素是什么？"通过长达十年的全球调研后，学者们发现，"一个企业的特定文化对公司的业绩产生着影响，甚至起着决定性的作用。"这一观点对全球的工商管理界产生了震撼性的力量，而哈佛商学院的兰·普教授更是评价说："过去我们可以从账面上评价一个公司的业绩，而如今，我们更多地要看公司的文化与其所产生的凝聚力，这是公司是否能够持久发展的关键。"而松下集团自成立以来的迅猛发展，更是佐证了这一点。

【哈佛经验】：明确基本价值，关注企业文化建设要点

哈佛商学院的约翰·P·科特是世界上知名的行为学与领导科学权威，他

曾经在自己的著作中指出，企业文化可以分为三类：强力型企业文化（追求竞争中取胜），策略合理型企业文化（追求与社会责任、自我发展间的平衡）与灵活适应型企业文化（注重整体发展与环境变化相协调），三种文化的具体要点都有所不同，但是其实施原则却有着极高的相同之处。在这一点上，科特教授认为，三种企业文化中皆体现出了企业文化家劳伦斯·米勒的企业文化八大基本价值：

愿景原则：成功的企业需要具备有价值的发展愿景；

共识原则：企业是否能够成功，要看它是否能够让员工获得共识；

卓越原则：卓越并非单指成就，而是指精神与动力，指培养起内部员工追求卓越的精神；

一体原则：全员参与、强化组织一体感的原则；

成效原则：工作效率的高低是激励措施正确实施的基础；

实证原则：在组织中强调科学态度，让组织成员习惯于用事实、数据说话；

亲密原则：成员间相互信任、相互尊重的团队精神；

正直原则：让员工形成以诚实为基准的认真、负责的工作态度。

其中，正直原则是绝对不可妥协的原则，更是让组织发展成为优秀组织的重要标志。当然，拥有了建立企业文化的基本价值，并不意味着组织就能拥有明确的企业文化，企业文化的建设并非一种随意性的文化活动，它的实现同样需要科学规划的制定，唯有将员工的生涯规划与企业规划结合起来，才能让企业文化形成氛围。而想要达成这一点，便需要管理者在建立企业文化时，做好以下方面的工作：

1. 寻找或培养高素质的领导人

领导人的个人素质高低对于企业内小组织的发展有着不言自明的重要性，而领导人对于员工的榜样作用无疑非常关键。在寻找此类领导人时，管理者需要观察他是否能够在企业组织内部培养与灌输起一种清晰的目标感、价值观，是否能够创造出激动人心的工作氛围。

2. 对企业成功的路线进行规划与沟通

计划能够将远景变成现实，企业的发展计划是企业走向成功的具体导向图，根据企业的远景规划，管理者可以明确地标明企业目前的起点，同时确立起企业的发展目标与计划、达成目标的具体方法。

3. 创造契约文化

在企业内部建立起良好的契约文化，可以使员工专注于自我工作的具体效果，若契约文化中能够规定每个流程、每次作业时的具体标准与具体评价措施，则会让员工拥有更多的行为参考标准。

4. 恰当授权，让团队走向成功

企业发展需要员工具备强烈的责任心与发展信心，而这样的责任心与信心则来源于企业的恰当授权，员工只有感觉到了企业的重视、尊敬与信赖之后，才能真实地感觉到自己是企业中的一员，才会具备信心与责任感。

3 让组织告别复杂，走向简洁

【哈佛商魂】：庞大组织未必会带来效率提升

我们的组织正在变得越来越庞大，而这种庞大丝毫没有效率提升的迹象，我们应该怎么应对？又应该怎么去化解这种庞大？请各位深思！

——丰田公司创始人丰田喜一郎

【哈佛商规】：复杂组织走向简洁正成为一种必然趋势

商业世界正在变得越来越复杂，当全球化与技术进步将新的市场打开之后，新的竞争也随之而来。如今，客户拥有了更多的选择，他们变得更难以取悦，而且非常善变，而复杂性的增加也让企业的目标随着顾客的变化发生了变化，在低价与优质、创新与高效、赢利与个性化之间，企业的内部组织变得越来越复杂，其工作程序也变得越来越烦琐。在复杂性成为一种组织的必然走向之时，如何使用更明智的方法，让其在复杂基础上走向简洁管理，成为了每一个管理者共同关注的问题。

【哈佛商战】：为研发组织瘦身的丰田

身为全世界排名第一位的汽车工业公司，日本丰田汽车的组织模式之复杂可想而知，为了进一步提高工作效率，建立起高效的研发组织，丰田自1933年成立以来，一直在致力于进行研发组织的简洁化：

在职能管理方面，丰田将原来的多达16个职能型工程部门减少到了现在的6个，同时，放宽了每个职能型工程部门的专业化程度；

原来每一个职能部门经理的负责项目数为15个，如今，这一数目被减少至5个，这种减少可以令职能经理有更多的时间与主任工程师进行协调，同时关注于部门知识的积累、技术共享与资源分配。

主任工程师与经理统一向中心负责人进行汇报，使冲突与矛盾大大减少，同时中心内的独立规划部也会协助中心负责人进行不同项目的协调。

丰田还成立了第四中心，这一中心不考虑具体的项目，而只是按模块开发的零部件与分总成开发业务独立，使其他三个中心的工作大大减少，也避免了产品研发部门既负责整车项目的开发又负责大量零件开发的局面。

中心负责人身为协调的中心，主要管理中心内所有的产品开发过程与相关人员，而他所担任的责任也主要有两个：帮助主任工程师做好不同职能部门的整合工作；促进中心内部不同项目间的协调。

规划部集中管理本中心少量密切相关的产品，多项目之间的技术共享与资源分配，以使成本最大程度上降低。每一个开发中心都有一个规划部，下设三个部门：行政部、成本计划部与产品审计部，三个部门之间既独立又相互协作，极大地促进了产品的研发进程。

如今，丰田依然在坚持不懈地进行组织瘦身，而它之所以会在长达70多年的时间里持续不断地进行组织的缩减，正是为了使企业的工作效率进一步提高。过于复杂的组织结构只会让管理者花费大量时间在无谓的会议与组织协调上，而没有多少时间去做真正能够促进团队效率的事情，结果是下属得不到明确的方向指导，组织的精力被白白消耗。这样的企业员工不尽职程度高达其他企业的 3 倍，而他们对工作的满意度也会更低，生产率也会更低下。显然，让复杂组织简洁化势在必行。

【哈佛经验】：六大原则帮助组织变得更聪明

哈佛管理学教授梅拉·宾库指出，想要让企业在简洁的基础上实现复杂管理，便需要一定的方法作为基本原则，有了这种方法的指导，组织便不再需要使用复杂的结构与流程，却依然可以游刃有余地对各种经常变化却相互矛盾的要求做出应对。以下便是梅拉教授给出的几大原则，只要或多或少地运用，管理者便可以帮助组织实现局部或总体转变，让企业成为更精益、更机敏的组织：

1. 让员工对彼此的工作进行了解

为了对复杂的局面进行巧妙的应对，管理者必须确保员工之间可以实现彼此了解：其他人的工作目标是什么？他们面对了哪些挑战？可以利用哪些资源，必须服从怎样的约束？没了这样的理解，员工便很容易将各种问题的发生归咎于他人，埋怨他人缺乏工作技能或处事智慧，而无法看到事情发生的原因就在于资源的匮乏与组织的长期约束。

2. 对整合者的角色进行强化

若两个不同的基层组织之间出现了矛盾，企业通常的对策是设立某种“中介”式协调机构，然而，这样做只会让组织形式进一步复杂化，同时还会增加矛盾，而更好的应对措施是对一线员工（或群体）进行授权，让他们扮演整合者的角色，不管在哪个单位，几乎都有那么一两个人在不同的利益相关者间从容斡旋，而这些人正是能够扮演整合者角色的人，他们可以帮助团队获得他人的协作，以实现组织效能最大化。

一旦发现了这样的人才，管理者就应该强化对他们的授权，让他们担当起更多的责任，在有可能对他人产生影响的一些问题上，授予他们更多的发言权，同时，将一些正式的规则与繁文缛节正式废除，这样也有助于将整合者的自由裁量权进一步加强。

3. 为员工赋予更多的权力

通常情况下，组织中那些最没有权力的人承担着最大的合作责任，得到的褒奖却最少。而当这些底层员工意识到这一点后，他们往往会放弃合作的努力，让自己退缩到小天地里，若想避免这种情况的发生，增进员工之间的合作，管理者便必须赋予他们更多的权力，鼓励他们信任他人、工作积极，使绩效的透明度进一步增加。

在做到这一点时，组织应该注意，不能将体系内其他成员的权力剥夺，故而就要创建起新的权力基础，在某些有关他人与公司绩效的问题上，为个人赋予新的责任：想要获得权力，便需要担负起更大的责任，一旦明确这一点，员工便会更积极地工作与学习。

4. 使互惠互助的需求进一步增加

使组织内建设合作进一步促进的一个好方法是对整合者的职责进行扩展，让他们负责一些对自我控制范围内产生直接效果的事务，让整合者的工作目标变得更加复杂与多样化，将会使他们更愿意去想办法寻求新的权衡之道，而不是遇难而退。反之，若你在评价下属时，只看到了他们可以控制的事情，那么，当你在其他较难的问题上需要他们贡献力量时，他们便会避而远之。

在对员工职责进行扩展的同时，管理者不应过多提供相关资源。夺走一些资源，是让人与人之间变得更依赖对方的好方法。因为没有了资源的缓冲，人们的行为便会更多地对对方的效能产生影响。以各种方式消除组织内部的垄断，可以增进组织成员间互惠互利的可能性，从而使他们的合作动力进一步促进。

5. 让员工感受到未来的威胁

决策后果来得越迟，便越难追究决策者的责任，作为管理者，若你可以将未来拉近，人们便更能感受到未来的阴影，如，公司中的许多项目或工作流程从启动到结束的时间常常可以大幅度缩短。直接派人对下游工作进行管理，或是提高对绩效评估的频率，也可以使员工更多地感受到未来的阴影。

6. 对不合作者进行责罚

类似于研发类的工作往往会需要很久才能够看到结果，以至于管理者根本无法建立起直接的信息反馈回路。在这种情况下，管理者必须自行连接反馈回路，明确地在其中引入奖惩制度，对那些不肯合作的人或组织进行处罚，哪怕问题并不出在他们管辖范围之内；同样，当各组织的合作获得了较大的成功时，管理者也应对集体进行奖励。

4 协调关系：既是对手，又是同事

【哈佛商魂】：为了提升绩效而协作

协作的本质是要在企业内部推行适度的合作，以使整体绩效进一步提高，但是这样的协作成功的关键是要有的放矢，善用资源，换句话说，不要为了协作而协作，而是为了提升绩效而进行协作。

——哈佛领导学教授莫腾·汉森

【哈佛商规】：部门协调考验个人能力

所谓经营，是指有效地运用人力、财力、物力与信息等各种资源，使组织目标竭力实现的行为，而管理者便是负责对这一行为进行实施的人。因此，管理者最重要的任务便是将组织的理想目标完成，取得辉煌的业绩，同时对上级进行负责。但在实际的管理过程中，想要领导庞大的组织并非易事，而要实现部门与部门间的良好协调，更是对个人管理能力与协调能力极具考验的境况。

【哈佛商战】：内部协调不佳导致索尼的失败

面板不如三星，电脑无法与苹果相提并论，游戏机业务受制于微软与任天堂……曾经在全球电子产业中独领风骚的日本消费电子产品巨头索尼，如今早已是明日黄花，在2010年索尼公布的财报中显示，2009年，索尼亏损了高达4.45亿美元，而其亏损早在两年前便已经开始。业界内普遍认为，索尼之所以会屡战屡败，其内部问题与矛盾重重是主要原因。

索尼中拥有着不同的业务，其公司中有音乐制作部、软件部、消费品部、电子产品部等，而且，他们还为原装的苹果产品iPod提供电池。虽然拥有如此多的优势，但索尼却并未实现产品的有效整合，而导致这一结果的最大原因就是索尼内部缺乏团结协作的企业文化。恰恰相反的是，其各个部门间各自为政现象明显，相互间的竞争意味远远大于协作。

苹果的“i”产品在市场上形成火暴销售局面后，索尼凭借着自我在技术上的优势，推出了类似于苹果iTunes与iPod混合体的新产品——名为Sony Connect的在线音乐商店，但该产品却是一件失败之作。主要原因就在于，在产品的具体研发过程中，各个部门自行其是，缺乏整体的协调与合作，导致产品最终不具备强有力的竞争力而在市场上销售低迷。市场上对该产品的评价极低，而若在研发过程中，索尼公司中的各个部门可以团结协作的话，这款产品很可能会成为iPod的劲敌。很明显，索尼失去了一次翻身的好机会。

原哈佛教授莫腾·汉森对索尼的案例研究许久，并将这种失败称为“协作陷阱”，他指出，在索尼内部存在着明显的竞争性文化，但是却要推出Sony Connect这样需要高度协作才能完成的混合性产品，最后以失败告终，也就不足为奇了。汉森教授曾言：“协作的本质是要在企业内部推行适度的合作，以使整体绩效进一步提高，但是这样的协作成功的关键是要有的放矢，善用资源，换句话说，不要为了协作而协作，而是为了提升绩效而进行协作。”

【哈佛经验】：六大措施帮助促进内部协调

内部协调不佳，在许多企业特别是大企业中往往是经常出现的普遍性现象，当某个部门需要其他部门的支援时，大多数人都会认为，自己的本职工作已经非常忙，或自己的计划已经安排妥当，没有必要再去帮助他人，因此他们的态度往往非常被动，在这种情况下，拒绝便经常发生，就算伸手相助，也多半不会积极地帮助他人实现目标。

从某种程度上而言，管理的本质便是协调，企业内部是由各种不同的活动构成的，这些活动只有进行良好的衔接，才能令企业作为一个有效的整体良好运行，而且，其中必然会牵涉到各个活动之间的协调性。唯有各种活动间可以前后协调一致，企业的运作才会更加有效率。著名哈佛管理学教授迈克·波特更是认为：真正可以带给企业持续竞争优势的，是企业各项活动间的协调与关联，唯有达成这种良好的关联，企业才能获得更好的协作成果。而管理者若想要在内部获得这种关联的协同效应，更必须采取下六个措施：

1. 让整体目标与部门目标得到平衡

每个人都会为达成自己所在的部门目标而努力，这本身就是很自然的事情，但是，除了部门之外，公司应该再进行一个整体目标的设计，让部门不仅要达成自我目标，同时也能在帮助其他部门达成目标的同时，为自己的部门带来二次利益。想要让支援部门真正地做到以公司目标为目标，管理者应将薪酬的可变数设得大一些，比如，除了正常的薪水外，若公司赢利达到某个目标后，薪资便能有较大的提高。需要注意的是，行政部门不参与业务，所以其利益平衡点可能不容易找，但是，若全公司达成某个目标，行政部门的奖励也应相应提高，以此来表示他们对其他部门的支援行为。

2. 在内部建立起满意度调查

对于内部部门而言，客户导向观念同样重要，企业同样可以针对总务、会计、资讯、人力资源等部门所展开的支援服务，来进行满意度的调查，同时根据调查结果，进行逐年的改善，并配合以相应的激励机制。一方面，内部满意度调查的执行方式与频率可以按公司对部门支援的具体要求来进行制定，而执行者则应由最高管理层或企划部来担任，另一方面，运用IT技术来进行支援调查更具备可行性。

3. 将部门的职责定位进行进一步的明确

除了观念以外，部门本位主义的原因还会涉及具体的能力问题，所以，企业需要对部门的职责定位进行明确，以决定哪些东西需要寻求外部服务。这样的定位可以让支援部门更清楚，什么事情应该自己做，什么时候可以帮助他人来做或寻求他人的帮助，这样，企业中便会形成最专业的服务体系。通常，支援部门的主管应对部门角色进行明确，再由最高管理者进行确认。

4. 明确发展定位

高层管理者应为部门主管明确具体的工作范围，令他们能够在各自的发展空间中适当地发挥,而不会出现彼此冲突。高级管理者也应起到协调作用，为各个部门制定出一些共同的目标，使部门主管在相互协调的基础上，寻求自我发展。将分工交代清楚，避免出现模糊地带。此外，在进行奖酬的制定时，管理者也应让部门管理者明白，达成共同目标要比只达成个人目标更加重要、对个人发展更为有利。

5. 建立起畅通的沟通渠道

一方面，唯有当沟通畅通时，各个部门间的需求才会被进一步明确，对其他部门的支援内容、支援反馈情况才会被清晰地记录下来。另一方面，畅通的沟通渠道，也可以让部门与部门成员间形成更深入的了解，从而增加相互支援时的乐意度。

6. 实现内部轮调

轮调制度是指让员工在其他不同的部门展开一段时间的工作，以了解其他部门的工作内容。在轮调之后，再回到原来的部门，个人便能拥有更宽广的视野，能更多地站在他人的立场上看事情。轮调应该尽可能在初期进行，因为事业发展越高，便会越有专攻。这种做法的目的在于，让员工在短时间内对公司各个部门的情况进行了解，以减少未来部门间合作、支援时的冲突产生。

5 引导建立自我管理型团队

【哈佛商魂】：让团队学会自我管理

让团队学会自我管理，是管理的最高境界。

——世界第一 CEO 杰克·韦尔奇

【哈佛商规】：自我管理团队是真正意义上的独立团队

近 20 年来，工作团队被认为是最有利于提高组织效率的一种管理方式，随着团队工作方式的不断推广，越来越多的管理者与学者开始关注于自我管理型团队有效性的研究，而在这些研究中，无一不指出，在调动员参与团队管理与决策过程的积极性方面，自我管理型团队是真正意义上的独立自主团队，它们不仅注意对问题进行解决，同时还致力于提出问题解决的方案，并对工作结果承担起全部的责任。

【哈佛商战】：以通用为代表的杰出自我管理型团队

全球 500 强企业中，有多达 300 多家公司的首席执行官都曾经在通用电器担任过相关工作。这样的事实令所有的经济学家为之惊讶：为什么有那么多的杰出人才出走，而通用却依然伟大？

在多达 19 年来，无数大公司在日益严峻的全球经济中像多米诺骨牌一样倒台，通用依靠着自己所确立的自我管理型现代管理新模式，使通用创下了收入与收益上的双重奇迹。这种企业管理新模式积极地引入了提高质量的计划，并将发放优先认股股权作为了奖励措施，从而使通用电气获得了迅猛的发展。

设于宾夕法尼亚州哥罗夫城中的通用电气公司机车发动机厂中大约有 100 个团队，它们对工厂中的绝大多数决策进行负责。这些团队有权对检修工作进行安排，对工作日程进行决定，并负责常规性的设备采购控制工作。就算有哪个团队未打报告便花掉了高达100万美元的广告，工厂经理也不会因此而担忧不已。

在通用采用此团队模式成功后，自我管理型团队便开始了被他人频频模仿：在美国一家名为克利夫兰L—S电子电镀公司中，整个工厂都是通过自我管理型团队进行经营的，它们制定了自己的工作日程表，自主进行工作轮换与生产目标的设置，同时建立起了与能力相关的薪酬标准。该厂在实行此管理制度后，获得了迅速的发展。

自该团队模式出现以来，施乐公司、百事可乐公司、惠普公司、爱纳人寿保险公司都在内部展开了自我管理型团队的推行。如今，在全美范围内，有大约1/5的企业采用的是此类团队形式。

自我管理型团队一般人数在10~15人以内，他们承担着之前自己上司所承担的一些责任，一般而言，他们的责任包括对工作节奏进行控制、对工作任务进行分配、对工间休息进行详细的安排。一些出色的自我管理团队甚至可以实现自我成员的挑选，并让成员间相互进行绩效评估。自我管理型团队的建设往往会伴随着决策权限的转移，实现团队的自我管理、自我学习与自我领导。若能有效运用，这样的管理方式将会极大限度地提升企业的经营效率。

【哈佛经验】：建立自我管理型团队的九大要点

虽然自我管理型团队的成果与绩效明显，但是，其具体实施过程并不简单，想要让自我管理型团队获得彻底的成功，管理者便必须从以下方面入手，进行具体的培养与引导：

1. 在进行自我管理前进行相应的学习与培训

管理者应在管理层中通过相应的学习与讨论，来决定企业是否具备实施自我管理型团队的关键因素。这是实现团队自我管理的首要前提，在进行团队审视时，需要从以下方面考虑：

- 是否能更好地满足顾客需求；
- 企业是否能够提供这种新文化变革所需要的成本；
- 内部员工观点是否统一，是否对该管理形式认同；
- 是否有明确的实施策略。

2. 确立明确的共同愿景

共同愿景即企业目标，企业目标越是明确，越是对员工具有强大吸引力，员工的工作效率便会越高。一般情况下，高效团队都具有清晰而明确的愿景，该愿景用于说明团队的存在必要与通往成功的必要措施。

3. 实际型的团队任务

在一个成员们有着团队工作经验的组织中，整个团队能否共同工作是特别重要的。自我管理型团队要求整个团队来设计、完成任务，这种工作要求所有的成员一起努力，共同进步。

4. 确立明确的团队报酬奖励制度

团队报酬与个人报酬、混合报酬不同，个人报酬虽单纯，却无法激励团队，而混合报酬虽然团队与个人各一半，但是却很容易削弱团队的操作单元能力，令其无法实现高效率，而团队报酬却可以使自我管理团队更高效，并能培养起团队成员间的团队精神，令他们相互密切合作，从而创造出更多的利润或者提供更好的服务。

5. 提供基本的物质资源

高效团队需要适合的工具、会议空间、必需的互联网服务与可以令团队实现守时、高效工作的其他资源，若这些资源缺乏，团队的意志便会消沉，更无法实现自我管理。

6. 对工作进行管理的权力

有管理学实验明确表明：一个没有领导者干预、拥有工作决定权的团队，可以比受领导者干预的团队获得更高的绩效，而让团队成员可以管理工作意味着团队对于基本工作战略有着明确的决定权。

7. 明确的团队目标

团队目标是团队在特定的时间内，以特定的方式实现自我所需要完成的任务进行量化的精确描述，而团队目标需要与组织总目标保持一致。

8. 具有战略性思考的团队规范

自我管理型团队的成员需要在保持目标战略性的同时，将注意力集中在外在的东西上，才能有能力去发现问题，才能去让自己习惯新的工作方式，而这种非正式的制度便是团队规范。

9. 令团队成员的才能与角色相匹配

唯有团队成员的才能与其角色相适应，并能明确自己在每个职能流程中的工作位置，才能真正地成为一个团队成员，才能促进团队的高效化发展。

6 利用授权促进员工积极性

【哈佛商魂】：组织为授权而存在

我们期望公司以兴趣为主，而这种兴趣需要每一个人发挥其积极、乐观的精神，参与其中才能实现，想要达到这一目的，便必须要进行权力分散。

——AES 公司董事长罗杰·桑特

【哈佛商规】：授权是促进内部协调的极佳方法

所谓“授权”即在企业内部自上而下地进行任务分派，同时在权力分派的过程中让员工对自我所要完成的任务产生义务。授权并非单纯意义上的权力分配方式，它是针对完成临时性工作任务而进行的权力分配。工作完成之后，权力也就失去了存在的基础。临时性授权不仅是常规性权力分配的有效手段，同时更是在不同的任务与决策间，促进内部协调发展的极佳方法，因其灵活性、机动性、强指向性与弹性而被许多管理者广泛应用。

【哈佛商战】: AES : 每个员工都是“迷你 CEO”

AES 公司是全球电力行业的巨头，在该公司中，有 4 万多员工都得到了充分的授权。而这样的企业经营氛围是由公司董事长罗杰·桑特与首席执行官丹尼斯·巴克共同努力下得来的。

AES 公司创立于 1981 年，在创立之初，他们便已经决定要创建一家可以体现公正、诚信与社会责任、乐趣这 4 项基本原则的公司，而在四大原则中，乐趣则是最为重要的。他们从来没有想要成为世界上最大或最富的公司之一，但却期望成为最有乐趣的公司，并一直在向着这一方向不断努力着。

在 AES 公司中不存在明显的等级制度，他们对等级极为痛恨，并采用了小组的形式建立起了公司的组织体系，将公司中的电厂与业务发展活动划分成了两个不同的区域。在每个区域中只有一位经理，对各区域内 5 ~ 20 人的 5 ~ 20 个小组进行监管，各个小组对自己的工作形成了完全负责的习惯。与普通的自主管理型团队不同的是，该公司中没有任何值得一提的职能部门存在：市场部、环境部、财务部、人力资源部皆不存在，而让这一制度运行起来的最大要点在于：公司中的每位员工都是全才，他们通过不断地学习与轮岗制度，做出对公司整体利益最为有利的决策。可以说，公司中的每一位员工都是一个“迷你 CEO”。

在这套成功的授权管理机制中，自由而频繁的信息流动非常重要，在 AES 里，几乎没有秘密可言，其决策细节往往会与员工分享。这样的做法当然也有风险，其信息被竞争对手利用的概率要远远大于正常公司。但是 AES 公司却认为，这是一件值得冒险的事情，因为唯有如此，才能帮助员工做出正确的决策，让他们成为真正意义上的商人。

将责任授权到总部以下后，AES 公司中的最高领导层主要扮演四个角色：担任顾问，向员工提出建议；扮演公司原则的首要监护人，对公司的价值观进行维护；扮演首要责任人，代表公司进行对外责任的承担；扮演首要鼓励者，与员工多进行交流。

AES 公司的成功主要在于其旗下员工拥有着共同的价值观：他们追逐利益，但从不把利润当成公司的首要经营目标。没有了价值观存在的授权并非真正的授权，而是单纯的管理技巧。而成功的授权也并非一蹴而就的，它需要管理者花费大量的时间与奉献精神才能塑造出来，毕竟，将手中的权力下放并不容易，而做到正确的权力下放更非一件简单的事情。

【哈佛经验】：管理者授权需要遵循四大原则

有多少种组织形式，便有多少种权力分配的形式，授权的形式复杂多样，想要在企业中形成授权氛围，以授权促进公司内部和谐，便需要管理者多进行授权行为。而各种分配形式又各有其利与弊、不同的适用范围。在进行权力分配时，管理者一定要按工作需要采用相应的、最佳的分配方式来进行授权。根据授权的不同层面、角度与领域，管理者的授权原则有很多，但基本的原则有以下几种：

1. 职权对等、责权一致原则

授权是为了借助于他人或集体的力量，更好地实现领导目标，为了保证被分配权利的下属保持工作热情与积极主动性，在进行权力分配时，哈佛经理必须遵循职权对等的原则。

职权对等原则是下属展开工作的基础，有职无权，下属便无法打开局面；权大于职，则会引发不良后果，因此，管理者必须保证，被分配权力的下属有职有权且职权相称，同时更要将权力与责任进行明确。职权是员工执行任务时的自决权，而职责则是员工完成这项任务的义务。责任是中心，权力是手段与条件，权责对等原则要求哈佛经理在进行权力分配的时候，既不能让下属只承担责任与义务却不提供相应的权力保证，又不能只分配权力，却不让其承担一定的义务与担负起相应的责任。

2. 层级分明、权责明确原则

仅从静态结构上来看，一般的权力系统是自上而下的一系列权力关系，在进行权力分配时，管理者必须注意运用这一系列的权力关系，同时还要注意权力的权责明确性、层次等级性。在进行权力分配时，要逐级进行，以使每一个被分派权力的人都知道，是谁将权力分派给自己的，自己属于何种层次，自己的权力与责任范围有多大，哪些事情应该由自己进行决策，而哪些事情又需要自己请示，或向谁请求。这一原则要求管理者不可进行越级授权，否则很容易造成权力与责任间的混乱。

3. 系统优化、分配适度原则

系统的整体功能原理告诉我们，想要使领导活动进一步实现整体功能最佳与高效运转，在进行权力分配时，管理者便一定要遵循系统优化、分配适度的原则。若权力分配过度，便很容易造成权在下而令不行、禁不止的现象；若权力分配过少，便会造成下属权轻，无法担负起相应的责任，而管理者也会被各种琐事缠身，无法摆脱日常事务，将工作主次颠倒，形成本末倒置的情况。因此，在进行权力分配时，管理者要将单一的一种权力分配放入权力整体系统中进行，既发挥与调动起下属的积极性，又要保持整体效能，使权力整体系统运行保持优化。

4. 以才分派，依人任事

权力分派时，管理者必须做到因事设人，以才分派。进行权力分派是因为有事情需要完成，而分配权力正是基于这种工作的需要，绝不可随意任人，更不能随意进行权力分派。在授权时，管理者也应挑选那些能够担任重任、可以对权力正确运用的人，否则很容易造成“成事不足、败事有余”的局面。

Class 10

恰当管理沟通，发挥公平平等

在管理的过程中，领导者一共扮演了三种人际角色：代表人角色、领导者角色、联系者角色。其中，联系者的角色便是为了实现组织内部个人、小组或与外部利益相关者建立良好关系时必须扮演的角色。如何在公平、平等的前提之下，恰当地实现管理与沟通，是哈佛学子们在第一学年需要掌握的另一技能。

1 让冲突得到合理的发泄

【哈佛商魂】：确保每个问题都得到解决

我必须要确保每一个员工所反映的每一个小问题，都的确是有人在关注与解决的。他们期望这些问题是真的可以引发我的重视，但若我什么也不做的话，情况将会变得更加糟糕。

——波特曼丽嘉酒店总经理狄高志

【哈佛商规】：冲突调节能力体现管理能力

企业内部往往会由于各种原因引发不同程度的冲突，而各个经济学派对于引发冲突的根源也有着各自的解释，而哈佛管理学中有关企业内部冲突的看法采用了F·A休尔的主张，即：工作专门化的层次节制引发的沟通不畅，非正式组织与正式组织间的心理认同差异，组织分工中的平行部门因为业务距离而引发冲突。对于管理者而言，个人调节组织与员工间冲突、部门组织与组织间冲突、员工与员工间冲突的能力，直接体现了管理者的个人能力。

【哈佛商战】：一切来自员工满意度

波特曼丽嘉酒店连续三届折得“亚洲最佳雇主”的桂冠，员工满意度从1999年的70%提升到了如今的97%，酒店上下为此而做出的努力有目共睹。目前，酒店已经实现了培训、奖励、薪酬等方面的制度化执行，每一个员工对企业的不满都可以大胆地表达出来，而且他们都被鼓励，去寻找酒店运作中存在的弱点，同时进行共同讨论与解决。

丽嘉高层发现，平日里影响员工心情的只是一些小事，但若沟通存在问题的话，小事情无法得到管理层的重视与解决，在长久的积累之下，员工的满意度乃至于敬业度便会出现问题。

对此，丽嘉建立起了针对这一现状的更合理沟通制度：每天早上的部门例会上，员工可以向主管反映一天工作中所发生的小问题，同时，大家一起回顾，到底具体的出错环节在哪里，又应该如何改正；之后，各个部门会不断地跟进事情的发展。另外，每个月里，人事总监还会随机抽取10名各个部门的员工，一起喝下午茶。在这样的谈话中，大到酒店的具体管理问题，小到员工之间的小争吵，都会反馈到相关的部门，并加以解决。

波特曼丽嘉的总经理狄高志每月也会邀请来自于不同部门的底层员工与他一起共进早餐，在早餐时，他会询问大家最近的工作情况，“大多数时候，员工们都会表示，自己在丽嘉过得很开心，当然，他们也有抱怨与不满。而当我问起，你们的主管是否了解这些情况时，他们的答案总是‘是的’，并已经处于正处理状态了。所以，他们告诉我这样的事情，并不是因为他们得不到帮助，而是他们期望我能明白，公司中存在这样的问题。”

同时，狄高志表示：“我必须要确保每一个员工所反映的每一个小问题，都的确是有人在关注与解决的。他们期望这些问题是真的可以引发我的重视，但若我什么也不做的话，情况将会变得更加糟糕。”

堵不如疏，遇到了问题，仅仅是简单粗暴地加以禁止的话，只会让问题潜伏下来，成为威胁企业管理的重要所在，而是应该循循善诱，不断地针对问题根源与引发原因加以疏导，才能够更好地将问题解决掉。传统企业管理中，冲突对策总是具有不彻底、消极看待的特点，而哈佛商学院认可的则是德国社会学家齐美尔所提出的“宣泄”理论与社会冲突论中的“安全阀”理论：矛盾与冲突不应被掩饰，而是应让其表现与发生出来，才有利于不同观点、不同情绪的宣泄，才能令那些具有对立情绪的人在心理上获得平衡，从而有利于矛盾的缓和与解决。

【哈佛经验】：正确面对，恰当处理冲突与矛盾

冲突管理往往是驱动企业内部变革的最大动力之一，只要可以处理得当，它就能给企业带来更多的革新，帮助对组织内部的关系进行进一步的巩固，从而辅助建立起更有效的团队。研究表明，管理者可以通过进行六大关键技能的锻炼，使处理冲突时的健康心态得以培养，从而进一步达到双赢的目标：

1. 不畏惧冲突

很多管理者害怕自己所管辖的范围内出现冲突，这其实非常正常：以往的经验会让大脑形成反射定律，同时让我们感受到，冲突是一件危险的事情。所以，我们的本能反应就是与冲突决一死战或远远逃开。但是，这种对冲突的恐惧心理会将一位杰出的管理者变成其奴隶，使其束手束脚，不敢去挑战他人。企业正日益多元化，个体间的相互关系也在日趋复杂，因此争端必然多方面出现，不可避免地，你在管理中会面临冲突，但是，若你能开诚布公地去应对冲突，你会发现，自己更容易达成目标。

2. 了解冲突产生的心理机制

冲突是人际关系周期的直接性产物，即当关系破裂，同时给一方带来了损失、失望或者痛苦时，冲突便会随之产生。若你能够了解人们是如何面对损失的，你将会对冲突拥有更深层的体会，并能更好地解决它。要知道，损失与失望都有可能给人们带来距离感或者内心的痛苦，并最终使工作关系破裂。

管理者应该明白，每天企业都有可能给员工制造失败感或者其他的消极感受，使员工错失晋升机会：绩效考核不达标、一个成功的项目被叫停等。而当遭受损失时，我们会深感需求没有得到满足，从而产生更多的冲突。这便提示了冲突爆发的一个基本机制：关系断，则冲突起。所以，在企业内部发生变动时，管理者更应做好迎接冲突、改变冲突的准备。

3. 管理自己的状态

在冲突爆发之前，你应先管理好自己。面对冲突，你可能被吓住，也可能被激怒，在这种情况下，你应先对自我情绪或注意力进行调整，以将那些恐惧心理最大程度上克服。状态是感觉、思维与心理的综合体。它在很大程度上决定了我们的行事方式，让我们从消极状态转变为积极状态，从畏惧转变为勇敢，敢于与冲突面对面。哈佛管理学教授克瑞斯·内克指出，我们可以通过将冲突对象看做潜在的盟友，并与之真心接近，通过求同存异的方式来建立起关系纽带，唯有如此，才能使自我状态得到更好的管理。

4. 使对方多说话

著名学者戴尔·卡耐基在谈论到怎样去寻求他人的意见与自己保持一致时曾经指出：“多数人在促进他人意见与自己的意见保持一致的过程中，总是会说话太多……若你不同意他，很可能你会想办法去阻止，但是不要这样，那样是很危险的。当他还有许多意见急着要发表的时候，他便不会注意你，所以，忍耐下来，并让自己保持着一颗开放的心去倾听，同时诚恳、鼓励他完全性地发表意见，才能使问题更好地解决下来。”为此，他提出“使对方多说话”，这是处理冲突的安全门。

2 所有的失误皆源于沟通不畅

【哈佛商魂】：小问题引发大代价

我根本没有想到，这些有关回答与提问的小问题，会让那么多的人毅然离开他们工作多年的企业。现在，这个代价真的够大。

——惠灵顿保险公司副总裁鲍勃·麦克科纳契

【哈佛商规】：不良沟通习惯让“黏合剂”失效

毫无疑问，作为社会与组织的最基本黏合剂，沟通是工作与生活中最基础的纽带，沟通问题解决不好，其他目标的达成也将是奢谈。而对于那些内部出现管理问题的企业而言，沟通不畅也是导致决策失误、项目出现问题的主要原因之一。良好的管理与团队协作皆需要依靠沟通来实现，但无效的沟通手段、管理者的不良沟通习惯，都会让沟通这个最重要的环节出现极大的问题。

【哈佛商战】：沟通不畅引发员工流失的惠灵顿

惠灵顿保险公司是一家综合性的保险公司，他们通过相互独立的保险经纪人，为客户提供家庭险、汽车险、商业险等各项服务。这些保险经纪人的规模一般都极小，他们与客户直接打交道，而客户有时候甚至连到底是惠灵顿总公司旗下的哪个分公司承保了他们的保险都不知道，除非他们明确地提出这一要求。

这样的经营方式无疑存在着巨大的弊端，由于连续三年没有达到既定的业绩标准，时任总经理的华莱士决定发起一场内部管理革命，以期望在五年的时间里将惠灵顿的现状进行彻底的改变。

这场“革命”实质上是一次分权，它将整个组织具体分解为了23个独立的事业部，每一个事业部中都有相应的职能小组。成立事业部的目的，是为了使公司能够更好地了解它的直接客户——保险经纪人的情况，从而促进公司向着高效型顾客导向型公司发展。整个革命是否能够成功的关键在于个人是否能够实现分权，通过向每一位员工提供培训，令其职权范围进一步扩大，以令其可以实现独立决策。

分权不仅能够让员工更好地对承保人、保险经纪人进行服务，而且可以让整个公司在细分市场上表现得更出色。正如公司副总裁鲍勃·麦克科纳契所说的那样："公司的理念是，如果所有的员工都能对他所提供的服务负责的话，那么，整个公司便可以保持欣欣向荣的成长态势。"

对于惠灵顿公司的员工们来说，这场革命产生的震撼力无疑是强大的，由于反对者与怀疑者的疑问得不到及时而正确的解答，他们相继决定离开，而且带走了公司里的部分客户。整个公司的人员流动率立即提高。这种结果是所有管理者都没有料想到的，鲍勃更是惊讶不已："我根本没有想到，这些有关回答与提问的小问题,会让那么多的人毅然离开他们工作多年的企业。现在，这个代价真的够大。"

为了防止"革命"变成"危机"，公司事务部聘请了许多高级经理，并让公共事务部负责有关相关改革消息的传播。经理们也总是花费大量时间，与团队成员在一起，对他们的疑问做出回答。在长时间的努力之后，人员流失率大为下降。而这场"革命"的好处也是显而易见的：由于提高了工作效率，一些新客户也开始将惠灵顿作为承保首要选择。如今，惠灵顿保险公司已经成为了英国保险集团中的佼佼者。

一般而言，沟通不畅表面上看都是因为团队成员之间缺乏足够的联系、遇事想当然而导致的，属于个人问题，但实际上，这种现象显示出的是团队内部的管理不善与领导行为的不当。每一个成员都期望能够获得与自我发展相关的组织信息，并期望在组织出现变动时，自己能够第一时间获得消息，以对此变动有所准备。而管理者在紧要关头若忽视了沟通的重要性，则只会引发决策失误与内部冲突。

【哈佛经验】：告别沟通七戒，让管理更恰当进行

有效的沟通是一个人主动与有意地运用信息的具体过程，在这一过程中，又往往会受到沟通者习惯的影响与制约。有效的沟通往往是建立于自我不良习惯对沟通所造成的障碍中，同时养成良好的习惯，令沟通得到改善。沟通七戒是指在管理过程中最容易出现的七种不良习惯，它由曾任哈佛商学院的著名管理学博士 R.G. 尼柯斯提出，以下是其具体内容，若你能逐渐改善以下缺点并将其在管理范围内杜绝的话，那么，你所管理的区域内将极少出现因沟通不畅而导致的失误：

1. 未做事先的基本调查，便公布有争议的决策

若决策存在争议的话，势必会在员工中引发流言、焦虑与抵制，而有关变革的决策，如重组、调离骨干员工等，最容易引发不安与焦虑。因此，在向全体人员进行此类决策的公布前，应采取一对一的方式与大家进行交流，这样你便能知道，谁在反对，对方又为何会反对。

2. 向下属说谎

很可能你说谎只是因为某些话题尚处于讨论阶段，必须保密，但你必须注意保密的方式，而以说谎的方式来保密就更不可取了。事实上，与其说谎，不如训练自己更随意地应对，最重要的是，前后的言辞应一致。

3. 将权力的现实忽略

你的权力越大，你所能了解到的问题便越少，所以，若你想知道人们对某个问题到底是怎样的看法，你应主动去寻找坏消息。相反，当信息向组织向下传递时，往往会被逐级放大，所以，你应用朴实、简单的语言来传达消息，同时要懂得辟谣。

4. 低估对方的智慧

掩饰问题所产生的诱惑力往往非常大，但事实上，若工作进展不顺利的话，许多团队成员很可能会对问题心知肚明。所以，与其回避问题，不如将问题坦诚告之，以寻求对方的帮助，大家一起寻找解决问题的方法。

5. 将过程与结果混淆

这种情况往往会出现于评估、制定目标的过程中，你应该明确地将过程告诉员工，而不是仅仅将结果告知他们，这样，便可以避免在结果不利于对方时，他们生起怨恨之心。

6. 选择了不当的沟通方式

电子邮件不适合讨论有关情感的管理问题，而电话与面对面交流虽然对于信息的传播效率并不高，但是却非常适合用来讨论细微的问题，这样，你可以针对对方的反应，做出直接的回应，同时配合声调与面部表情，来控制你期望要表达的信息。

7. 将不作为行为忽视

你的沉默有时意味着你在默认此种行为，有时候却意味着你不认可，所以，当员工应该批评时，你应该发声；而当员工值得表扬时，你更应该及时进行口头奖励。

3 掌握沟通方法，远离困难谈话

【哈佛商魂】：达成双赢，找出共通之处

“对于身处组织内最高位置的那些人而言，最重要的便是直觉：尽量达成双赢，让自己尝试着寻找出每个人都能向前走的道路。”

——哈佛商学院教授艾伦·高尔伯格

【哈佛商规】：让对方感受到沟通的诚意

假如一味地单方面地固执己见、完全不去考虑对方的立场，很可能会让沟通变成愤怒的反抗；在这种情况下，若双方再莽撞地采取强硬的手段，则对方的立场很可能会引发愤怒的反抗；或者，对立的情况不仅能够化解，反而会向着恶化的方向发展。要知道，不管是在何种组织中，都有这样的情况

出现：没有哪项任务与工作是某人可以独立完成、不需要他人协助的，即使乍看起来，个人仿佛可以独立将某项工作完成，也必然会在某处与他人发生关联。组织的意义本身就是在他人的协助之下，去完成仅凭一己之力无法完成的事情，而所谓的借助于组织力量，实际上就是仰仗于他人帮忙。位居于该合作制度体系中的枢纽地位里，管理者尤其不可没有这种认识，不管个人的素质有多高，若无法让对方感受到合作的诚意，不能靠巧妙的手腕去赢得诚恳的协助的话，个人便没有资格去扮演真正的管理者角色。

【哈佛商战】：经济危机中，迪特尼缘何获得高效率？

迪特尼·包威斯公司是一家拥有万名员工的大公司，早在多年以前，迪特尼的管理层便已经意识到了沟通的重要性，同时在管理、客户沟通中不断地对此加以实践。他们建立起了一套完整的沟通系统，这一系统不仅使员工、客户的合理要求得到了满足与倾听，同时还使公司的劳动生产率获得了极大的提高。

迪特尼公司中每个月都会举行员工协调大会，在大会上，管理人员与员工坐在一起，对一些彼此都关心的问题进行协调与商议。这种会议是以标准的双向意见沟通系统为基础的。在开会之前，员工可将意见反映给与会员工代表，代表们会在会议上将意见转达给管理部门，而管理部门也会立足于“最大程度上双赢”的目标，去针对问题进行合理而广泛的讨论。

这里有一些有关员工协调大会的资料，可以看出此类大会的沟通技巧与沟通原则：

问：若在上任之后，新员工发现工作与个人本身的兴趣不同，应该怎么办？

答：公司会尽全力对此员工进行二次安置，使其能找到发挥自我最大作用的岗位。

问：在公司里，只有那些连续工作了8年以上的老员工才有资格获得3星期的长期休假，在这一问题上，管理层是否能够将期限放宽，改为5年？

答：在员工福利方面，公司做出了非常大的努力，诸如员工保险、退休金福利与计划、意见奖励等。我们将会继续秉承这样的精神，对这一问题进行考虑，同时逐级呈报给上级，若批准的话，将会在整个公司中实行。

问：有时候，公司会要求员工在法定休息日加班，这种加班是否是强迫性的？若某位员工不愿意参与这种加班，公司是否会对其进行惩罚？

答：除非国家对员工工作时间设立新规定，否则，假日加班是自愿行为。当然，在公司处于销售高峰期的情况下，若大家都乐于加班，而少数人不愿意加班的话，管理层也会对原因进行仔细的了解，同时尽力加以解决。

每年，迪特尼公司在总部都会举行多达10余次的员工大会，还会在各部门中举行多达上百次的员工大会，而这一制度也获得了良好的效果：在20世纪80年代，全球经济出现了大衰退，迪特尼公司的生产率非但没有下降，反而以平均每年10%以上的速度进行着递增。在公司中，员工缺勤率长期低于3%，流动率低于12%，属于同行业最低水平。

不管是何种形式的合作，说穿了都如同是刺猬一般的生活：想要互相拥抱取暖，身上的刺便难免会使对方受到伤害，若是远远分开，又往往无法达到取暖的目的，所以，无论如何，都必须将这种矛盾解开。每一个人都会有自己的主见与个性，就算是单一的个人，其看法也往往会随着时空的转移而不断地发生着改变，你对自我的认识与他人对你的了解，往往会使你产生极大的差距。因此，不管是何时何地，管理者都应了解到对立存在的客观性，因为一旦任由这种情况持续的话，不仅无法将群策群力的效果发挥出来，而且很有可能会导致营业业绩的节节下降，而管理者本身的领导能力也会受到他人的质疑。想要尽量避免对立形成，管理者就必须在沟通、合作过程中看到他人的利益切入点，发挥出自我能力，使双方达到共赢的目的。

【哈佛经验】：保持灵活敏感，让沟通建立于双赢

一边致力于充分的沟通，一边与其他的部门进行良好的协调与合作，一边成功地实现组织与个人的目标，是管理者的重要工作。对立的种类与形式

如此繁多，我们无法一一对其进行阐述，但是，永远让沟通建立于双赢的基础之上，是让合作保持顺利的关键所在。

想要让自己看到他人的利益切入点，让合作保持顺利，你需要从以下几个方面开始入手做起：

1. 把握正确沟通的基本原则

沟通中使用恰当的方法会达到事半功倍的效果，反之则会适得其反，使沟通不欢而散，非但问题无法得到解决，还会产生新的矛盾。所以，在公平对等、认真倾听的基础上，双方应该就事论事，彼此之间不进行人身攻击、不揭短，并本着“求同存异”的最基本原则去相互了解。

2. 为自己设立正确的位置

在进行沟通与说服之前，管理者必须确认以下几点：你对对方有什么样的要求？你希望对方至少做好哪些项目？想要检测效果，你应该从以下几点做起：

- 将要求的内容分成必须实现与可视情况进行让步两种，前者为基本目标，后者为非基本目标；
- 制定“最低底限”与“最高上限”，即最低可做怎样的让步，最高可达到什么，前者可称之为“开放位置”，后者为“下降位置”。

在进行沟通与说服时，管理者需要先设定自己的位置，明确告之最高可为对方做怎样的事情，但最好不要提及下降位置，而是等到妥协到不可再妥协时再说出。在此之前，就算对方有意刺探，管理者也应严加保密。

3. 将有关沟通的共同利益点放在最前面说，对立问题放在后面

从最简单的地方去着手做一些复杂而又艰巨的工作，才是最聪明的做法。若在开始时沟通便存在种种问题，那么沟通者应该就两者的共同利益点着手进行了解，努力使双方在最大程度上达成一致。唯有抱着“求同存异”的想法，才能缩短双方之间进行谈判的距离，或者设法在其他的问题上获得协议，使双方存在对立的那些问题出现有可能让步的征兆。

如果双方在其他问题上获得了协议，但是对方却依然无法接受你的要

求，则不宜再继续坚持，而是应暂时搁放至一边，先就其他的事情进行沟通，在建立起了共同的利益基础以后，再重新来一次。假如始终无法达成妥协的话，过去所花费的时间与努力便会全部浪费，因此，管理者应把握好最后的时机，强调自身与组织沟通、合作的诚意。相信此时双方会因为该坚持的已经坚持过了，并会就此接受下来。

4. 以更宽广视野，促使对方去注意到整体的利益

所在部门、组织、位置的不同，个人所涉及的利益也不尽相同，在某些情况下，双方甚至会形成对立的局势，这本身是一种正常现象，但是若一味地采取自我本位，故意坚持自我主张的话，势必会使整个组织的目标彻底沦落，这种后果与管理者的原始角色是相矛盾的。想要避免此类后果，管理者便需要在坚持己见的对立之后，超越所在位置的立场，注重双方的整体利益，以使双方皆在沟通上以达到共赢为总目的。若是经常可以考虑到这一点，则可以使部门之间对立的情形顺利化解。

4 听取下属的声音与意见

【哈佛商魂】：了解从面对面交流开始

你的能力是高还是低，可能你的头头看不出来，但是，你的同行可是一清二楚，我们所提倡的面对面交流，正好能够获得这样的讯息。

——美国达纳公司总经理麦斐逊

【哈佛商规】：自由的意见表达系统能帮助员工成长

活要众人干，点子应该众人出，真正有价值的沟通往往会造就效果更佳的决策，而种沟通过程往往是不同意见的发表途径，它们代表着大多数不同的意见，而并非管理者一家独大式的独裁管理。对于管理者而言，学会眼睛往下看，多向下属征求不同的意见，让员工在发表看法与意见的过

程中，变得思维广阔化、看法精辟化，他们才能渐渐成熟，成长为一个优秀的人才。

【哈佛商战】：面对面交流，关注员工发展情况

美国达纳公司是一家经营诸如铜制螺旋桨叶片和齿轮箱之类的普通产品的企业，该企业拥有上亿美元的资产，是《幸福》杂志按投资总收益排列的 500 家企业中的第二位。对于一个经营项目单调的企业而言，这样的生产率当属非凡。

在 1973 年，麦斐逊成为了公司的总经理，他上任之后，将公司宗旨进行了缩减，同时将其简述为面对面与员工交流，保持员工热情，向员工提供培训机会与相应保障，并设立奖励四项内容。

除了缩减公司宗旨外，麦斐逊还将公司组织进行了简化，使员工具有了更多的自主性，此举是为了让员工更坦然地放手去做。“专家便是在某个行业中干得最好的人，我们相信，只有认同这一点，才能让员工对企业作出贡献，同时实现个人发展潜力。”他认为，面对面的交流可以让自己分辨出到底员工需要什么样的发展，而自己又应当提供怎样的机会。

他要求，各个部门的管理机构与本部门的所有员工每个月都应举行一次面对面的交流会议，针对公司的每一项工作细节与情况进行具体而详细的讨论，同时，根据员工所期望改进的地方、需要提升的管理问题、个人所面临的实际情况，提供相应的帮助、解决与解答。通过这一方法，公司中的许多弊病被清除，人才晋升也变得更加可靠。

在麦斐逊看来，高高在上的管理往往会造成不察下情与闭目塞聪，造成公司发展的停滞与人力资源的浪费：“你的能力是高还是低，可能你的头头看不出来，但是，你的同行可是一清二楚，我们所提倡的面对面交流，正好能够获得这样的讯息。”

哈佛管理课中指出，最间接、最隐形的领导往往建立于“隐形的手”的自由环境下，在这样的环境中，人们的意见能够得到充分的尊重，员工乐于自觉为企业的共同愿景而不断努力。从另一种意义上来讲，工作的过程，更是获得生活工作体验的过程，从中，员工不仅获得合适的薪酬，而且能够得到发表自我意见与见解的机会，管理者也可以在这一过程中，获得自己需要的信息。在这样的和谐环境下，企业成长与成功才不会成为空谈一场。

【哈佛经验】：听取下属意见应依据方法而行

智者千虑，必有一失，愚者千虑，必有一得。现代管理活动日益复杂，涉及的因素也日益增多，任何一个高明的管理者，想要避免出现管理失误，唯一的好办法就是充分地利用集体的智慧，在企业内部形成“人人献计”的习惯。然而，听取下属意见并不是指事到临头时随便征求几个人的意见，而是要形成习惯性的意见听取制度，并建立起良好的意见听取渠道：

1. 建立起相应的听取制度

在这种意见听取制度的建立问题上，日本丰田的成功值得每一位管理者借鉴：在丰田车间中，到处都设立有建议箱，各个部门分别成立了建议委员会、事务局，将提倡提建议的风气在工厂的各个角落进行了落实，同时，对那些提出好意见的员工进行奖励。而美国坦登的“五分钟制度”也颇值得有心人士学习：在五分钟的时间里，任何员工都可以提出建议，而且不能对他人的建议进行批评，主持人与各级管理者皆不允许发表意见，以免使会议的自由氛围被妨碍、被影响，这种制度的建立，对于寻找好意见非常有帮助。

2. 提倡各抒己见，各表所长

在决策时，管理者应对有关人员进行鼓励，支持他们各抒己见，让他们敢于大胆地发表各种不同的意见。在需要他人发表意见时，你可以试着在每一次的会议上，指派一些人与自己“唱反调”。这样的“反调”声音往往会使下属的恐惧感大大下降，从而敢于、愿意发表自我意见，而对于整体决策的形成而言，即使是一位最软弱的异议者的出现，对于管理者听取意见、在组织中形成畅所欲言的氛围也是极有帮助的。

在这一过程中，管理者需要注意的是，在不同的会议上，不应指派同一人一直扮演反唱者的角色。当然，你也可以在会议召开之时，要求每一位与会者针对每一项重大的问题都提出至少两种不同的看法，以防止任何人与某个观念靠得太近。

3. 进行智慧团、思想库的设立

在现代市场的社会化大生产条件之下，经营管理的任务往往更加艰巨、更加烦琐，家长式的“一言堂”领导管理方式早已不再适应，就算是精通一两门专业技术的专家独言式管理方式也已落伍。管理者必须依靠多种专家、专家集体来进行企业的管理，在20世纪50年代，经济发达国家中的大型企业便已经出现了大批的“智囊团”、“思想库”，而这些来源于不同方面的声音往往会对企业的内外政策与管理产生强有力的影响，同时也会让企业的发展方向更加明确。对于势单力薄的企业而言，委托专业的咨询机构，进行调查与研究，同时提供给可供选择的意见性方案，也是一条可行的途径。

4. 形成全员参与的氛围

在进行某项决策的制定过程中，管理者应该采取多种方式，让员工得以最大限度地参与其中，群体性意见往往会让群体的智慧发挥到最佳。在听取群体意见时，管理者应注意：

● 一定要以诚恳的态度接受意见，即使是有人发表了某些在你听来毫不可取、狂妄自大的话语，你也应保持尊重的态度，否则，只会让大家因为畏惧斥责与反感，而不敢发表意见。

● 要善于将各种意见进行对比，在不同的环境下成长起来的人们往往会对不同的意见产生不同的看法。听取意见只是获得更好建议的机会，而不是选择依赖他人的机会，管理者应明确，最终是否采纳意见、如何采纳意见的权力依然在自己手中。

5 恰当指正，正确引导

【哈佛商魂】：批评需要技巧才能避免带来破坏性影响

若在批评的过程中不讲究技巧的话，批评便会成为一种破坏性的行为，使职工的积极性受到挫伤，而公司的事业受到影响。唯有在批评时采用三明治式的‘肯定—批评—赞扬’方式，才能让员工对批评欣然接受。

——玫琳凯公司创始人玫琳凯·艾施

【哈佛商规】：指正并非为了追究责任

所有的管理者都会面临这样的问题：如何对他人进行批评才是最恰当的？很少有人喜欢被他人批评或指正，然而，在具体的工作过程中，批评与纠正却是极为必要的措施。因此，管理者被下属顶撞或者反击也成了经常发生的事情。在哈佛管理课中明确指出，指正员工的错误时，管理者需要明确一条准则：批评是为了提醒下属，而不是为了追究责任，唯有在批评过程中保持聚焦，让自己关注事情的具体发展，才能让管理向着更好的方向发展。

【哈佛商战】：三明治式批评让玫琳凯获得最大支持

身为世界上最著名的化妆品公司之一，玫琳凯公司极为重视员工的积极性，在创业之初，公司创始人玫琳凯·艾施使用高薪招徕了各式人才。在随后的经营过程中，她采取让这些人独立活动、各展其能的方法来调动了人才的积极性，使公司自成立以来在全球范围内获得了巨大的市场份额。

让人才在自由的基础上展开自我行动并不意味着对下属放任自留，在出现了问题与错误时，还必须对他们进行纠正，以使问题得到解决。玫琳凯认为，所有的管理者都拥有批评下属的权力，但是这种权力应该在讲究技巧的基础上进行恰当的运用。她说："若在批评的过程中不讲究技巧的话，批评便会成为一种破坏性的行为，使职工的积极性受到挫伤，而公司的事业受到影响。唯有在批评时采用三明治式的'肯定—批评—赞扬'方式，才能让员工对批评欣然接受。"

在一次企业内部美容师举行的销售大会上，玫琳凯发现，一位美容师的化妆箱非常脏，而这种不整洁直接影响了对方的销售业绩。在销售大会结束后，玫琳凯并未对对方进行直接的批评，而是采用了间接的方式，在报告中暗示了这一问题："我们公司的宗旨是创造美，而美首先就是体现于整洁上。若美容师本身不爱整洁的话，便很难令人喜欢。"在报告完毕之后，这位美容师走过来，坦承了自己的错误，同时向玫琳凯保证，日后将会把不整洁的毛病改变，争取在一个月内将化妆品销量提高。事后，这位美容师也的确实现了自己的承诺。

若玫琳凯直截了当地对化妆师进行批评，便很难取得如此的效果，而且会使对方的积极性与自尊心受到严重的打击。在面对下属的错误时，有些管理者采用的是直接式的方式，这样的方式很容易引发下属的不满；有些管理者则不愿意正面对他人的错误进行批评，以避免造成摩擦，但是在多次的错误发生后，错误往往会累积到非常严重的程度，而此时的批评便很容易变成破坏性的批评。批评者语带威胁或言语刻薄，都会令下属心生厌恶，并因受辱而积怒，造成恶性循环。因此，及时而恰当的批评在管理过程中是必要且必需的。

【哈佛经验】：批评指正下属有妙招

批评下属并不是一件简单而轻松的事情，英国行为学家波特曾言："当遭遇了批评时，下属往往只会记住开头的一些，其余的却不会听，因为他们忙于思索论据，来针对那些开头的批评进行反驳。"批评会令那些缺乏相应经验与技能的管理者有无所适从之感，其实，对于管理者而言，虽然批评在人物资源中能够起到独特的作用，但是必须讲求方式与方法，切不可走极端，无事找事只会适得其反，唯有在责备的过程中告知员工改进的方法与奋斗的目标，而不是借问题进行人身攻击，才能避免对方采取防卫性姿态，无法听进忠告。

以下是一些切实有效的批评手段：

1. 在批评之前弄清事实，问清原因

将事情弄清楚是展开正确批评的基础，有些管理者往往会在一时激动之下，便不分青红皂白地对下属展开批评，而忽略了对客观事情本身进行全方位调查的必要性。虽然管理者可能认为自己已经了解了事情的客观真相，但在批评的过程中，管理者还是应认真地倾听下属对事情的解释，这样有助于管理者了解下属是否认识到了自身的错误，同时也有利于展开下一步的针对性批评。

有时候，下属会针对事情的发生经过，告诉管理者一些管理者可能并不清楚的事情真相。若无法证实这些问题的话，管理者应立即结束批评，再展开进一步的调查与了解。当然，也有些员工在自己犯错时，连问题出在哪里都不知道，此时，作为管理者应将事情及时弄清，指出毛病具体出在哪里。

2. 尽量采用妥当的批评方式

批评需要因人、因事采取不同的方式，在面对本身就性格内向的员工时，管理者应该采用鼓励、委婉式的批评方式；对待生性固执、自视甚高的员工时，管理者可直白地将问题告诉他，以让其对自我行为有所警醒。对待严重的错误时，应以公开、正式的批评方式；对轻微的、无碍大局的错误，则应私下里点到为止。哈佛管理课中明确指出，由于批评往往会对不同的人产生不同的作用，所以管理者应既善于批评，又在批评中进行抚慰，即把握“胡萝卜加大棒”式的政策。

3. 只对事，不对人

批评应尽量在私下场合中展开，若下属的错误到了必须在公开场合论事时，管理者依然要尽量对事不对人：只针对某个问题、某种现象，而不是针对某个人，这样做也正是为了防止让下属误认为你对他有成见。只对事不对人的批评，可以使下属更客观地评价自己的问题，而且有利于在公司内部形成公平竞争的环境。

4. 言谈中应顾及双面因素

所有的错误都有其滋生土壤与空间，若在批评进行时，下属出现了抵触情绪的话，那么，在批评后的一段时间内，管理者应及时找下属谈心，将下属有可能产生的误解及早消除。不管是前期批评还是后期谈心，都应考虑到，员工犯错误往往由内因与外因共同引发，并在批评与谈话中将内外因分清，并认真反省自己应该担任的责任，同时以宽容、体谅的态度，来帮助下属吸取教训、总结经验，而不是将问题存储起来，搞秋后算账，否则很容易造成管理者与下属间的对立。

5. 避免超限效应

心理学上有超限效应一说：过多的刺激、过强的作用往往会引发心理上的不耐烦与反抗情绪。在批评下属时，若管理者的次数过多、针对同一问题过于反复，便会引发超限效应。可见，批评不能过度，而是应对下属“犯一次错，批评一次”。若非要再次批评下属，也不应简单重复，而是应换个角度，换种说法，唯有如此，员工才会没有被人“揪住小辫”的感觉，其逆反、厌倦心理也会随之降低。

6 会而有议、议而有决才是成功的会议

【哈佛商魂】：让改变从会议开始

就目前公司的情况而言，我一直认为，在会议方面出现的改变，是使时间因素得到最有力节约的一个有效措施。

——雀巢总裁鲍尔

【哈佛商规】: 无效会议使企业资源形成极大浪费

哈佛学者库克·贝利曾经对全球多达 184 家企业展开研究，在最终的研究结果中，他发现：

● 企业最高行政人员每个月会平均花费 21 个小时，而在战略决策上的时间却不足 3 小时；

● 管理者们在会议上花费的时间是他们全部工作时间的 30%~80%；

● 超过半数的管理者认为，自己在参与许多“浪费生命”的会议；

● 在大多数并不成功的会议中，有 90% 是因为没有足够的事前计划与组织；

● 在接受调查的人中，有 75% 的人承认，他们并没有接受过正式的会议管理培训。

由此可见，会而无议、议而无决的会议对于企业而言，不仅浪费了管理人员的宝贵时间，更使企业资源形成了极大的浪费。如何改善这一问题，成为了许多管理者都非常关心的问题。

【哈佛商战】: 从会议中节约时间的雀巢

身为世界上最大的食品公司之一，雀巢公司总是会召开不少的会议，但总裁鲍尔却发现，在这些会议的缠绕之下，他总是会忙碌得不可开交，想找一些时间去度假都非常困难，但是他的工作效率却从来没有发生过变化，有时候，他甚至会发现，在各类会议上，自己一直在听管理人员说一些与公司发展无关的废话。

为了改善这一情况，他在企业内部展开调查，并征求了各方意见，同时采取了强硬的手段来减少那些无关痛痒的会议。公司会议数量的缩短、会议次数的减少，使公司几个高级经理每天原来使用一个半小时开的例会改成了每周一次，每次一个小时。这样，每个人节约下来的时间每周便有 12~90 小时之多，有了这些时间，他们可以对其他堆积的事务进行处理，同时还能与团队中的员工进行更多的交流。

在召开会议之前，鲍尔要求，每一项会议都必须有明确的主题，同时规定出要完成的目标与结果，由于使用了预先通报的议事日程，使得会议变得更加有成效了起来。

在过去，雀巢公司从来没有书面会议记录，现在，会议记录成为了每一次会议之后必须总结的东西。在有人缺席时，会议记录可以帮助他们一样了解情况。同时，书面会议还使管理者可以更详细地发现，在此次会议中，有哪些讨论与议题是完全不必浪费时间、哪些是未获得有效进展的。这种由全体高级管理人员传阅的会议记录，使他们感觉到，自己的消息比过去灵通了许多。而鲍尔对此也非常满意："就目前公司的情况而言，我一直认为，在会议方面出现的改变，是使时间因素得到最有力节约的一个有效措施。"

不管是何种企业，大小会议都是不可或缺的解决问题方法，更是每一个管理者必须使用的管理工具。毋庸置疑的是，这些会议在解决了一些问题的同时，也浪费了很多的时间：即使是最擅长分析时间和管理时间的人，依然不免花费大量时间于会议和报告上。从原则上来讲，会议应该避免与低效率连在一起，一位管理者的时间也不能让开会占据过多，让会议在最简短的时间内，获得最佳的讨论效果，是每一个管理者都应努力的会议管理方向。

【哈佛经验】：六大要点帮助会议更有效

商业公司多会将会议当成向员工、客户提供信息的快速、有效手段，单纯地站在节约时间、获得成效的角度与立场上分析，怎样让会议变得更高效都是一个令人颇为费神的主题。那么，如何才能让会议更加紧凑呢？以下是一些行之有效的建议与方法：

1. 保持主题唯一性

一次会议、一个主题是最佳状态，这样，可以集中时间与精力，将有关人员汇集在一起，使问题更高效地得到解决。综合性会议最多也不要超过三个议题，议题越多，参加的人数越多，其效率也会越低下，成本也会越高。

2. 保持人员相关性

参与会议的人员应坚持少而精，在会议过程中，应坚持人员能够遵循有效性的原则，具体议题，让主责人员进行直接性的汇报，而不是让领导代为汇报，同时要避免“一问三不知”的情况出现。同时，要保证参与会议的人员拥有事务的决策权，以避免因无法做主而造成议而不决形成的资源浪费。

3. 事先进行通报

想要让会议高效，便应该在事先进行通知。重大议题应提前一天告知，让大家有机会广泛征求意见，充分做好准备，在开会时各抒已见，迅速地做出决策，以使会议效率进一步提高。会议的议题、相关的资料都应在会议通知中明确指出。

4. 时间应紧凑

事先对会议的时间进行规定，对于会议管理有着极为重要的约束作用。一个议题的会议一般应将会议时间维持在一个小时以内。超过一个小时还无法形成决议的，则说明分歧较大，可以回去准备，进行二次再议，以做出更准确的决策。

5. 会议记录应完整

会议记录可以让管理人员回顾会议具体讨论事项与相关结果，所以，会议记录应保持完整、规范性，从到会人数，到讨论者记录，再到决议、表决情况，都应进行详细的记录，以备观察。

6. 对后续决策进行检查

对会议决策情况进行后续的跟踪检查非常重要，在会议后几天，管理者应针对相关决策的相应部门执行情况，同时对各个重要的节点进行彻底的检查。在决策完成后，管理者应针对具体实施情况，进行及时的总结，好的表扬，错的处罚，以确保会议有效性。

Class 11

调动人力资源，实现以人为本

人是生产力三要素中最活跃的一个要素，同时，员工是企业人力资源的全部，而人力资本是重要的资本，所以，唯有将人力资本与企业的物质资源进行有机的结合，才能使企业在最大程度地创造出最多的财富，从而产生经济效益与社会效益。如何调动人力资源，其关键就在于管理者能否实现以人为本，而这也是哈佛学子们必须要学会的领导技能之一。

1 人力管理应以组织需要为前提

【哈佛商魂】：别让人力管理成为你的绊脚石

管理者若未意识到人力管理的重要性，总有一天，会在前进的路上跌倒。

——哈佛人力资源教授罗斯·哈尔

【哈佛商规】：企业发展受限于人力资源

人力资源的主要作用是从人的角度，为整个企业提供相应的支持保障，人力资源是企业执行、组织管理与开发事务最直接的关键性因素，更是企业妥善解决相关发展问题的源头性资源。唯有当人力资源与公司的战略实现劳动力、技能与知识、组织文化、考核体系的相匹配、并能有效对各项工作提供良好支持时，企业的可持续发展与一切宏伟愿景才有实现的可能性。

【哈佛商战】：因人力不足而失败的柯维特

在20世纪中期，柯维特连锁折扣商店曾经是美国人引以为傲的成功典范。该商店从销售行李箱起家，逐渐地发展到销售钢笔与照卡框等各种器材。公司的规模不断扩大，在1966年年底，该公司在全美范围内便拥有多达14家分店；从1950年到1960年长达10年的时间里，公司销售额由从5500万元急剧增长到了7.5亿元，柯维特成了全球范围内最大的零售业企业。

但是，仅仅在1967年，柯维特公司便遇到了经营上的巨大麻烦，其中最突出的问题便是随着分店数目的不断增加，所需要的分店经理也开始越来越多，但是管理部门却并未意识到这一点，更没有进行人才的甄选与提拔。特别是当公司在美国西部展开了业务之后，更凸显出了人才缺乏的危机。

没有优秀人才的辅助，商店运作一直无法进入正轨，纽约以外的其他各区连锁店的利润一直处于下降状态。以往，由于公司规模较小，所需要的人员也较少，公司总是可以轻而易举地找到需要的员工，更不需要担心人员紧缺问题。但是，现在，随着公司经营项目的增多，规模的急剧增大，便需要专业性人才来针对性地展开分店的科学管理，而下属商店所招收到的员工，很难符合公司的具体要求。

为了使不断扩大的生产需求，该公司不得不采取了最低端的人员调动方法，匆忙从基层提拔了大量员工充当正式的管理人员，但是，新提拔的员工由于见识不足、管理方法不够科学，极少能够胜任新的工作岗位。发现问题没有解决、反而更扩大化后，公司又从外部进行了管理人员的急聘，但这些管理人员却很难在短时间内了解公司的具体经营情况，适应公司的具体经营环境。

就这样，在迅速发展的过程中，柯维特不断出现人力资源不足的问题，最后，这家本身发展潜力不可估量的企业被比自身规模小很多的斯巴坦斯产业兼并。

从巅峰跌入深谷，柯维特的失败令人叹息，可是，柯维特并不是唯一一家，更不会是最后一家因为公司规模的不断扩大、人力资源结构的不合理而经营失败的企业。哈佛人力资源课的教授罗斯·哈尔曾言："管理者若未意识到人力管理的重要性，总有一天，会在前进的路上跌倒。"他指出，许多现代企业在人员规划与用人机制上都存在有极大的漏洞，他们缺乏一个与自我战略发展计划相协调的有效机制与策略。在公司遭遇了大变动时，这些企业往往因为人员不足或过多而导致迎战被动，结果全盘皆输。

【哈佛经验】：五大原则帮助建立合理人力规划

想要让公司获得可持续发展的能力，通常要求企业必须要拥有一个详细的发展计划，只有当一切规划都较为合理的情况下，才能建立起一支结构完善的管理队伍，才能令各个部门间实现默契的配合。罗斯教授认为，想要做到人力规划与组织需要相协调，管理者便需要在进行人力资源的管理时，遵循以下基本原则：

1. 人力规划与外部宏观大环境相适应

企业的人力资源规划方向、内容、目标与速度应该与外部宏观大环境中的经济、政治发展相呼应，在考虑到企业自身发展的需要时，管理者需要注意使企业的人才规划与市场经济的发展体制与现代企业制度结构相符合，与企业自身的发展特点、日后的改革相符合。但是，这种适应并非一蹴而就，而是以人才的类型、年龄、素质、专业、观念等诸多方面的广泛适应为基础方能实现的。

2. 人力规划应与企业的具体发展规划相适应

若将整个企业的发展比喻成一个大系统的话，那么，人力资源便是一个子系统。管理者应将企业人力资源规划本身作为一个整体，而将在企业内部不同层次、不同部门、不同环节中的人力资源规划，作为总规划中的子系统，进行统一的考虑、统一的规划，唯有如此，才能让人力规划与企业具体部门的需求与发展保持一致性。

3. 管理者应保持人力规划具有一定的前瞻性

在进行人力资源的规划时，管理者必须事先进行人力资源未来预测，并根据预测的结果，进行现实资源的调整。所谓的人力资源预测包括两个具体的方面：企业未来将会朝着怎样的方向发展；以企业发展方向为基准，对人力资源进行相应的预测。做到了前者，方能保证后者的正确性。

4. 人力规划应始终服从组织需要

没有目标的行为便没有意义，所以，在进行人力资源规划的编制时，管理者应明白，其首要目标是为了满足、更好地配合企业整体经济效益的提高，所以，人力资源的具体化势在必行。在进行企业人力规划的目标确定时，应以人力资源所产生的具体效益、人才效益、人均利润率为具体的量化指标。

5. 对企业内部的五大关系进行良好的协调与控制

不管人力资源的目标有多么宏观，管理者始终要明确这样的看法：人力资源规划是整个企业发展规划的具体组成部分，在其执行与编制过程中，自始至终要与其他因素相协调、相平衡，特别是那些与企业发展密切相关的因素。以下五大因素是管理者最应注意的：当前与长远、需要与可能、整体与局部、数量与质量、速度与效益。

2 用人所长，方能发挥资源最大化

【哈佛商魂】：识人长处，大胆运用

对人才的运用，仅仅限于收罗是远远不够的，最重要的是，对人才不仅要善于对其长处进行识别，更要对其长处进行大胆的运用，以让其充分地显示出自己的才能。

——微软前总裁比尔·盖茨

【哈佛商规】：用人之长方能让企业获得长足发展

虽然在现代企业中用人之长是一个被人广泛重视的问题，但是真正执行起来，却往往又总是会因为各种因素被管理者所忽视。用人之道是管理学中一个含义非常广泛的课题，它所考察的不仅仅是企业的管理者是否能够成功驾驭组织，更考察了管理者是否具备高瞻远瞩的品质与决胜未来的胸怀与品质。可以说，企业是否能够走向成功，很大程度上是管理者是否能做到知人善任、用人之长的直接结果。

【哈佛商战】：微软：只用最恰当的人

作为世界上发展最快的公司之一，微软总是一直在致力于寻找最优秀的人才。在一次人回顾上一年重大事件的会议上，比尔·盖茨一再提起的唯一成就，就是他为自己的管理人员选择了一大堆在其行业中属于“聪明人”的人：“对人才的运用，仅仅限于收罗是远远不够的，最重要的是，对人才不仅要善于对其长处进行识别，更要对其长处进行大胆的运用，以让其充分地显示出自己的才能。”

在有关比尔·盖茨的许多故事中，那些寻找人才的片断要比他的财富增加更令人激动人心。在微软，“聪明”人是一个具有特别含义的词语。为了考查出谁是最适合组织所需要的思维灵动性极强的人才，微软建立起了一套考查程序。比如，在应聘时，微软相关人员会给你“3388”四个数字，看你是否能在最短时间内，以最基本的加减乘除对数字进行组合，得出24这个结果。有时候，考官还会询问你“美国有多少所旅馆”这样的奇怪问题，而这些问题当然不是要求你得出正确的结果，事实上他们也没有标准答案，只是为了考查你是否具备与职位相连的思维能力而设置的。

微软是全球赫赫有名的IT巨头，但这并不意味着它只招聘计算机人才。事实上，微软还会在管理、测试、行政等方面，笼络那些最适合职位的人。盖茨认为，唯有每一个职位都用上最恰当的人，整个组织才能更好地运作。

比尔·盖茨还有着一个特别的人才观念：当一个人正在为自己的生计发愁时，他便能发挥出自己的潜能，进行创造性的思维。因此，一旦发现那些本行业中较为出色、但因所在公司落败而失业的人才，他便会在适宜的时候招其进入微软，并根据其长处，提供最佳职位。

哈佛商学院教授蓝依·斯佐斯曾经如此评价过盖茨："他从来都是有意识地对那些拥有天资的人进行雇用，并向他们提供丰厚的回报，这似乎已经成为了一种流行的成功模式，而这种模式也正是微软成功的最重要原因。"微软的成功，充分地证明了这样一点：企业是否成功，关键在于是否网罗与恰当运用了足够的优秀人才，唯有将那些最出色的人才安排在最恰当的位置上，公司才能获得更出色的发展。

【哈佛经验】：四大规则助你用人所长

著名管理大师彼得·德鲁克曾经说过："有效的管理者往往可以使人发挥其长处，而且他们非常清楚，只把握缺点与短处是无法成事的。为了实现目标，管理者必须要用人所长。"在用人所长这一问题上，管理者们首先遇到的问题就是如何对自己的人员进行配备。那些卓有成效的管理者在进行人员的选择时，总是会充分地考虑如何才能将他们的长处发挥出来，而不是只专注于他们的短处。德鲁克指出，想要真正做到用人所长又避免陷入因人设事的泥潭之中，有四条规则可以遵循：

1. 对职位进行合理的设计

管理者必须要明确一点：职位是由容易犯下错误的个人来设计制定的，因此，在进行职位设计时，应避免设计出"不可能就任"的职位来。此类职位一般在开始时都是为某个非同寻常的人设置的，但是它只适合某个人的一些特殊气质。想要胜任此职位，便必须要拥有着不同的气质，但事实上，这样的人在现实生活中非常稀少。因此，此类职位往往会成为无人敢坐、无人能做的职位。所以，若你发现组织中有某项工作已经连续令两三个人认为无法胜任、而对方在过去曾经有过优秀的表现，那么，你便有理由去怀疑，这个职位是不可能做好的，是需要进行二次设计的。

2. 确保每个职位都拥有较广的范围与较高的要求

若职位缺乏挑战，工作范围过于狭窄的话，只会让人才流失，或是让人才甘于平凡，渐渐地失去本身的杰出之处。所以，身为管理者，你必须要保证，组织中的每一个职位都应带有一定的挑战性，可以令你充分地发挥自己的长处与优势，更应拥有足够的回旋余地，令任职者可以将与任务有关的优势进一步转化为对实现组织目标有帮助的成果。

3. 考虑被用之人到底有哪些长处

管理者在用人时，绝不应只看到职位的具体要求，更应该考虑到，被用之人到底有哪些长处。换句话而言，在决定将某人放置到某个位置上之前，管理者便应对此人的具体的长处、短处进行充分的考虑，而且，在考虑时，会将范围扩大到几个职位以内，并以此为人才提供更好、更适合其能力的适合职位。

在对人才进行评估时，管理者应制定相应的表格，上面有此人当前与过去的不同表现，组织对其工作的实际要求，之后，再提出相应的问题：

- 在哪些方面他做得比较好？
- 哪些工作他可能完成得更好？
- 若想要将他的长处充分地发挥出来，他还在哪些方面有欠缺？
- 若我有至亲在企业中工作，我是否愿意让至亲在他手下工作？若愿意，理由是什么？若不愿意，理由又是什么？

这种评估应放在人的长处上，以某人“可以干什么”开始，而他的短处只是为了更好地确定他的长处在哪里而出现的。

4. 想要用人之长，便必须要以工作成绩作为检验

只有通过对工作成绩的具体检验，才能真正选拔出适合某项工作的优秀人才，而这也是管理者甄选人才、提拔人才时最应遵循的原则。这是因为不仅职位需要最适合它的人来坐，而工作有成绩的员工也需要以自己的行动来赢得机会。因此，用人要着眼于机会，而不应去考虑用此人的话，具体会产

生什么问题，这样，不但能够建立起一个有效的机构，更可以激发起工作人员的献身精神。

同样，管理者也应将那些一贯表现不佳的人调离或清除出岗位，否则，他们只会对组织中的其他人形成腐蚀，而这样的行为对于整个机构而言并不公平，同时也剥夺了那些下属的升职、成功机会。

3 卓越用人，从人才选用入手

【哈佛商魂】：真正杰出的个人会不断深入问题核心

唯有不断地深入问题的核心，才能够弄明白它到底有多么复杂，才能找到彻底解决该问题的根本方案。大部分人会在做到这一步之后便满足于此，并会就此打住，但真正杰出的团队与个人却会继续探索，直到最终能找到隐藏于问题背后的真正症结所在，并进而提供出一套漂亮而不失优雅的解决之道。

——苹果创始人乔布斯

【哈佛商规】：得人才者得天下

中国有句古语：得人才者得天下。这句话运用到现代市场竞争中依然可行，市场竞争归根到底属于人才的竞争。随着全球化进程的不断推进，企业对于人才的需求也开始越来越强烈，想要获得不断地发展，企业便需要不断吸纳人才。在为企业中的空缺职位挑选符合该职位所需才能的人员时，求才的目的便是选择一位最优秀、最适合本职位的人才。而在这一过程中，是否能够寻找、吸引到那些既有能力、又有兴趣到本组织中任职的人，成为了人力资源能够发挥最大化效用的基本所在。

【哈佛商战】：乔布斯：成功从选才开始

苹果产品的出色我们已经无须赘述，对于世界上大多数的管理者而言，虽然乔布斯已离去，但其在管理方面的出色与应用创新精神依然会传承下来。乔布斯的成功一方面源于自我的努力，另一方面，则是因为其手下的出色团队。

苹果的Mac团队在开始创立时，成员的平均年龄皆在22岁以下，这些人中有部分人从来没有制造过商业产品，他们凭借的是自己在设计上的天分。乔布斯在领导设计团队时，可以和谐地指导许多层次的工作。这些层次中，最重要的就是“改动世界”，其次是以实践制造出更精致的产品，包括硬件、软件、系统与相关的周边配件。每一次在进行新产品开发时，苹果便会网罗该产品范畴内所能找到的最好人才，并由乔布斯亲自进行开发小组人员的招募工作——这项工作从来没有被他人代替过。

乔布斯有着自己独到的人才观，他认为，1名出色员工相当于50名平庸员工。组建起由一流设计师、管理人员与程序员共同组成的“A级小组”是乔布斯最核心的工作。乔布斯一生面试过超过5000人，真正能够被他看中的人并不多。

在发现人才时，乔布斯总是会对他的基本面进行考问：他是否抱有激情、是否拥有创新能力与挑战传统的勇气、是否能应对压力。他每一次都会问一个必问题目：“你为什么来这里？”而这个问题总是会问倒很多人。

这也是出于团队策略的考虑：乔布斯认为，在面对问题时，最关键的是成员是否致力于找到一流的解决方案，而不是找到短时间奏效的解决方法。而一流解决方案的形成过程中，势必会遭遇大量的难题与常人无法想象的压力，此时，成员能否保持一如既往的激情、能否坚持自己对创新与原则的坚持，便成为了决定问题的关键。

乔布斯曾经说过的一段话，可以理解为苹果对创新与人员之间关系的最终诠释：“唯有不断地深入问题的核心，才能够弄明白它到底有多么复杂，才能找到彻底解决该问题的根本方案。大部分人会在做到这一步之后便满足于此，并会就此打住，但真正杰出的团队与个人却会继续探索，直到最终能找到隐藏于问题背后的真正症结所在，并进而提供出一套漂亮而不失优雅的解决之道。”

正是因为秉承了这样的团队精神与独特人才挑选原则，才使得苹果的应用创新如此精湛。根据哈佛商学院给出的权威调研数据表明：错误地雇用一名员工，为企业带来的潜在损失将是该名员工年薪的3~10倍。相应地，若企业能够聘任到适合且优秀的员工，将会为企业带来现有生产力水平的6%~20%的经济利益。由此可见，在这个人才时代里，减少人才甄选的误差，实现精准的人才选用，是企业人力资源的重中之重。

【哈佛经验】：以复合漏斗模型选择最佳人才

为了实现企业的人才战略，管理者们从来没有停止过在甄选方法上的尝试与不断探索，但是，整个招聘流程中的各种误差却令大部分的甄选结果并不尽如人意。如何减少误差，使人才甄选精准度增加？对此，哈佛商学院给出了“复合漏斗模型”的选拔人才操作模式。该模式是基于个人“能力素质”上的“整合性评估”，是企业在人员选拔过程中既简洁、又极为有效的技术操作模式，其具体操作可以简单地分为以下四个层次依次进行：

1. 知识技能过滤层

该层次属于复合漏斗模型中最简单的一层，同时也是人才考察过程中的第一步。管理者可以根据所需人才专长，分门别类地建立起自我试题库，针对不同的职位要求进行及时的更新与维护，以方便使用。

2. 行为能力过滤层

属第二层次，主要包括对人才过去的工作行为与具体的行为表现进行考查。该层次的考查重点在于观察对方是否具备做好该目标职位的工作能力，即考查的重点在于，是否“做得了”与“做得好”上。在操作过程中，管理者可基于“行为事件访谈”方法，结合“STAR”技术进行面试。

行为事件访谈是指让被考查者针对STAR标准：即具体的情境（Situation）、相应的任务（Task）、具体采用的行动（Action）和行为导致的结果（Result）四个要素进行追问与考查。这样的人才甄别方法，可以使人才的针对性、标准性、有效性与结构性大大增强。

3. 人格深层次类型过滤层

属于第三层次，主要针对被考查者的人格类型、性格特质与行为动机进行具体的评价。这一步的筛选其目的在于，使人员个性与职位实现最佳的匹配。这是用人是否成功的最关键步骤，因为从长远人才计划来看，个性往往会对人的成功起到决定性的作用。很可能同时抛入的一批人才中，每一个都完全具备了做好某项工作所必需的知识、经验、技能与行为能力，但是由于个人人格类型不同，而最终导致了不同的发展结果。

在该层次中，管理者可采用心理与人格测量技术进行结合，而该步骤是否能够成功,关键在于管理者是否采用了有效的测量技术与测量工具的组合。如今，企业管理过程中，应用频率较高、效果较好的测量工具有人格测量、情商测量、团队角色测量等多种方式。除此以外，还可根据考查者的个人情况，采取其他技术操作方式，对被评价者进行人格潜能评价，如角色扮演、笔迹分析，都是不错的选择。

4. 核心文化过滤层

这是人才甄选漏斗中第四层，该层次主要针对被考查者的核心素质类型与企业文化相匹配与适应程度展开，这一层次对企业用人有着不言自明的重要性，因为若文化适应不好的话，人才便无法与企业配合默契。而且，被考查者将来在企业中的绩效表现也会不佳，更无法做出长期性、稳定性的贡献。另一方面而言，文化适应与否，也决定了被考查者将来在企业里是否可以获得个人成功，是否可以实现自我价值。因此，这一步的考查，对于个人与企业而言，都非常重要。

在进行该层次的甄选时，企业应首先对基于战略发展上的核心价值理念进行明确，而不是单纯地了解对方是否知道企业的口号。有了对企业核心文化的了解，再结合前三个层次，展开对被考查者的了解与评价，同时进行核心文化要素与个人能力要素的综合性对比与分析，使个人与文化的匹配度确定来下来，并对是否雇用对方做出最后的判断与决定。

4 绩效——人才管理的最薄弱环节

【哈佛商魂】：中国企业面临绩效管理与人力资源无法协调问题

中国企业总是会在人力资源与绩效管理之间发生偏差，他们生搬硬套西方的做法，却不知道，很可能有些做法并不适合他们。

——哈佛管理学教授伊拉·杰克逊

【哈佛商规】：绩效管理直接决定人力资源管理结果

成功的人力资源管理，是在人本思想与经济学原理的指导之下，通过恰当的方式，对组织内、外相关的人力进行最有效的运用，以在满足组织当前与未来发展需求的前提下，使组织目标顺利实现，同时保证成员发展的最大化。而在人力资源管理过程中，绩效管理是最薄弱、最容易出现问题的一个环节。从一定程度上来说，人力资源是否能够充分地发挥其预期效用，在很大程度上取决于组织是否能够提供有效的绩效管理，对员工进行报酬的合理支付，达到有效激励、实现组织最优绩效。

【哈佛商战】：方正：企业成绩与绩效管理一同发展

在1999年，中国方正电脑公司出台了第一套全面考核体系，至今，该体系已经发展到了第三版。第一套体系对组织最大的贡献在于，它建立起了绩效考核的观念；第二套体系则针对绩效指标与工作的相关性进行明确，使绩效的有效性进一步提高；随后，在公司规模不断扩大、业务不断细分的情况下，单一的绩效评估早已无法满足公司的发展需要，而绩效管理作为连接企业战略与成果的重要环节，也随着公司的发展，建立起了第三套版本。

在方正电脑公司中，绩效管理的目的非常明确：

- 对员工的工作绩效进行客观的评价，帮助其提升自身工作水平，从而使公司的整体绩效得到进一步的提高；
- 加强员工与管理人员仅就工作期望、职责与表现、未来发展方面，进行全面的双向沟通；
- 为员工提供与其贡献相一致的激励。

在这一体系中，公司的全体成员都是主角：高层管理者是核心与提倡者；人力资源部是构架者与维护者；部门经理是执行者与设计者，而员工则是具体的参与者与反馈者。

在方正绩效管理体系中，工作表现考核与公司的核心价值观进行了直接的联系，使员工与企业紧密相连。同时，绩效计划中列出了季度主要工作任务与考核标准、权重和相关的资源支持承诺。这张表将成为本季度的工作指导与考核时的具体依据，充分地将绩效管理中的监督职能体现了出来。而在季末进行考核结果评价时，方正按一定的比例，将分布归入了七个不同的等级，使员工的绩效工资受到直接的影响。

在积极推动现有绩效体系、维护其成果，寻找其不足的同时，方正管理者也在积极主动地寻求绩效体系中更有利于组织发展的下一个版本。在有效的绩效管理下，方正集团成为了中国新兴IT企业中的重要企业，而在企业发展的同时，其员工也获得了丰厚的回馈。

绩效管理源于20世纪的70年代，以其优美流程与完善体系受到了管理者的喜爱，并被管理学家誉为管理者的圣杯。绩效管理是实现人力资源实现良性循环的关键因素，同时也是实现企业发展目标、提升内部管理能力的最大保障。由于企业基础与文化氛围有所不同，在探索适应自身的实际适用、简单式的绩效管理时，管理者需要明确，绩效管理应建立在自我需要与发展基准上。

【哈佛经验】：四大方法帮助中国企业实现人力与绩效的最佳协作

哈佛管理学教授伊拉·杰克逊曾经针对近年来中国企业的迅速崛起展开过多年的调查，他发现，虽然中国企业拥有着人力资源上的先天优势，但却未能对这种优势展开充分的利用。“中国企业总是会在人力资源与绩效管理之间发生偏差，他们生搬硬套西方的做法，却不知道，很可能有些做法并不适合他们。”伊拉教授指出，中国人力资源普遍存在战略目标缺失、管理基础薄弱、爱好中庸之道、人力资源管理能力弱、管理者习惯内敛的风格。这些因素使目前的中国企业极难对西方完整的绩效管理体系进行完全性的实施。伊拉教授建议说，中国企业应从西方绩效管理模式入手，找出一种更简单、更实用、更适合自我发展的方法，简单来说，可以归结为以下几点：

1. 令绩效管理通俗化

绩效管理其实就是一个在现实生活中不断制定目标、不断检查目标实现情况、不断寻找对策的具体过程中，它是每一个管理者都可以使用的一种简捷人力资源管理工具。在中国企业，特别是那些刚刚推行绩效管理的企业，应让绩效管理更加通俗化，让每一个管理者都明白，绩效管理是他们在进行管理时，随时可以运用、且极为有效的工具，而并非深奥得只有高层关心、庞大得必须要靠整个公司体系来运作的复杂工具。

2. 考核指标只需满足企业发展需要

西方绩效管理中提供了多种多样的绩效管理工具，但是，对于中国众多中小企业并不具备完善的工作分析，而且无暇去应对这些复杂工具在实施过程中带来的操作性问题。因此，中国企业只需要从绩效方法中选取一些适合自我实际管理的指标，仅对关键性任务进行评价即可，之后，再随着企业的逐步发展，逐渐地参考这些体系，将考核体系进一步完善起来，以追求企业的长远、平衡发展。

3. 进行高频度柔性管理与低频度硬性考核的良好结合

许多中国企业很担心绩效管理会花费巨大的成本，但事实上，我们完全可以将这种成本节约下来，进行高频度的柔性管理，同时结合低频度硬性考核，即将对员工考核评分的周期不断地拉长，但是在日常管理过程中，管理者应始终保持绩效管理的具体意识，对员工的表现进行观察，同时进行及时的反馈，以实现最大程度上的人力资源优化配置。

4. 对考核结果进行多样化运用

中国很多企业的工资水平并不高，所以，在绩效工资的管理与发放上，便会遇到许多实际问题。因此，管理者必须要学会对考核结果进行多样化的运用，最好可以与培训、员工职业生涯发展与晋升相结合起来。若企业还不具备进行这种管理的基础，那便只能依靠管理者在日常柔性管理中对员工进行当面的口头表扬与批评来进行考核结果的体现。中国人习惯情感内敛，所以，在进行这一点时，管理者应先做好自我情绪与情感表达的分寸控制，以让员工得到恰当的赞扬与批评。

5 如何管理人才流失

【哈佛商魂】：人才流失让企业损失巨大

除了在重新招募、选拔人才、训练新员工对企业内部工作流程等方面造成的有形成本外，一个人才的流失，往往会让企业付出巨大的代价。

——哈佛人力资源专家杰费里·格洛

【哈佛商规】：建立人才流失管理机制，避免无谓损失

欲造物，先造人，企业的优秀人才永远是企业在竞争中制胜争先的关键性因素，但由于人力资源具有流动性，而人才市场又具有开放性，使得部分现代企业人才流失愈演愈烈。当优秀员工离职成为了企业中经常发生的事情时，企业需要做的，不再是针对个案进行相应的管理，而是必须要上升到组织战略的高度，建立起一套针对人才流失的管理机制，从而避免大量优秀员

工流失有可能给企业带来的经营危机与巨大损失。

【哈佛商战】：谷歌：成长的烦恼如何度过？

虽然谷歌被公认为是全球规模最大的搜索引擎，同时从2009年开始，连续三年被工程界与商业界评选为“最吸引人才的企业”，但实际上，其内部员工流失率正节节攀高，如今的谷歌正面临着怎样才能在招来人才后，挽留住人才的巨大挑战。

随着谷歌业务规模的不断扩大，其员工总量也在不断增多，不少员工认为，谷歌的工作效率早已大大降低。在硅谷，往日的创新巨人成了大家眼中行动迟缓的巨人。谷歌里部分优秀的工程师对组织中日益严重的官僚主义越来越不满，他们开始期望自己创业，或者转向其他具有更有发展潜力的公司工作。

自从进入2010年的10月份开始，除底层员工外，基层工程师、科技先锋、产品销售经理等，都开始选择了离开谷歌。例如，谷歌产品经理乔什·麦克法兰德离职创办了Tell Apart；拉斯·拉斯穆森曾经帮助谷歌开发出了Google Maps和Google Wave，如今，他已跳槽到了Facebook；Google移动广告部的副总裁奥玛·哈默伊现在自己开起了一家名为AdMob的网络公司。据统计，仅在Facebook一家企业中，便有多达142名员工曾任职于谷歌，而这一数字现在依然处于增长状态中。

对于每一个公司而言，组织僵化都是公司发展到一定规模后必然会出现的问题。但是，在硅谷这个极为重视创新的地方看来，发展缓慢与官僚主义盛行是比组织僵化更加严重的问题，而硅谷公司正是以互联网速度的不断增长与不断创新为主要特征的。但是从2005年开始，谷歌员工由原来的5000人增加到了2.3万人，其营业收入虽然也由原来的32亿美元增长到了如今的237亿美元，但是却面临着与最优秀人才与创意的擦肩而过。如何在保持现有赢利率的基础上，降低长达七年的高人才流失率，是目前谷歌不断扩大过程中最需要解决的问题。

谷歌的人才流失一方面是由于员工对于企业内部政策不满引发的，另一方面，则是由于其最优秀的工程师具备的强烈创业欲而导致的。虽然其案例存在特殊性，但是在人才流失问题上的疑问却与其他企业相同。当员工离职率偏高时，企业管理者便应该尽量针对问题找到症结：到底是哪个环节出现了问题，导致了人员纷纷出走？唯有找出问题根源，方可减少人才流失的现象。

【哈佛经验】：四大步骤，帮助留住优秀员工

哈佛人力资源专家杰费里·格洛在自己的著作中指出：除了在重新招募、选拔人才、训练新员工对企业内部工作流程等方面造成的有形成本外，一个人才的流失，往往会让企业付出巨大的代价。想要减少这种既流失人才、又损失钱财的事情发生，公司便应该对此采取相应的措施。格洛认为，若管理者能从以下四大步骤入手，对人力资源进行管理的话，则人员流动率将会大幅度降低：

1. 对离职原因进行了解

了解原因是解决问题的第一步，当发现企业员工流失率偏高时，公司应先对员工离职原因进行了解：

● 收集四种资料

企业收集资料时可采用离职访谈、问卷调查等。需要收集的资料有：流失率最高的是哪类员工？企业中是否有政策使员工不满？业界内的普遍员工流失率是多高？未流失的员工为何继续留在公司？

● 对现有员工多重视

现有员工的资料收集，可以让管理者明白自我公司的优点所在，同时也有利于让在职员工感受到自我受到了重视，从而放弃离职的想法。

● 委托第三方进行资料收集

有些离职员工为了让离职过程更容易一些，并不愿意在离职时谈及对公司的不满，想要避免这种情况，管理者可找第三顾问公司，在员工离职一段

时间后，再对他们展开追踪调查。这样获得的资料更加正确、更可靠。

● 对外部同行业资料进行补充

除了对内部原因、缺点进行总结与改正外，管理者还应从外界进行额外补充资料的收集。例如，人员流失率的相关研究，企业留住人心的实际做法等，以便对比自我，做出相应的战略调整。

2. 对资料进行解读

有了真实、足量的资料后，公司需要对这些资料进行正确的解读，解读过程中，管理者应注意以下问题的具体界定：

● 人员流失率并非越低越好

人员流失率并非越低越好，事实上，当业绩表现不佳的员工离职时，对公司反而是件好事。在进行人员流失分析时，管理者应将流失员工的具体表现进行分类，依据其对公司造成的影响进行判断。

● 部分人员流失不可避免

有些员工会因为个人因素无法再继续工作，有些员工因为自我能力不足而离职，这些都是无可避免的人员流失情况，在面对人员流失数字时，管理者必须看出其中的真正意义，来决定公司是否可以接受此类人员流失。

3. 针对症结，找出解决方法

找出人员流失的症结后，企业应该接着针对相应的问题，找出具体的解决方法。有些时候，员工流失是因为企业里的竞争压力过大，此时管理者便应该对员工竞争策略进行正确的调整；若是员工因为升职机会不多而离职，管理者则应为下属提供更多发展机会。

4. 制定相关的策略

企业需要制定出防止人员流失的相关策略，首先应决定策略目标，例如，未来一年里，企业的行政部门整体离职率应减少 5%。此类策略目标可以是全局性的，也可只在部门实施。而所谓的相关策略，也正是为了让公司留下他们期望留下的员工。

有研究证明，若现有企业可提供的工作机会与其他企业差不多，一般人都人选择静止。因此，想要留住员工，企业需要让员工的工作增值，让其在衡量去留的时候，发现本企业拥有整体性的吸引力。唯有如此，企业才能真正地留住人才。

6 让员工看到成长希望

【哈佛商魂】：从员工的心声中学习智慧

我们从倾听员工心声中学到了许多，毕竟，并不是只有管理者才有智慧。

——索尼创始人盛田昭夫

【哈佛商规】：看不到成长期望，便会造成人才流失

所有的企业管理者都期望自己可以多赚钱，而企业是否能够实现利润最大化，取决于每位员工是否能够发挥出最大的激情。管理者不关心员工的成长计划，让他们长久看不到自我在企业中获得能力、职位提升的时刻，便等于是在蒙上员工的眼睛走路，由于不知道自己能有多少前进空间，员工也会对企业的前途漠不关心。员工对企业不负责，企业便对员工不放心，更不愿意为员工加大培训等投入，而员工也会对企业更不忠诚——一旦企业内部形成了这样的恶性循环，那么，人才流失现象便会变得极为严重。

【哈佛商战】：办立周刊，让员工获得晋升机会

盛田昭夫，日本索尼公司的创始人，素有“经营之圣”的称号，在自己的管理实践中，他体会到，通过一定的方式与途径让下属有机会表达自己的看法、发表相关的批评意见，对于组织而言，非但不是不幸，反而有利于培养起上下级一体的工作关系，使组织所承担的风险大为降低。

在一次与底层员工进行谈话时，对方告诉盛田昭夫，他对索尼有着极深

的感情，并期望在公司中获得更长远的发展，但是，他的顶头上司是一个庸碌之辈，非但听不进去他人的劝诫，反而会对一些有可能对其形成竞争压力的员工进行排斥。如今，他感觉在索尼越来越没有前途，并生起了离职之意。这次谈话给盛田昭夫带来了极大的震撼，他开始意识到，在公司中，这样的员工有很多，而想要改善这一情况，便必须要让员工获得更多、更自由的发展机会，并能让他们更畅快地表达不满。

为了进一步扩大员工对职位需求的了解程度，盛田昭夫在公司内部发行了一份周刊。这份周刊上刊载了各个单位、各个部门现有的空缺职位，而其目的在于，让那些有能力的下属可以自己选择上司。这样一来，许多员工都可以悄悄地对公司内部其他有可能的工作机会进行试探，并让他们借助于内部的调动，找到最适合自己的工作。

盛田昭夫在随后的董事会上指出，这样做可以为企业带来两大好处：员工可以找到更满意的工作，而人事部门也可以因为某部门下属的纷纷离动，而侦测出管理上潜伏的具体问题，并对该部门的主管进行相应的调动，这样，所有的问题都可以迎刃而解。对此，盛田昭夫颇为庆幸："我们从倾听员工心声中学到了许多，毕竟，并不是只有管理者才有智慧。"

盛田昭夫举办周刊的行为在最大程度上避免了无谓的人才流失，并在一定程度上促进了公司内部不合理制度、管理的调整速度，同时也使员工拥有了更多的内部发展机会，并因此而对企业抱有更多的"知遇之恩"，从而更努力地工作以报答企业。公司听取下属的意见，欢迎员工提出好的建议，必然会使员工的主人翁意识进一步萌发，并能自动自发地去考虑问题，而这也正是令员工与组织更加协和的关键因素所在。

【哈佛经验】：以有效方法促进员工成长

在哈佛人力资源课中明确指出，理想状态下的企业如同金字塔，塔的根基便是企业对于员工需求的满足。那些认为效率优先，员工次之的管理者只会营造出头重脚轻、根本站立不稳的组织结构。而想要让企业最宝贵的资源——员工得到更大的提升，进一步促进其成长，管理者可以通过以下方法来完成：

1. 高层重视

所有的企业行为都源于企业自身的理念，对于员工成长的重视与支持，是企业高层拓展员工成长空间的基础与前提，而自上而下的推动对相应制度、措施的执行将会大有裨益，而不至于让它们沦为单纯的宣传与昭示。当然，高层重视不仅仅源于意识层面上，更不是单纯的口头说辞，而是在于有效的执行。通过持续而长久的感召与影响，令所有的员工都能感受到重视人才的氛围。

2. 提供培训

人力资源中的“学习型组织”指出，在变幻莫测的商业环境中，组织应对压力迸发时，必然会以学习来进行自我提升，而员工在这样的组织中，也会对自我价值进行深入的思考。大部分员工都期望自己可以承担更多的责任，不断地实现自我、提升自我，这对于员工的能力与知识提出了更高的挑战，一方面，员工能力提升来自于工作过程的积累，另一方面则是来源于学习。企业培训是员工学习的一大重要途径，对员工进行培训是一种福利，更是一种奖励，同时也是组织对员工工作的肯定。在提升员工素质、丰富员工知识、营造进一步的机会的同时，培训也会对员工的生活进行丰富，使其视野得到拓展。

3. 提供职业上升空间

员工成长的一般性过程是在工作中获得经验与知识，而晋升则是管理者对于员工成长结果的肯定。晋升令员工有机会去接触更高层次的工作，令他们由具体的事务执行者向组织的管理者进行转换。同时，晋升也帮助他们开始使用不同的思考方式来看待企业的运转，使他们具有了更广阔的视野、全局性的眼光，而这种转换正是员工能够获得的重要成长。

4. 帮助进行职业生涯规划

在对自我职业生涯进行规划时，员工往往处于笼统而模糊的状态之下，这是企业为员工提供完善的职业生涯规划的最主要价值所在。从进入企业的那一天起，一条明确的职业道路，不仅会对员工产生精神上的激励，令其对工作产生满足感，同时也会帮助员工进一步明确发展方向，使员工以正确的心态去理解、接受企业的发展战略。当然，在帮助员共进行这种科学、专业的职业生涯规划时，企业应尊重员工意愿，以其具体能力为基准，提供个性化的职业生涯规划。

5. 建立良好沟通机制

目前，几乎所有的企业都有一套自己的绩效考核方法，但是，管理者在抱着帮助员工成长愿望的同时，也应做到与员工进行充分的沟通，让他们对自我发展、所处环境的意见有表达、倾诉的渠道。当然，沟通并非只有依靠冰冷的制度方能实现,若管理者可以站在朋友的角度上与朋友进行沟通的话，往往会实现意想不到的效果。

Class 12

做优秀总经理，发挥强大影响

哈佛商学院对于“总经理”有着明确的定位，一个成功的总经理必须是一个全才，他最起码应具备人事、专业与概念上的三种技能，这三种技能不仅可以将特殊品性进行必要的排除，更可以提供正确看待事物与处理管理过程的最有效方法。对于总经理而言，他必须是一个决策者与沟通者，更需要是一个策划者。

1 现代总经理的定位

【哈佛商魂】：顾客要求做什么？

我经常问自己这样一个问题：一个像我一样的顾客，会要求我们做什么？

——嘉信理财创始人查尔斯·施瓦布

【哈佛商规】：信息时代要求高素质总经理

我们正在全面进入一个竞争日益激烈的信息时代里，在这个全球协作日益凸现的大环境中，一切组织与活动都在信息中发生着千丝万缕的联系。信息正在以无形的巨大能量对人类文明的发展进行着左右，决定着社会的一切社会、经济、科技活动的成败与兴衰，决定着人们物质生活的质与量。离开了信息，人类社会活动将会不复存在；离开了准确、及时的信息情报，一切决策都是主观盲目的。如今，信息时代早已对企业总经理的个人素质提出了严峻的挑战，个人是否能够适应时代的要求，是自我能否担任公司主要决策人大任的关键所在。

【哈佛商战】：查尔斯·施瓦布的出色人生

查尔斯·施瓦布，嘉信理财创始人兼 CEO，被《福布斯》称为“在线经纪之王”。

在 1963 年，施瓦布与和自己的两个伙伴创立了一本名《投资指南》的投资顾问期刊。在长达 12 年的时间里，有超过 3000 名的读者对这本期刊进行了订阅。在20世纪70年代早期，施瓦布已经成为了第二大共同基金的经理，随后，他向自己的叔叔借了 10 万美元，在旧金山成立了一家名为“第一指标”的经纪公司。3 年后，即 1974 年，该公司成为了世界上首个佣金折扣公司——嘉信集团。

在 1977 年，施瓦布决定，向本州以外的美国地区进行扩张，并在西雅图开起了分公司，同时，开始向委托人提供研究信息。这一举动在佣金折扣生意中是一个先锋式的举动。此时的施瓦布充分地发挥出了自己的高瞻远瞩与细心，他从多年的调查中发现，那些行业中的优秀企业多半是因为自身拥有着良好的计算机系统。于是，施瓦布立即为公司购买来了当时美国市场上所能买到的最好计算机，并且每年花费了高达 2.5 亿美元来为信息技术系统进行升级。

施瓦布认为，一个成功的投资者便是一个自立的投资者。自主体现于财务的独立与自我意识的独立上。也正是依靠了自己的这两大独立意识，才使施瓦布一次次地做出了大胆的创新。

几乎每一次创新时，施瓦布都会被业内人士批评为不切实际，或者根本没有必要。但是，结果却总是证明施瓦布的选择才是符合时代潮流的，他的有些创新甚至使整个华尔街的游戏规则都发生了改变：他提出的佣金折扣、他大力推出的在线交易产品、再到网上交易的大力提倡者，施瓦布几乎引领了证券交易中最重要的创新节奏。

毫无疑问，查尔斯·施瓦布是当代的出色CEO，而他的创新、勇敢与独立，也正是现代总经理所必须要具备的职业素质之一。日益开放的经济环境，为职业经理人的发展提供了一个统一、开放的平台，在这个平台上，总经理不仅需要有良好的心理、身体与道德素质，而且还需要有良好的能力。在同等条件下，能力更强的总经理，则会带领企业创造出更加优秀的工作效率与工作业绩。而那些才能平庸的总经理，由于无法把握好全局，不能掌握企业的主攻方向，所以，就算整日忙碌，也不能取得好的表现。

【哈佛经验】：现代总经理应拥有的几大才能

一个总经理最主要的任务便是对企业的经营活动进行负责，他需要组织一定的人力、物与财力，并运用这些资源，去做出相应的决策，帮助企业获得最佳的业绩。而对当代优秀总经理进行审视之后，你会发现，他们的身上皆体现出了以下几种能力：

1. 统率全局的过人能力

优秀的总经理总是具有全局性的思维，他们能够从现实出发，正确地处理全局与局部、未来与现实的独特，同时能够在主要矛盾与主要目标之间找到平衡点，为实现长远性、全局性的目标而进行思维。

全局能力总经理履行自我职责所必需的能力，其能力要素包括以下几点：

- 思想驾驭能力：可以根据环境的转变与组织目标的要求，提出具体的工作指导意见；
- 合理运用外界因素能力：能够根据外界环境、国家政策的变化，来调整企业行为，以适应局势变化；
- 矛盾驾驭能力：面对复杂矛盾时，可以有效地解决矛盾的能力；

●驾驭组织能力：即运用组织建设与组织设计、管理等手段，对企业内部资源进行最佳配置，实现组织目标的能力。

2. 善于谋略的能力

为了做出更适合企业发展的决策，总经理应不断创新，克服墨守成规的思想，同时要努力掌握现代科学方法，同时借助于群体、专家的力量，做出更好的决策选择。

运用谋略能力需要有：

●问题分析与判断能力：指总经理可以在纷繁的事物中，透过现象看到本质，把握主要矛盾，运用创造性的思维，进行主要问题的解决；

●决策能力：即从众多方法中选择一种最有利的方法的能力，在现实生活中，客观情况往往复杂多变，在不确定、充满风险的前提下，总经理应该敢于冒险，做出决策。

●当机立断的魄力："当断不断，反受其乱"，最佳决策往往是在一定时间、地点前提下方能实现的，总经理应善于把握机遇，当机立断，排除干扰，做出最佳选择。

3. 知人善任的能力

即总经理不仅要善于发现人才，还应善于用人，知人善任能力可从以下方面进行阐述。

●善于发现人才：在人才发掘过程中，管理者不可求全苛责，更不可以个人喜好、性格来取用人才，而是应任人唯贤；

●善于运用人才：运用人才应用其长、避其短，将人才安排到最适合发挥其长处的位置上，使人才的聪明才智可以充分地转化为企业的有效劳动力。

4. 良好的组织指挥能力

组织指挥能力是总经理应具备的另一才能，它是为了获得理想的社会效益与经济效益，对在自我管辖范围内的客体进行有效管理、良好控制的能力。

总经理的组织指挥能力表现在两个方面：

● 用人授权：可以根据人才的能力，对其进行合理且恰当的授权，令其才能得到充分的发挥；

● 遥控指挥：即在善于授权的同时，也善于收权，同时还能通过一定的控制手段，对其下属的行为进行有效的控制。

5. 坚韧的意志力

经济上的较量，很多时候都是意志上的较量，若总经理没有坚强的意志力，便无法在矛盾发生时，有效地控制自己的行为，同时也无法动员自身的力量去战胜不利因素，使自己扭转败局。总经理的大部分工作都是针对变化做出、选择最佳决策，没有坚韧的意志力，便无法做好本职工作。

6. 随机应变的能力

应变能力是不断根据外界的发展变化，对自我领导行为进行随时调整，以适应外界环境的能力，是日益复杂的现代商界活动对于总经理的素质提出的一条最基本要求，同时也是使领导活动获得圆满成功的先决性条件。

7. 良好的疏导、协调能力

指善于对企业内部发生的冲突、问题进行疏导与协调的能力，优秀的总经理可以让下属进行友好相处、相互配合，使上下级沟通顺畅，同级间相互信任。

2 拥有高创造力的人才能领导企业

【哈佛商魂】：不看成就，只看未来

千万不要沾沾自喜。作为一个公司的总经理，你应该更有志向，看向更遥远的未来。下一战要往哪里进攻？应该如何组织？是时候去考虑这些了！

——贝卡特钢丝公司总经理菲利浦·史密斯

【哈佛商规】：让领导能力变得更艺术

在21世纪里，当社会大变革、市场国际化、发展个性化、技术信息化等诸多的挑战与机遇降临到管理者的面前时，身为总经理的你毫无疑问应该具备强有力的领导力。领导力意味着你总可以从大局与宏观出发，总能保持坚定的信心，总可以使用整体化的均衡思路来应对多变的世界，总是可以以更坦诚、更有效的方式来解决问题……21世纪的领导力，不仅仅是领导的技能与方法，更是真诚与均衡、优雅与精妙共同的艺术。

【哈佛商战】：菲利浦的挽救行动

1979年，比利时贝卡特公司正式聘请菲利浦·史密斯博士担任该公司在美国的子公司"贝卡特钢丝公司"的总经理兼总裁。

这并不是一件轻松的差事，当时的贝卡特钢丝公司早已濒临倒闭，在迫不得已之下，他们只得请来一位美国人，来接管这个企业，但这种聘请也并非是完全信任状态下的。菲利浦并不清楚自己是否真的可以做到挽救贝卡特于危难之中，但是正说他所说的那样："我喜热爱挑战性的工作，并愿意去体验战胜艰险时的喜悦之情"。

为了获得对公司资源的全部调配权力，在上任之前，菲利浦提出了自己的条件：必须要得到全权管理的权力，在万般无奈之下，贝卡特董事会同意了"不干涉"政策，而前提也是只要它可以扭亏为盈。

在获得了权力之后，菲利浦立即着手对工厂的问题进行了研究，同时，聘请了一位与自己相识的市场专家作为公司的副总裁。随后，他将保存在麻省理工学院的模型取回了范布伦厂，并输入了计息机中，对各种产品组织进行了具体的盈亏预测。他与公司的骨干与专家们一起召开了多次战略研究会，想要找出市场上哪一块才是最适合自己发展的地盘。

在战略确定下来后，1979年的冬天，菲利浦选择以"高柯"刺线为突破口，发动了一次令业界人士惊讶的"闪电战"，并以迅雷不及掩耳之势，战胜了其他的对手，并占领了本地区中最大的市场份额，而公司的销售额也获得了直线上升。

初战告捷，令人欣慰不已，在经过了强化推销后，贝卡特钢丝公司成功地实现了既定的战略目标，并为日后相当长的一段时间里的持续扩展奠定了坚实的基础。

在企业扭亏为盈后，菲利浦充满了信心：整个销售旺季结束后，他要将所有参与此次销售的人员召集到一起，做一次总结，同时研究怎样才能巩固与扩大战果，决定明年的销售计划，以及这个经验是否可以搬用到其他的产品销售中去。

他暗中告诫自己："千万不要沾沾自喜。作为一个公司的总经理，你应该更有志向，看向更遥远的未来。下一战要往哪里进攻，应该如何组织？是时候去考虑这些了！"

哈佛人对通用 CEO 杰克· 韦尔奇的领导定义极为中意："我厌恶管理，却热爱领导。成功的公司之所以可以成功，是因为它们拥有许多领导者。这正是商界成功者与失败者之间的最大区别"。优秀的管理者总是会让自己向着出色领导者的方向不断进发，同时，在自己的行为、管理中，一步步地让领导升华成一种结合了自我能力、市场需求、企业资源的艺术创造。而这种创造性，往往会随势而变，如水一般灵活。

【哈佛经验】：领导艺术在于"品德 + 创新 +T 字形知识结构"

领导艺术是个人领导素质的具体表现，更是现代领导必备素质的综合体现。领导艺术低的话，领导者便很容易故步自封，其素质也往往不高，而领导艺术高的人，却往往可以根据客观环境的不断变化，对决策进行灵活动机的调整，而领导的素质也会在这一过程中体现得极为全面。具体而言，领导艺术主要由以下三方面组成：

1. 出众的品德

领导者的品德应该超过所有被自己领导的下属，位置越高，对于品德的要高就越高，这样的要求是顺应组织需要的：

● 领导的品德直接对决策心理与决策行为产生着影响

很多时候，领导是否能够做出出色的决策，并不取决于其才智高低，而是取决于其品德高低，对信息的分析，对非程序化问题的决策与领导艺术，都对领导的主观能动性做出了实际的考验，若无优秀的品德，断不能做出出色的决策。

● 领导的品德往往决定着决策实施的效果

其身正，不令而行；其身不正，虽令不从。这正是下属执行决策时的主要心理走向，可以说，领导是否在组织内部具有发动能力，首先取决于其自身是否具有较强的指挥发动能力。

2. “T”字形的知识结构

想要做到对企业决策进行完全了解，想要成为一个好领导，你便必须要成为企业所从事行业中的“内行”，唯有具备了相应的知识系统，你才能了解企业内部的具体运作，同时根据市场变化做出决策。

“T”字形知识结构，即通才型知识结构，它由两方面组成：

● 广博的知识

人的知识结构可分为专才与通才之分，专才即专门性人才，只掌握一两门技术、专业，而通才则是具备精深的专业知识，同时又具备宽广知识面的人才。领导人的知识结构在原则上只能是通才，而不可是专才，否则，便不适合担任领导。

● 专业知识应以软科学为主

硬科学指能够精确定量、又具备明显因果关系的科学，数学、工程技术、化学等都属于此类，而软科学则是相对于硬科学而言的，它不能精确定量，又没有严格的因果关系，如心理科学、领导科学与管理科学等，在进行非程序化决策时，需要的正是软科学。

3. 敢于创新的意识与发现型的智力结构

智力与知识不同，知识指人类在认知世界的过程中发现的结果，而智力则是与生俱来的能力，是人类对世界进行认知与改造的能力，即运用知识进行创造的能力。

个人思维能力分为逻辑能力与非逻辑能力：

- 逻辑能力：指借助于已知的知识，按照一定规则、程序进行推导，获得的常规性思维，这种能力发现的东西一般属于再现性；
- 非逻辑能力：即个人凭借直觉、想象，超越一切逻辑规则与程序、公理公式，在信息不足的情况下，也可获得新观念、新认知的能力。它不求前提的真实，更不受规则的约束，同时结论也具有创造性与发现性。因此，善于运用非逻辑能力的人，被称为具有发现型智力结构的人。

3 让冒险精神引领成功

【哈佛商魂】：别让“不可能”，影响了“可能”

如果我们总是想着不可能的事情，那么，很可能连“有可能”的事情都会忘记了。

——日本报业大王正力松太郎

【哈佛商规】：管理者应勇于承担风险

美国经济学家德鲁克认为，企业管理者本身就应勇于承担风险。现代商场如战场，风云变幻的特征决定了管理者必须要具备敢于冒险、敢于担当的精神与素质。真正的管理者应是有目的地寻找创新的源泉、始终保持与时俱进的意识，同时又能够正确地把握机会、进行开拓的那些人；他们以实现价值、发现价值与创造价值为自己的使命。而更高层次的管理者则会拥有更远大的志向，而这些志向成功的基础就在于，个人是否具备足够的冒险精神。

【哈佛商战】：正力松太郎：执著冒险的勇者

正力松太郎，日本报业巨子，是一个极具冒险精神的企业家。他曾经为了追求冒险，进入警界，并连破数起大案，从此名声大振。但他并不满足于此，而是将目光投向了更具有风险的商业界中。

幸政男爵看中了正力松太郎的能力，并聘请他担任了濒临破产的《读卖新闻》的总裁。在上任后，正力毫不忌讳地进行了大刀阔斧的整顿，不仅增加了报纸的版面，还举办了多次的“世纪围棋赛”，同时，还为了扩大影响，在担当了巨大的亏损风险前提下，举办了由美国著名职业棒球队与日本巨人队之间的棒球比赛。这一活动令《读卖新闻》的名声大振。

为了进一步扩大影响，正力又对大岛的三原山口火山口进行了勘探，并亲自爬下了1250米深，打破了当时的火山勘察记录。他将此次勘察的结果拍摄成了照片，在不惜巨大牺牲的前提下，取消了封面的广告，将这些照片在《读卖新闻》上进行了刊登。

这一系列的活动令《读卖新闻》重新赢得了读者的青睐，其发行量直线上升，并一举成为了整个东京最大的日报。

除了兴办报业以外，日本的电视与广播事业也是由正力倡导创办的。在当时，他联合了其他三家日本规模最大的报社，向政府申请进行商业性广播电台执照的设立。同时，他又申请了第一家商业性电视台的执照。他的计划在被人所知后，立即引发了许多人的反对，甚至就连日本国家广播公司也说：“在当前，日本是不可能创办起电视事业的。”但是正力却并没有理睬这些反对意见，而是坦诚地表达了自己的想法：“如果我们总是想着不可能的事情，那么，很可能连‘有可能’的事情都会忘记了。”他按照自己的计划，开始了电视事业的探险。

他将自己在读卖报业的部分股份卖掉，同时筹集了多达200万英镑，终于拿到了日本第一张电视台的设立执照。在1960年，日本的第一台彩色电视开始进行彩色电视节目的传播，比原定计划足足早了4年。从此以后，在正力松太郎的大力推动下，日本的电视事业开始了迅猛的发展。

若你细心观察的话，你会发现，“冒险”这一词在成功者身上频繁地出现，世界上所有讨论成功者的书中，得出的结论也是一致的：成功者并不比普通人聪明多少，而学识也并不一定能丰富到令人惊叹的地步。而他们之所以能够成功，原因就在于他们具备了敢于冒险的精神，而这种精神，往往是平庸者无法效仿的。

【哈佛经验】：培养冒险精神的六条建议

商界中不存在万无一失的成功之路，在对成功展开追求的道路上，总会出现一些不可预料的险滩沼泽，而无处不在的风险更是随时都会出现在每个人的面前。作为一个领导者，你只有将自己的冒险精神完全地投入到工作中去，你的团队、你的企业才有可能创造出奇迹。当然，想要做到这一点，你便必须要注重对自我冒险精神的培养：

1. 进行好奇心的培养

优秀的冒险者具有敏感而积极的好奇心，他们随时都准备着从周围发现对自我发展有益的材料，像这样的人，总是可以在任何地方找到触发奇想的灵思，而且，其范围越广，其变异越大，所产生的想法便越具有独特性。

2. 在不经意间感受

你可能会在生活中有过这样的经历：在不经意发现了一本好书，在一次本不愿意参加的聚会上遇到了多年未见的好友，在一次不情愿的旅行中获得了新的感知……而这些所得，都会成为丰富你人生的关键因素，更会带给你新奇的感受。

3. 重视“想当然”的事情

很多时候，珍贵的资料就放在我们的眼前，我们却往往视而不见，但事实上，那些对你的经营管理有着极大帮助的信息很可能就是那些最简单、最常见的事情，你应该放下从其他地方找信息的想法，转向从身边入手。

4. 遭遇障碍便是跳脱樊笼的机会

假设你现在的管理很顺利，但是，有一天的工作过程中，你突然遭遇到了障碍，此时的你应该如何应付？你是将障碍推倒、消除，还是回到出发点，对自己的意图进行重新的考虑？一种方法是不拘束于平日使用的方法，找其他方法来代替，你很可能会发现，自己在寻找的过程中，反而发现了更好的机会。

5. 注意那些对你有帮助的资料

你可以试想一下，自己坐在堆满了各种书籍与工具的贮藏室中，而唯一的照明是手中的手电筒。你将手电的开关打开，看到的是什么？你可能会发现最惊奇的东西，因为你的经历掩盖了你曾经的经验。而如今，找出这些经验，并从中获得帮助，是你发掘探险精神的另一个入口。

6. 把好的主意写下来

新的发现与灵感很可能会稍纵即逝，因此，你最好能立即将它们一一记录下来，否则，当你的心中想着“待会儿有空了再写吧！”而事实上，当你手头有了笔、有了本子之后，那些宝贵的思想与灵感早已消失了。所以，养成只要脑子里有东西浮现出来、就立即写下的习惯吧，在一天或一个星期结束的时候，再将这些主意看一遍，你便能避免损失最宝贵的思维精神。

4 让软硬权力为你营造管理氛围

【哈佛商魂】：在规矩与人情间做好选择

不，我不能破除规矩，但我也不能让跟随我多年的你走向绝路。

——美国国际农机公司创始人西洛斯·梅考克

【哈佛商规】：结合软硬权力，获得个人威信

哈佛大学的约塞夫·奈尔将权力分为了硬权力与软权力，而他起初所提

出的这两种权力论调是针对国家外交所指的，在随后哈佛商学院将其进一步扩展到了商业领域：硬权力即利用奖励、惩罚来迫使他人服从的能力；而软权力则是通过文化、思想改变他人，令对方自愿服从的力量。资讯革命令软权力显得更加重要，但若领导者能够将软硬权力结合在一起使用的话，个人的威信将会更容易建立。

【哈佛商战】：西洛斯·梅考克：让制度与情感并存

西洛斯·梅考克是美国国际农机公司的创始人，在长达几十年的经营管理中，他历尽沧桑，几乎从未走过平坦的道路，但是，依靠着自己杰出的素质，西洛斯赢得了市场竞争中的多次胜利。

作为公司的老板，西洛斯虽然掌握着公司的大权，但是他却从来没有滥用过职权。他总是会为员工设身处地着想，在实际工作中，即坚持制度的严肃性，又不伤害员工的感情。

有一次，一位老员工在上班时间酗酒闹事，按照公司里的相关规定，他应该被开除。管理人员按规定做出了决定，而西洛斯对此也表示了赞同。但是这位员工却极为不满："在您最困难的时候，我一直待在您的身边，连续几个月不拿工资，也没有丝毫的怨言，如今，我只是犯了一点小错，您就将我开除了，这真让人伤心！"

西洛斯在听完他的诉说后，平静地说："这是公司，这是一个有规矩的地方，我只能按规定办事。"

谁知，后来西洛斯了解到，这位老员工之所以在公司中酗酒，是因为他的妻子去世了，而他的两个孩子也病了一个。公司的开除制度，无疑让这位老员工的伤痛又多添了几分。

西洛斯随后立即赶到了这位老员工的家中，并将一笔钱交给了他："放心吧，我不会让你走向绝路的。"老员工非常惊喜："您是打算收回开除我的决定吗？""不，我不能破除规矩，但我也不能让跟随我多年的你走向绝路。"

随后，西洛斯将这个老员工安排到了他的一家牧场里担任管家。

这样的时刻在西洛斯的人生中并不少见，他总是可以将人情与制度巧妙地分开，又恰当地融合在一起。而这样的管理方法，也让他获得了公司员工的鼎力支持，熬过了那些最艰难的坎坷时光。

很明显，西洛斯拥有着杰出的个人魅力与领袖气质，而这两种品质的最大优点在于，他们可以提高对他人的影响力，同时更能够在有效运用自我硬权力的同时，增强软权力。而当你拥有了软、硬两种权力综合使用的能力之后，人们便会认为你很出色，同时更愿意听从你的建议、按照你的行为标准来要求自己。

【哈佛经验】：让威权与威信共存

我们可以将硬权力视为威权：这是一种利用你的地位所获得的权力，不管他人是否愿意，他们都必须要按照你的决心来行事。而软权力更像是威信：它是一种技能，能够让他人按照你的意见，心甘情愿地行事。一个好的领导最大的优势在于，他们可以恰当运用威权，同时又拥有威信。若你期望同时拥有这两种技能，你使需要从以下方面人手：

1. 谨慎地使用权力

身为公司的领导，你固然是大权在握，但是，请势必谨慎使用。你要明白：权力宁可备而不用，也不可轻易对自己的权力进行炫耀，更不可滥用权力。在运用权力时，你应戒除三点：徇私、谋私、义务用权。

2. 一切依据制度与法律

在运用权力时，你应熟知相关的制度与法纪，失去了制度与法纪的保证，你的领导行为便很难持续下去。执法本身就是组织赋予领导的一种责任与权力，但是，在制度面前人人平等，你应模范地遵纪守法，不可例外，而且必须要受其约束。否则，你只会在失去尊严的同时，失去威信，并最终失去领导的权力。

3. 让权力效用最大化

在运用权力时，你必须要保持它产生相应的效应。而想要达到这一点，你便需要在实际行使之前，特别是在强制性的权力行使之前，对对方采用警告、教育等手段，让他明白，自己提倡的是什么、反对的是什么，什么是对的、什么是错的，令下属对你的领导产生敬畏感，从而促进其自觉行为与预防越轨的能力。这样的方式比出现了问题后进行惩戒更有用。

4. 对下属应尽量以发问代替命令

若你只懂得发号施令的话，那么，你很可能仅仅处于自以为权威的状态下，但实际上，你并没有获得下属的认可，反而有可能将下级的创造力与进取心扼杀。学会以发问的方式布置工作，在下达任务时以商量的口吻进行，不仅会让你的亲和力大为增加同时也会使下属乐于去贡献一些不寻常的见解与有价值的建议，同时也可以令下属在平等友好的氛围中愉快地接受指令，并竭力去完成任务。

5. 运用强制权力时应保持坚决的态度

在涉及原则性的问题或者遇到了紧急的情况时候，管理者必须要使用果断而坚决的态度，一旦下属违反了纪律，更应依据制度来进行处理。若失去了这种果断的话，便很有可能在转眼间造成重大的灾难，或者引发全局性的损失与失败。在惩罚违反制度者时，你也应选择恰当的机会。一般情况下，进行惩罚的最好时机是，真相大白，错误未扩散，员工记忆犹新、你可以理性对待时。要切记，惩罚应进行冷处理，而热处理往往会导致不良的结果出现。

6. 实事求是

不管是在行使权力还是在为树立形象而宣传自己时，你都应坚持实事求是。唯有实事求是，方能获得下属的信任，而权力在运用时才能够被所有人接受，从而令下属产生行动的信念，并进一步形成事业前进所需要的巨大力量。

5 提升自我情商领导力

【哈佛商魂】：情商决定成败

一个人如果不具备情感能力，缺乏自我意识。不能处理悲伤情绪，没有同情心，不知道怎样跟人和谐相处，即使再聪明，也不会有大的发展。

——哈佛大学心理学教授丹尼尔·戈尔曼

【哈佛商规】：改善情商能力，方能靠近成功

在一切的团体活动中，领导者无疑是一切行动的指挥者和整个活动中最有影响力的灵魂人物。一个成功的领导者能够感动自己的团队成员，点燃并激发他们心中最强烈的热情。很多人都认为一个领导者，是因为自身强有力的思想、远见和策略才产生了卓有成效的领导力。但是事实却并非如此，实际上真正让领导力发挥作用的是情感，也就是人们所说的情商。但情绪往往会被误认为是一种私人的或者不可量化的东西，所以常常会被忽视掉，这也是有相同自身条件的领导者所带领出的团队之间却有着巨大差异的真正原因。一个优秀的领导者想要寻求更加卓有成效的领导之道，首先需要的就是改善自身的情商能力。

【哈佛商战】：英国广播公司中的低情商管理事件

英国广播公司是英国的媒体巨人，他们曾经为了试验而建立了一个新的部门——新闻部。该部门仅新闻记者和编辑就有200多名，为了能够让部门在试验期取得突出的成绩成为正式的部门，所有的部门人员都尽自己所能地去工作，不敢有丝毫的怠慢。但是当实验期结束的时候，由于结果不理想以及种种原因和考虑，管理层最终还是做出了撤销该部门决定。

经过再三的考虑，管理层一致认为由公司的行政主管前往该部门，向那

里的全部员工委婉地传达公司的决定比较好。而行政主管在宣布结果以前，可能是考虑到这样的宣布会打击到该部门人员以后工作的积极性。所以他先是以极具感染力的语言对公司的竞争对手进行了一番刻意的描述，以他们的出色成绩来影射新闻部撤销的原因。然后又绘声绘色地对自己刚刚结束的戛纳旅行发表了一番感慨，想要用这些热情洋溢的讲话缓解一下紧张的气氛。

但是最终的结果却表明，他的话不仅没有发挥丝毫的作用，反而是让该部门人员的情绪更激动了。因为当行政主管宣布了解散该部门的决定之后，不仅没有得到该部门人员的谅解，还使他们因为严重的挫败感而变得狂躁不安。因为这个消息的本身已经十分糟糕了，而那位行政主管不分场合的讲话无疑是对他们的挑衅，所以才激起了该部门员工的强烈不满和抗议。行政主管最后只得求助于保安人员才得以安全的从该部门被领走。

本身并不复杂的事情，却因为这位行政主管的低情商解决方式，而造成了一场风波，这就是因为他自身情商能力的欠缺所决定的。领导者所具有的情感智慧和自身的能力是成正比的，所以，想要拥有卓越的领导水平，并将领导之术运用得淋漓尽致、将其优势发挥到极限，那么就要先改变自身的情商。要以高情商来促使领导力的发挥，成功发掘出每一个员工的最大潜力。

【哈佛经验】：从四方面入手拥有高情商领导力

一个聪明的领导者想要让自己的决策能够顺利的实行，首先就要懂得如何让下属的情绪和步调与自己达成一致，而不是用手中的权力去强制执行一项不被下属接受的决定。而且在传递信息的时候，也应该采用合适的情绪和语言，避免因为错误的表达方式让下属受到愤怒与恐惧的不良情感冲击，从而导致结果与本意背道而驰。领导者自身所拥有卓越的情绪智慧，在经过准确判断并恰当使用的时候，才能激发被领导者积极、主动配合的情绪。所以，以情感智慧为主观因素的领导技巧，也是领导者能够顺利传达自己的决策，并控制员工情绪的重中之重。提升自我情商能力，管理者可以从以下四方面入手：

1. 先经营自我，再管理团队

领导者大多擅长进行企业或团队的经营，但是却未必擅长进行自我经营。同样，很多人都善于管理团队，却未必会管理自我。所谓的管理自我，即在既定的情境下，将自我作用发挥到极致，而经营自我则是将自己放到一个合适的地方去，令自己的优点此发挥到极致，而缺点却不会被发现。管理自我依靠的是智力，但是经营自我依靠的却是情商。

自我经营一般包括四个不同的层次：自我规则的确立、自我价值的实现、良师的引导、自我角色的扮演与发现。只要可以做到此四个层次，管理者便可以从管理自我逐渐地发展到提升自我，并进而转向经营自我。在实现了经营自我以后，管理者也会承认下属的自我，同时利用下属的自我意识组成的团队来使自我效应放大，并最终获得成功。

2. 注意团队沟通时的情商艺术表现

一方面，在进行团队沟通时，最出色的领导者沟通源于讲情感，以煽情的方式来引发员工对企业、对自我管理的认同，被沟通者虽然明明知道领导讲的内容可能并没有多少道理，但是却非常乐于去听。形成这种局面的原因很简单：高情商的领导在沟通过程中总是会击中被沟通者内心深处最脆弱的情感需求，在触及到这部分后，沟通效果往往会事半功倍。

另一方面，不同的人需要不同的情感沟通方式，管理者可以以性格的内向、外向与行事作风的强势、弱势为具体标准，将下属分为四类，并按此来具体进行情感沟通：

- 外向而强势的人拥有着极强的控制欲，且注重责任感；
- 外向而弱势的人拥有着极强的表现欲，但对人生精彩度极为重视；
- 内向而强势的人占有欲极强，且重视结果、轻视过程；
- 内向而弱势的人安全感缺失，重视稳定性。

3. 注意在公众表达时的情感倾诉技巧

领导者实际上是一个善于借力的角色，即通过他人发挥作用来达成自我目标，因此，个人是否具备公众表达力是领导成功与否的关键。领导向公众进行讲述时，应以三个层次为目标：准确地表达自己的主张；说服他人接受自己的主张；让他人按自己的主张行动。

领导者在公众面前进行表达时，应在注意讲述次序的情况下言之有理、言之有情且言之有方，情商高的领导者总是会将多种情绪正确地融合在一起，以激发听众的认可度。

4. 领导者应具备五种情商素养

这五种情商素养为忠诚、感恩、共赢、放下与谦虚，唯有拥有了这五种基本的素养，个人的情商培养才算是有了基本的框架，而在具体的行事中将这五大素养体现出来，则是对自我情商建设添砖加瓦的具体表现。